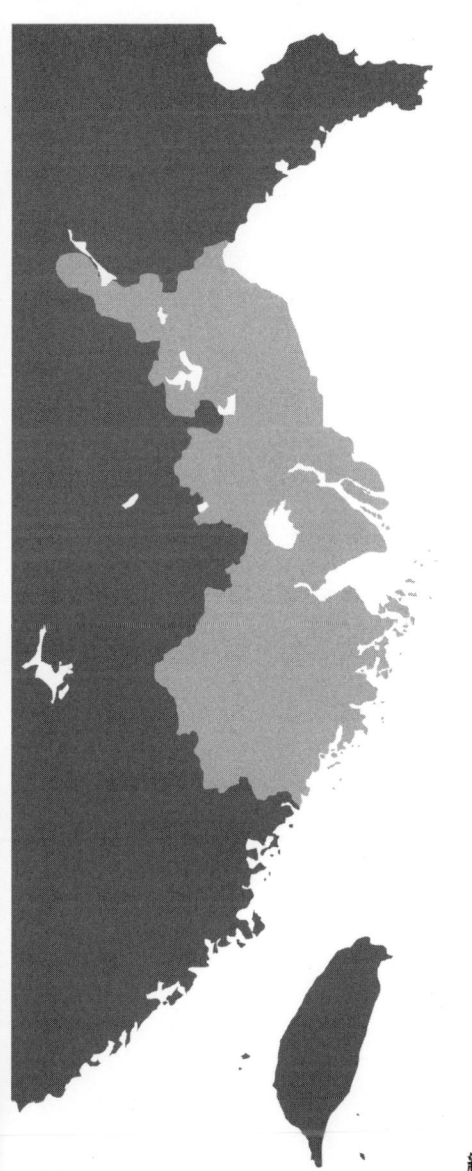

上海・華東進出完全ガイド

中国最新IFRS・移転価格・内部統制とサービス業種進出

編著
NAC国際会計グループ・
NAC名南（中国）コンサルティング

カナリア書房

はじめに

　2010年、上海万博を成功させ、3年ぶりとなる2桁成長を実現した中国は、GDPでも日本を抜き世界第2位の経済大国に躍り出ました。一方で、インフレ圧力増大、投資と消費の不均衡、都市と農村の所得格差拡大、社会保障制度の不備、資源浪費・環境破壊等の諸問題を抱えており、2011年3月に、全人代で採択された第12次5ヵ年計画（2011〜2015年）では、「経済発展方式の転換」を掲げ、消費拡大による持続的な安定・成長を目指した中長期的な取り組みが打ち出されました。

　そんな中、日本と上海との関係を見る上で象徴的なニュースがありました。
「上海に世界初の日本人学校高等部開設」
　もともと上海には、虹橋と浦東に2つのマンモス日本人学校があり、世界最大規模の2600名以上の小・中学生が通っていますが、それに加えて、2011年4月16日、日本人学校としては世界初となる「高等部」が浦東新区に開校し、第一期生55名が入学式を迎えました。
　近年の上海への日系企業の進出ラッシュの状況をよく物語っています。

　実際、弊社グループに寄せられるアジア全域についてのご相談の内、7割程度が中国に関するもので、更にその7割近くが上海・華東エリアに関するものです。
　すなわち、全体の実に半数近くが、上海及びその周辺エリアに関するものとなっています。

　今回は、その日本企業にとって圧倒的に存在感をもつ上海市・江蘇省・浙江省を対象に、進出・投資環境から、会計・税務・労務・生活環境までの幅広いテーマについて、現地発の最新情報にこだわって取りまとめました。
　上海経済圏は長江デルタ周辺へ広がり続けていますが、弊社でも、このエリアを最重要地域と位置づけ、2011年10月に、海外15拠点目、中国国内7拠点目となる江蘇省常州市事務所を開設します。

　また、重要テーマであるIFRS、移転価格、内部統制については、上海で実績

が豊富な根本康彦氏、工藤敏彦氏、加納尚氏の3人の公認会計士の協力のもと、最新版をアップデートしました。

　いま中国は、製造業から商社・貿易業を経て、小売業・サービス業の進出の時代を本格的に迎えていますが、「サービス業種の中国進出」のテーマでは、人材紹介業、物流業、広告業、フランチャイズ経営、アウトソーシング業、インターネット販売等について、香港法人経由による進出要件緩和の可能性にも言及しながら、その概要を記述しています。

　「香港・マカオ進出完全ガイド」「中国・華南進出完全ガイド」に続く、中国香港進出ガイドシリーズ第3弾となりますが、これらを読み合わせていただければ、中国主要地域の相違点や優位性が浮かびかがってくるものと思います。

　末筆になりましたが、「きめ細かいサービスと合理的な価格体系で中堅、中小日系企業の皆様の中国業務を支援する」という共通の思いのもと、今回、組織の壁を越えて執筆協力いただいた根本康彦氏、工藤敏彦氏、加納尚氏、また、参考資料・情報を提供してくださった関係者の皆様、そしてカナリア書房の皆様には、この紙面をお借りして感謝申し上げます。

　本書が、上海・華東でビジネス展開されている日系企業の皆様、そしてこれから積極的に進出・投資をご検討されている皆様の一助となれば幸甚です。

　2011年9月吉日

NAC国際会計グループ
代表　中小田聖一

上海・華東進出 完全ガイド

中国最新IFRS・移転価格・内部統制とサービス業種進出

目　次

はじめに……iii

目　次……v

第1章　上海の一般的概要 ……………………………………… 1

　　第1節　概況　*2*

　　第2節　上海の経済・産業構造、貿易の推移　*6*

　　第3節　上海における外国投資の受入れ、日系企業の進出　*10*

　　第4節　上海の市民生活　*13*

　　第5節　ディレクトリー　*17*

第2章　上海の投資環境 …………………………………………… 21

　　第1節　浦東新区　*22*

　　第2節　上海市近郊　*30*

　　第3節　江蘇省　*34*

　　第4節　浙江省　*43*

　　コラム　華東地区　注目の製造業進出地域　～常州市～　*49*

第3章　進出形態と組織変更 ……………………………………… 51

　　第1節　進出形態　*52*

　　第2節　組織変更　*64*

　　第3節　サービス業種の中国進出　*75*

第4章 会計・税務 ……… 89

- 第1節　会計　*90*
- 第2節　税務　*105*
- 第3節　上海進出に際して会計税務面から留意すべき事項　*130*
- 第4節　最新IFRS事情　*132*

第5章 移転価格税制 ……… 149

- 第1節　概要　*150*
- 第2節　確定申告と移転価格　*151*
- 第3節　企業年度関連者間取引報告表　*152*
- 第4節　関連者の定義　*153*
- 第5節　移転価格同時文書　*155*
- 第6節　移転価格調査　*172*
- 第7節　救済手段　*180*
- 第8節　事前確認（APA）　*185*

第6章 最新内部統制構築実務 ……… 195

第7章 人事・労務 ……… 231

- 第1節　労務に関する法体系　*232*
- 第2節　労働契約法　*234*
- 第3節　その他労務規定　*248*
- 第4節　社員の多様化と人事制度　*266*

第8章 　文化・風俗・習慣・生活環境　　　*277*

第1節 　文化・風俗・習慣　*278*
第2節 　生活環境　*282*
第3節 　日本との関係　*287*
第4節 　主な医療機関、日本人学校　*288*

著者紹介　*292*

第1章
上海の一般的概要

第1節　概況

1. 地理・気候・歴史

地理

　上海は、北緯31度14分に位置し、日本の鹿児島とほぼ同じ緯度にある。長江の河口に位置し、北部から東部にかけて江蘇省、西南部は、浙江省に接している。上海市の西南部に丘陵部があるが、ほとんどが平地であり、平均海抜は約4mである。江南地域の水郷地帯に属し、太湖（江蘇省）から流れる河川が縦横に交錯している。

　上海市は、金融、物流を含む近代サービス業や戦略的新興産業を牽引する浦東区と、浦西都心9区、郊外の5つの区と長江河口部にある崇明島、長興島、横沙島など島嶼部の大きく4つに分かれている。

気候

　亜熱帯海洋性気候に属し、四季がある。夏季は高温多湿で、7月と8月は特に暑い。また、6月下旬頃から梅雨の時期もある。冬季は寒さが厳しく乾燥する。年間平均気温は17.5℃、最高気温は38.8℃（7月）、最低気温－3.3℃（12月）、年間降水量は1,512.8mmである（いずれも2008年のデータによる）。

歴史

　上海地区の略称は「沪」である。春秋戦国時代に楚国の春申君（黄歇）が上海の地を治めたことから「申」の別称がある。4～5世紀晋朝の頃に、松江（現在の蘇州河）と海岸一帯の漁民が使っていた、竹で編んだ道具が「扈」と呼ばれたこと、また当時、河口は「瀆」であったことから、松江の下流一帯が「扈瀆」と呼ばれるようになり、後に扈が「沪」（滬の簡体字）となった。

　唐天宝十年（西暦751年）、上海地区は華亭県（現在の松江区）に属していた。宋淳化二年（991年）、松江の上流は浅く大船の出入りは不便で、松江の支流"上海浦"（位置は現在の外灘から十六鋪付近の黄浦江）に停泊していた。南宋咸淳

第 1 章　上海の一般的概要

上海市全体の地図

© 中国まるごと百科事典　http://www.allchinainfo.com/

三年（1267年）、上海浦西西岸に鎮が設置され、上海鎮と命名された。1292年、元朝中央政府は上海鎮を華亭県から取り出し、別途上海県が設置されたことが、上海建設の始まりとされている。

明代半ば（16世紀）に上海は綿織物手工業の中心となり、清康熙24年（公元1685年）、清政府は上海に税関を設立した。19世紀半ばには商業港として栄え、アヘン戦争以降、外国の租界が多く置かれ、通商・金融都市として発展した。中華人民共和国の成立後、1978年以降の改革開放政策の当初は突出した経済発展が見られなかったが、1991年、鄧小平の上海視察をきっかけに上海を国際都市として発展させ、長江デルタの新たな飛躍を促進する方針が打ち出された。2000年以降も国務院により上海を中国髄一の金融、物流、貿易、サービス業種発展の牽引役として認める政策が推進されている。

2. 面積、人口、言語

面積

上海市の面積は6,340.5平方キロメートルで、中国全体の0.06%を占める。

人口

2010年11月1日現在の第6次人口センサスによると、上海市の常住人口（戸籍人口を含む）は2,301.91万人であり、ここ10年間の年平均増加率は3.24%である。

2009年末時点で、戸籍人口は約1,379万人、常住人口は約1,921万人となっている。少子高齢化が急速に進んでおり、戸籍人口の自然増加率はマイナスとなっている。

面積	6,340.5平方キロメートル（中国全体の0.06%）
人口	戸籍人口 1,400.70万人 常住人口 1,921.32万人 人口密度 3,030.23人／平方キロメートル

出所: 上海市統計局

言語

公用語は中国語（普通話）であるが、上海市民の間では上海の方言が広く話さ

れている。ビジネスや公的な場では基本的に中国語（普通話）が使用されるが、上海出身者しかいない職場などでは、上海の方言で話すことが多い。

3. 政治（行政区）、法律

政治（行政区）

上海市は直轄市であり、他の省都よりも強い権限が与えられている。上海の管轄行政区は17区1県。上海市の日中友好都市は、横浜市、大阪市、大阪府である。

- 都心：黄浦区、盧湾区、徐匯区、長寧区、静安区、普陀区、閘北区、虹口区、楊浦区
- 郊外の区：閔行区、宝山区、嘉定区、浦東新区、金山区、松江区、青浦区、奉賢区
- 県：崇明県

法律・裁判

中央政府の公布・施行している法律に依拠するが、地方政府レベルで独自に出す通達や実施細則がある。裁判は二審制となっている。

全国民の祝祭日

新年	1月1日	新暦の元旦
春節（3日間）	例年1～2月頃	陰暦の元旦（2011年は2月3日）
清明節	例年4～5月頃	陰暦
労働節	5月1日	メーデー
端午節	6月16日	陰暦の五月五日
中秋節	例年9～10月頃	陰暦の八月十五日
国慶節（3日間）	10月1日	建国記念日
その他の祝祭日		
婦女節	3月8日	女性のみ半日休
植樹節	3月12日	
青年節	5月4日	5・4運動記念日、14歳以上の青年
児童節	6月1日	13歳以下の児童が対象

中国共産党創立記念日	7月1日	1921年、上海で創立
香港返還記念日	7月1日	1997年に返還された
建軍節	8月1日	1927年　軍隊、軍関係者が対象
教師（老師）節	9月10日	

参考資料:『日中貿易必携』（日中国際貿易促進協会）

第2節　上海の経済・産業構造、貿易の推移

1. 産業構造

　2010年の上海市GDPは1兆6,872.42億元で、前年度比9.9%の成長率である。

　第1次産業は前年比6.6%マイナスで、第2次産業前年比16.8%と目覚しく、第3次産業は前年比5%に留まった。11次5カ年計画期間（2006年～2010年）が終了し、年平均成長率は11.1%であった。

　上海市の産業構造は第三次産業と第二次産業の比率が高い（表1参照）。第二次産業で、比較的生産額が大きい産業は、電子設備、通信設備、輸送機器、電気機械、金属加工、化学製品などである。一方、第三次産業で売上高が大きい産業は、貿易、金融、不動産、小売・飲食などである。全体的にサービス産業へのシフトが進んでいる（表2参照）。

表1　2010年の上海市域内GDP構成

	第一次産業	第二次産業	第三次産業
GDP（億元）	114.15	7,139.96	9,618.31
比率（%）	0.7%	42.3%	57.0%

出所:上海市国民経済和社会発展統計公報、上海市統計局

表2　上海市のGDPと産業構成

単位：億元、％

年	域内GDP	第一次産業 GDP	比率	第二次産業 GDP	比率	第三次産業 GDP	比率
1978	272.81	11.00	4.0%	211.05	77.4%	50.76	18.6%
1980	311.89	10.10	3.2%	236.10	75.7%	65.69	21.1%
1985	466.75	19.53	4.2%	325.63	69.8%	121.59	26.1%
1990	781.66	34.24	4.4%	505.60	64.7%	241.82	30.9%
1995	2,499.43	59.82	2.4%	1,419.41	56.8%	1,020.20	40.8%
2000	4,771.17	76.68	1.6%	2,207.63	46.3%	2,486.86	52.1%
2005	9,247.66	90.26	1.0%	4,381.20	47.4%	4,776.20	51.6%
2006	10,572.24	93.81	0.9%	4,969.95	47.0%	5,508.48	52.1%
2007	12,494.01	101.84	0.8%	5,571.06	44.6%	6,821.11	54.6%
2008	14,069.87	111.80	0.7%	6,085.84	43.3%	7,872.23	56.0%
2009	15,046.45	113.82	0.7%	6,001.78	39.9%	8,930.85	59.4%
2010	16,872.42	114.15	0.7%	7,139.96	42.3%	9,618.31	57.0%

出所：上海統計年鑑、上海市国民経済和社会発展統計公報

2．貿易の推移

　上海市の2010年輸出入総額は3688.69億米ドルで、前年度比32.8％増であった。その内、輸入総額は1880.85億米ドルで前年度比38.5％増、輸出総額は1807.84億米ドルで、27.4％増である。2009年は2,777.31億米ドルと落ち込んだが、2010年はその前の2008年を上回った。

　輸出先は、アジア、ヨーロッパ、アメリカなどである。主な輸入品は、プラスチック素材、鋼材、計量・検査機器、テレビ・電子機器等の部品などで、主な輸出品は、衣料品、テレビ・電子機器、綿織物、家具、鉄鋼などである。

主な輸出入品

輸出品	衣料品、テレビ・電子機器、綿織物、家具、鉄鋼
輸入品	プラスチック素材、鋼材、計量・検査機器、銅および銅製品、テレビ・電子機器等の部品

出所：中国商務年鑑

表3 上海市の貿易額推移

単位: 億ドル

年	総額	輸入	輸出	貿易収支
2000	547.10	293.56	253.54	▲ 40.02
2001	608.98	332.70	276.28	▲ 56.42
2002	726.64	406.09	320.55	▲ 85.54
2003	1,123.97	639.15	484.82	▲ 154.33
2004	1,600.26	865.06	735.20	▲ 129.86
2005	1,863.65	956.23	907.42	▲ 48.81
2006	2,274.89	1,139.16	1,135.73	▲ 3.43
2007	2,829.73	1,390.45	1,439.28	48.83
2008	3,221.38	1,527.88	1,693.50	165.62
2009	2,777.31	1,358.17	1,419.14	60.97
2010	3,688.69	1,880.85	1,807.84	▲73.01

出所: 上海統計年鑑（各年版）、2010年上海市国民経済和社会発展統計公報

上海市の貿易推移

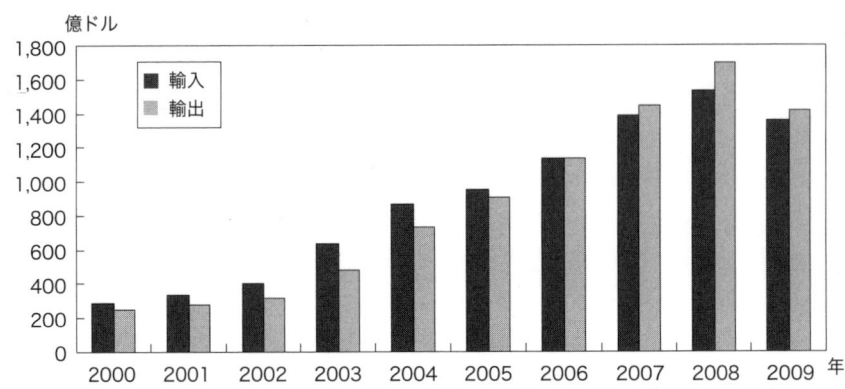

出所: 上海統計年鑑（各年版）、2009年上海市国民経済和社会発展公報

2009年上海市輸出比率（地域別）

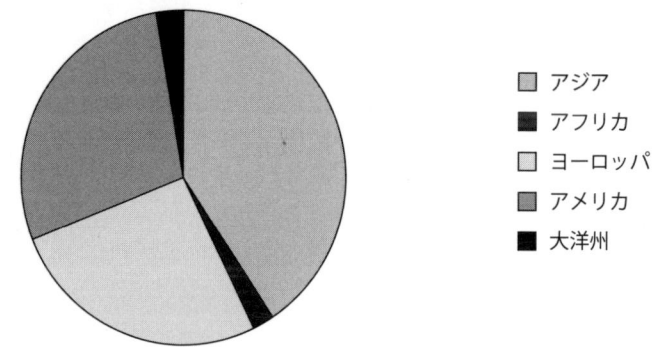

- アジア
- アフリカ
- ヨーロッパ
- アメリカ
- 大洋州

出所：2009年上海市国民経済和社会発展統計公報

3. 上海市の主要産業

産業地図

　市の発展計画には地域毎に差別化された産業地図があり、発展モデル推進基地としての地域が指定されている。金融、物流を含む近代サービス業、戦略的新興産業を誘致しこれらの産業を牽引する機能を持つ浦東地区と、都心9区に加え宝山区と閔行区の都市機能の強化を図り、郊外の5区へは先進製造業と戦略的新興産業、近代サービス業等の誘致、また、崇明三島地区は環境・水源保護区としている。

　推進基地としては、国家マイクロエレクトロニクス産業基地、精密鋼鉄基地、海洋装備基地、国際汽車城、臨港装備産業基地、化学工業園区等がある。

　上海市は重要な発展戦略の一つとして、国際経済、金融、貿易、物流について中国の「4つのセンター」（四个中心）機能としての地位を目指している。この方針は1991年の鄧小平上海視察時の発言以来一貫して市の産業設計に盛り込まれ、2009年には国務院により《国務院の上海が現代サービス業と先進製造業を推進し、国際金融センターと国際海運センターを建設することに関する意見》で中央政府の方針としてあらためて明確にされた。上海市国民経済と社会発展第12次5カ年計画概要（2011～15年）でも、4つのセンター建設を加速させ、2020年にはこれらの地位を確立することが挙げられている。

重点産業のもう一つの柱は、生産と生活に貢献する現代サービス業で、金融、物流、電子商務、IT、文化、旅行、会議・展覧会等を重点業種とし、会計・法律、人材等の専門サービス、情報技術、医療保健、教育、家庭サービス等の新興サービス業を育成するとしている。

この他、第12次5カ年計画中に上海市が掲げた戦略的新興産業には、新世代情報技術、ハイエンド装置製造、バイオ、新エネルギー、新材料、省エネ・環境保護、新エネルギー自動車等が含まれている。これらは各産業基地の建設や外資導入等を通じて発展を図ることが予想される。

第3節 上海における外国投資の受入れ、日系企業の進出

1. 外国投資の受入れ

2009年の外国資本による直接投資は、契約ベースで133.01億ドル（昨年比22.3％減）、実行ベースで105.38億ドル（昨年比4.5％増）となった（表4参照）。第三次産業の外資投資額（実行ベース）は76.16億米ドル（昨年比11.4％増）となり、72.3％を占めた。第三次産業へのシフトが顕著である。また、契約件数、金額ともに減少傾向にあるが、1,000万ドル以上の投資案件は合計107.92億ドル（契約ベース）に達し、1件当たりの投資額が大きくなっている。上海市は多国籍企業地域本部などの誘致にも熱心であり、多国籍企業の地域本部は260社、投資性公司は191社、外資系の研究開発（R&D）センターは304社になった（2009年末時点）。

表4 直接投資の受入推移（上海市）

単位：件、億ドル

	2000	2001	2002	2003	2004	2005	2006	2007	2008	2009
契約件数	1,814	2,458	3,012	4,321	4,334	4,091	4,061	4,206	3,748	3,090
契約金額	63.90	73.73	105.76	110.64	116.91	138.33	145.74	148.69	171.12	133.01
実行金額	31.60	43.92	50.30	58.50	65.41	68.50	71.07	79.20	100.84	105.38

出所：上海統計年鑑（各年版）、2009年上海市国民経済和社会発展統計公報

第1章 上海の一般的概要

上海市における直接投資の受入推移

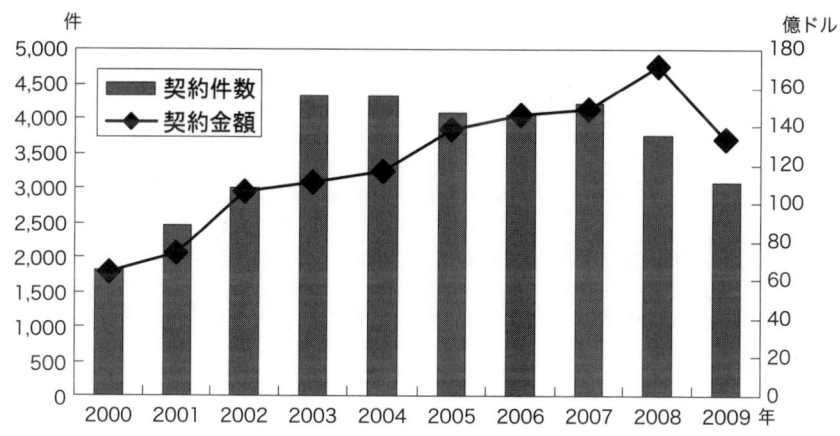

出所:上海統計年鑑(各年版)、2009年上海市国民経済和社会発展統計公報

2. 日系企業の進出推移

日本企業による投資は、2003年に契約件数でピークに達した。契約金額(契約ベース)は、10億ドルから16億ドルの間で推移している(表5参照)。

表5 日本企業による上海への直接投資の推移

単位:件、億ドル

	2000	2001	2002	2003	2004	2005	2006	2007	2008
契約件数	237	342	467	788	730	692	577	468	387
契約金額	7.05	13.24	10.60	12.72	15.33	11.64	15.82	11.26	11.97

出所:上海統計年鑑(各年版)、2009年上海市国民経済和社会発展統計公報

《〈資料〉》 上海に進出している主な外資系企業と地場企業

日系	花王、鐘淵化学、サントリー、三洋電機、ローソン、日本通運、三菱電機、村田電子、YKK、ソニー、三菱電機、シャープ、日本ペイント、森ビル、三井造船、日立、松下、アルプス電気、オムロン、フジタ、NEC、東京三菱UFJ銀行、みずほ銀行、三井住友銀行など
その他	HP、モトローラ、GE、AT&T、GM、IBM、インテル、J&J、ロマンズ、ユニシス、ジレット、アーサー＆アンダーソン（米国）、フィリップス（オランダ）、LG、三星、大宇（韓国）、トムソン、新鴻基（中国香港）、ピエールカルダン、アルカテル（フランス）、遼東（台湾）、CP（タイ）、シンドラー（スイス）など
中国系	上海汽車工業（集団）、百聯集団、交通銀行、中国太平洋保険（集団）、上海電気（集団）、益海嘉里投資、中国海運（集団）、上海建工（集団）、上海鉄路局、上海復星高科技（集団）、光明食品（集団）、上海煙草（集団）、中国東方航空、上海華誼（集団）、上海医薬（集団）、上海紡織控股（集団）、達豊（上海）電脳、宝山鋼鉄、英順達科技、東方国際（集団）、上海浦東国際機場進出国、英源達科技など

参考資料：JETRO発表の資料

第4節　上海の市民生活

1. 所得関係の指標と失業率

　2009年の上海市常住人口1人あたりGDPは78,989元である。2010年都市住民一人当たりの可処分所得は31,838元（前年10.4%の増加）で、同消費支出は23,200元（前年比10.5%の増加）した。また、上海市の最低賃金は、2010年4月から月額1,120元になり、賃金上昇の圧力が強まっている。

可処分所得と消費支出（上海市、2010年）

都市住民1家庭あたり平均可処分所得	31,838元
都市住民1人あたり消費支出	23,200元
内：サービス業への消費支出	6,955元

出所：2010年上海市国民経済和社会発展統計公報、上海市統計局

　2009年の消費者物価水準は、前年比で0.4%下落したが、食品価格の指数は2.1%上昇している。また、住宅の販売価格指数は前年比7.4%上昇した。都市住民家庭の主な耐久消費財の普及率（100世帯当たり）は、自家用車14台、エアコン196台、携帯電話223台、パソコン123台などとなっている。

就業、失業

就業者数	1,058万人		
都市登録失業者数	27.87万人	都市失業率	4.3 %

出所：2009年上海市国民経済和社会発展統計公報、上海市統計局

　都市登録失業者数は、2003年30.1万人に達したが、その後、26万から28万人の間で推移している。

2. 交通インフラ

空港

　上海虹橋国際空港と上海浦東国際空港がある。虹橋空港は国内線がメインだが、一部国際線も就航しており、羽田空港とソウル金浦空港への直行便がある。また、2010年6月以降、台北・松山空港への直行便も運行されている。

　日本との就航路線：札幌、仙台、新潟、福島、東京［成田］、名古屋、小松、富山、大阪［関西］、岡山、広島、松山、福岡、長崎、鹿児島、那覇など

港湾

　港湾は、黄浦江区域、外高橋港口、洋山深水港がある。洋山深水港は2005年12月に一部開港し、2020年に完工予定である。上海港貨物取扱量は5.92億トン（前年比1.8％増）で、港湾でのコンテナ取扱量は2,500.2万個（20フィートコンテナ換算）（前年比10.7％減）であった。日本との旅客航路は、大阪と神戸（各週1便）がある。

高速道路

　上海幹線公路（市内ハイウェイ、都心と郊外を結ぶ高速道路、市外をつなぐ高速道路を含む）の開通は目覚しく、蘇通大橋、杭州湾跨海大橋、東海大橋等の建設開通によって、上海と長江デルタ主要都市との距離が短縮されている。

　江蘇省南京市までの距離は292km（上海－南京高速道路で約3.5時間）である。浙江省杭州市までの距離は195km（上海－杭州高速道路で約2時間）である。安徽省合肥市までの距離は452kmである。

新幹線

　「和諧号（動車組）」が、上海－杭州間（沪杭高铁）、上海－南京間（沪宁高铁）を結んでいる。最高時速250kmで運行されており、上海からの各地の所有時間は、杭州まで約1.5時間、南京まで約2時間、蘇州まで約40分と便利である。

　2010年7月、北京－上海間（1,368km）の高速鉄道の一部として、上海－南京間が開通した。最高時速350km/h、最短73分で南京へ移動できるようになり、ビジネスがさらに便利になった。

北京-上海間「京沪高铁」は2011年6月末に開通した。北京、天津、上海の3つの直轄市及び河北、山東、安徽、江蘇の4省を結ぶ。北京から上海まで所要時間が5時間以内に短縮する。このほか、南京と杭州間路線「宁杭高铁」も開通予定である。全長248キロ、両都市を2時間半で結ぶ。これらの高速鉄道により、上海、南京、杭州、寧波を中心にした長江デルタの交通網が形成されている。

上海-杭州間（沪杭高铁）沿線駅名
　上海虹橋—松江南—金山北—嘉善南—嘉興南—桐郷—海寧西—余杭南—杭州

上海-南京間（沪宁高铁）沿線駅名
　上海虹橋—上海—上海西—南翔北—安亭北—陸家浜南—昆山南—陽澄湖—蘇州園区—蘇州—蘇州新区—無錫新区—無錫—恵山—戚墅堰—常州—丹陽—丹徒—鎮江—宝華山—仙西—南京

北京-上海間（京沪高铁）沿線駅名
　北京南－廊坊－（天津西駅：連絡線接続）天津南－滄州西－徳州東—済南西－泰安－曲阜東－滕州東－枣庄－徐州東－宿州東－蚌埠南－定遠－滁州－南京南－鎮江南－丹陽北－常州北－無錫東－蘇州北－昆山南－上海虹桥
　（高鉄網HPより）

軌道交通（地鉄）
　上海の地下鉄は、「地鉄」あるいは「軌道交通」と呼ばれている。2011年7月現在、11路線が開通している。一部の路線では運行時間が短くなっている。渋滞に巻き込まれることがなく、運賃も2〜9元とタクシーの移動に比べて安い。上海市内を移動するのに便利であるが、朝夕のラッシュ時は混雑する。

高速バス
　高速バスセンターは上海市内の何箇所かにあるが、比較的大きな高速バスセンターは、上海駅の北側と上海南駅の南側にある。中国各地へ網の目のようにバスが走っている。

3. 教育

　大学（学部教育）は、主に4年制（本科）と2年－3年制（専科）に分かれている。上海には教育部が管轄する大学が66校ある。上海市内の大学卒業生（2008年）は、本科が66,742人、専科が55,327人（中国全体の2.4%）であった。多彩な学部があり、有能な人材が豊富である。しかし、一人っ子世代のため、仕事に対する認識が甘い人もいるため、人材採用の際には適性など考慮する必要がある。また、中国はハイテク産業を強化するため、高度な人材の育成にも力を入れており、大学院への進学率も高い。

上海市内の主な大学

復旦大学	上海交通大学	上海財経大学	上海外国語大学
上海海事大学	上海理工大学	上海中医薬大学	上海師範大学
上海大学	同済大学	東華大学	華東師範大学
華東政法大学	華東理工大学	上海工程技術大学	上海海洋大学
上海電力学院	上海応用技術学院	上海対外貿易学院	上海体育学院
上海音楽学院	上海戯劇学院	上海第二工業大学	上海政法学院
上海杉達学院	上海金融学院	上海立信会計学院	中欧国際工商学院

4. 通信・メディア

インターネット

　インターネット利用世帯は1,250万世帯、ADSL加入者は470万世帯に達した（2009年末）。

　家庭用のADSLは1.5MB-2MB程度の速さで、約150元／月である。

テレビ局・ラジオ局

　上海市には、テレビ局が25局（市内中心部に16局が集中している）、ラジオ局が21局ある。上海文広新聞傳媒集団は、上海を拠点とする巨大なメディアグループである。また、教育テレビとして、上海教育電視台がある。上海市では有線テレビによる視聴が主流になっており、中国各地の衛星放送を視聴できる。有線によるデジタル放送の受信者は84.36万世帯である（2009年末現在）。また、イン

ターネットや通信の一体化が進んできており、インターネットでテレビ番組を視聴することも可能になってきている。

　この他、地下鉄や市バスの車内でニュースやCMを配信する会社が存在する。主として中国人が視聴者になるが、日系企業もCMを多数流しており、重要な広告メディアの一つといえる。

〈資料〉上海文広新聞傳媒集団（Shanghai Media Group）

上海東方衛視	新聞綜合頻道	第一財経
生活時尚頻道	電視劇頻道	五星体育頻道
紀実頻道	娯楽頻道	藝術人文頻道
上海外語頻道	戯劇頻道	哈哈少儿頻道
上海炫動卡通衛視		

第5節　ディレクトリー

　以下に、上海で生活およびビジネス展開をする上で必要な問い合わせ先をご紹介する。

（Ⅰ）在上海日本国総領事館
　上海市万山路8号　　TEL: 021-5257-4766, FAX: 021-6278-8988
　広報文化センター　　上海市延安西路2201号 上海国際貿易中心3F
　　TEL: 021-6219-5917, FAX: 021-6219-5957

（Ⅱ）日本人組織
　上海日本商工クラブ
　上海市延安西路2201号 上海国際貿易中心2702室
　　TEL: 021-6275-2001, FAX: 021-6270-1579

（Ⅲ）日系金融機関

みずほコーポレート銀行
上海環球金融中心21-23F　TEL: 3855-8888, FAX: 6877-6001

三井住友銀行
上海環球金融中心11-13F　TEL: 3860-9000, FAX: 3860-9999

三菱東京UFJ銀行
上海匯亜大廈20F　TEL: 6888-1666, FAX: 6888-1661

（Ⅳ）日系損害保険会社支店

あいおい損害保険
万都中心2605室　　　　TEL: 5208-1785, FAX: 5208-1786

共立
上海国際貿易中心511室　TEL: 6209-8086, FAX: 6275-3319

損害保険ジャパン
世紀商貿広場5F　　　　TEL: 5407-5828, FAX: 5407-6055

東京海上日動火災保険
匯豊大廈38F　　　　　TEL: 6841-4455, FAX: 6841-2573

ニッセイ同和損害保険
匯豊大廈18F　　　　　TEL: 6841-3188, FAX: 6841-0508

日本興亜損害保険
国際貿易中心2502室　　TEL: 6275-4574, FAX: 6275-4075

富士火災海上保険
遼東国際大廈B楼2010室　TEL: 6235-0833, FAX: 6235-1200

三井住友海上火災保険
上海環球金融中心34F　TEL: 6877-7800, FAX: 6877-6066

(Ⅴ) 貿易促進、日中友好団体の上海事務所、センター
日本国際貿易促進協会　上海事務所
上海市茂名南路59号　錦江飯店西楼5324室　TEL: 6472-1384, FAX: 6472-1384

日中経済貿易センター　上海事務所
上海市婁山関路55号　新虹橋中心大厦1613室
TEL: 6236-8033, FAX 6236-8090

日中経済協会　上海事務所
上海市延安西路2201号　上海国際貿易中心1601室
TEL: 6275-0088, FAX 6275-2211

日本貿易振興機構（JETRO）上海センター
上海市延安西路2201号　上海国際貿易中心319室
TEL: 6270-0489, FAX 6270-0499

(Ⅵ) 中国側の貿易促進、ビジネス促進機関など
上海市商務委員会（http://www.scofcom.gov.cn）
上海市婁山関路55号新虹橋中心大厦
TEL: 021-5288-1111, FAX 021-6270-4708
主任: 沙海林

中国国際貿易促進委員会
上海市分会　金陵西路28号 金陵大厦
TEL: 021-5306-0228, FAX 021-6387-8454
上海浦東分会 浦東新区東方路135号7-8F
TEL: 021-5081-3718, FAX 021-5081-5675

(Ⅶ) 在日の常駐事務所・支店（上海関係）

上海国際集団有限公司東京事務所（N・T・S（株））
東京都港区芝2-3-3芝2丁目大門ビル4階
TEL: 03-5765-0587, FAX 03-5765-7087

上海国際人材交流協会大阪事務所
大阪府大阪市中央区安土町2-3-13大阪国際BLD31F
TEL: 06-4964-2618, FAX 06-4964-2046

上海市奉賢区人民政府駐日本事務所（http://www.fengxianinvest.com）
東京都中央区日本橋1-21-4　千代田会館4階
TEL: 03-3548-4858, FAX: 03-3548-4864

上海市浦東新区駐日本経済貿易事務所
神奈川県横浜市中区新港2-2-1横浜ワールドポーターズ6F 横浜WBC内
TEL: 045-222-2063,　FAX: 045-222-2064

第2章
上海の投資環境

第 1 節　浦東新区

浦東新区の投資環境

　浦東新区は黄埔江の東側に位置し、面積が1210平方km、居住人口が412万人である。1990年に改革開放がスタートして2010年で20年となる。2009年には、洋山港が属する南部地域の南匯区を統合した。

浦東新区の産業地図

　金融・地域本部等が入居するビルが林立する陸家嘴金融区、貿易・サービス業拠点が集まる外高橋保税区、先進製造業や研究開発センター誘致を図る張江ハイテクパークと金橋輸出加工区、洋山港に近い地域の南匯新城、臨港産業区に加え、ディズニーランド建設予定地周辺が国際リゾート区域として、建設が進められている。万博会場跡は今後金融・会議・展示会等の誘致や発展計画がある。

物流拠点には、外高橋港と外高橋保税区、浦東空港に隣接する上海総合保税区、洋山港保税港区があり三港三区と呼ばれている。

浦東新区主要経済データ及び"十一五"（2006年～2010年）期間の外資投資状況

2010年末GDP	4707.52億人民元	前年度比12.4%増
輸出入総額	1770億米ドル	前年比30%増
内外資金融機構数	650社	
多国籍企業地域本部数	130社	上海市全体の50%
日本からの累計投資件数	2385社	2008年末、外資第2位
空港	浦東国際空港	
深水港	外高橋港、上海洋山深水港	
外商投資許可件数	5189件、契約外資259.36億	
契約ベース外資増加金額	51.87億米ドル／年	実際投資35.45億米ドル／年
1億米ドル超プロジェクト	66件（契約ベース）	
外資企業数	11,788社	2009年連合年度検査合格
産業構造（第1次：2次：3次）	0.07：33.75：66.18	
外資系企業の国籍	香港、日本、BVI、米国、ケイマン、ドイツ、シンガポール等113ヵ国	独資進出が全体の86.27%を占める
外資企業就業人口	96.2万人（内外国人籍社員2.95万人）	
多国籍企業地区本部数	150社	市全体の49.2%
地区本部登録資本金1億米ドル以上企業	20社	登録資本金総額は80億米ドル
フォーブス500強企業	294社、917プロジェクト	（金融機構を含まない）
研究開発機構数	220社（内外資141社）	
研究開発機構就業人口	56553人	
外資系企業申請特許数	6897件	（浦東新区総件数の47%）
外資系企業許可特許数	4083件	（浦東新区総件数の50.74%）
金融機構総数（2010年末）	649社	全市の71%
外資金融機構数（同上）	285社	全市の75%
銀行類機構	211社（内外資法人18社）	
銀行支店	57社	
外資銀行代表処	60社	
証券機構	261社（外資証券機構・代表処53社）	
保険機構	177社（内外資保険法人27社、代表処23社）	

上海市浦東新区駐日本経済貿易事務所HP、
上海市浦東新区外商投資環境白書（2006－2010）より

改革試行地域

　浦東新区は、2005年6月に国務院より浦東新区総合改革試行地域として認可されて以降、各種新制度や規制緩和のテスト地域としての役割を担っている。

（1）外資企業進出、設立に関わる規制緩和
　外資ファンド企業、国内の自然人の中外合弁・合作企業への投資、ファクタリング、自動車リース企業及び創業投資、金融機構バックオフィス、アウトソーシング業務等の業種で、外資系企業の進出を奨励している。

（2）外資企業運営に対する規制緩和
　外貨管理局による《浦東新区多国籍企業の外貨管理改革試行についての問題の回答》等、20項目余りの規定により外資系企業の運営に便宜を与えている。

（3）審査認可手続きの簡素化
　外資企業の審査認可手続きを簡素化している。浦東新区の許可事項は724項目から220項目に削減され、審査時間も短縮されている。

投資優遇政策

　浦東新区は誘致対象の産業・機構に対する投資優遇政策を実行している。主なものは次の通りである。

＜地域本部＞
　新規投資で、多国籍企業の地域本部としての認定を経た場合、1回に限り給付される補助金の制度がある。
　税金については、浦東新区の地方財政収入となる部分に対し3年間は100％補助し、残りの3年間は50％補助する。
　地域本部が浦東新区で自社オフィスを購入した場合、購入価格の1.5％を補助する。賃貸の場合、3年間の家賃の1.5％を補助する。

＜オペレーションセンター・研究開発機構＞

　地域本部と同様の優遇措置がある他、オペレーションセンターは"外貨九条"政策に基づく志向措置の申請が可能である。また、ハイテク企業として認定された独立法人の研究開発センターは、一定期間の税収減免優遇を受けることができる。

現代サービス業

　浦東新区は上海並びに長江デルタにおける現代サービス業（金融、貿易、物流、専門サービス）の発展を牽引する地域である。2010年外資プロジェクト件数のうち94.26％、契約ベース外資額の82.47％がサービス業種である。サービス業のうち金融を除いて、卸売・小売、交通運輸・倉庫、リース及びビジネスサービス業等の収入規模が大きい。

　金融業では、2010年末の外資金融機構数は285社で、全市の75％を占める。陸家嘴金融貿易区域は中国随一の金融街となっている。

先進製造業

　浦東新区にはハイエンド、ハイテク志向の製造業が集積している。通信設備、計算機及びその他の電子設備製造業では外資参入割合も比較的高く、契約ベース外資額73.8億米ドルで、新区の外資製造業の48.48％を占めている。SMI、インテル、IBM、HP等の企業を初め100社近くの半導体材料、設備、部品等の企業があり、周辺産業チェーンが形成されている。

　先進製造業産業基地としての金橋輸出加工区、また自主ブランド戦略産業プラットフォームと国家ハイテク産業モデル区域となっている張江ハイテクパークがある。

自動車製造

　2010年、浦東自動車製造業総生産は1382.2億元で、前年度比36.5％成長した。GMの販売台数は103万台で前年度比42.8％増である。

生物医薬業

　張江ハイテクパークを中心に現代生物医薬基地が形成されており、200社以上の国内外著名製薬企業と数十社の国家レベル医薬研究開発企業が進出している。

陸家嘴金融区（金融、証券市場）

1. 金融

　陸家嘴金融貿易区には、中国国内の銀行だけでなく、外資系の銀行も集中しており、アジアの金融センターを目指して成長を続けている。

　2001年12月のWTO加盟以降、外資系金融機関に対する業務の規制を段階的に緩和した。2006年12月施行の「外資銀行管理条例」により、現地法人を設立した外資系銀行は、内国民待遇を与えられるようになった。しかし、外資系銀行の中国国内の拠点数は限られているため、地場の金融機関との資本提携や業務提携が進んでいる。

〈資料〉主な外資系金融機関（上海市に拠点を持つ銀行）

銀行名	中国語名称	本支店数（上海）	開業年
香港上海銀行（中国）HSBC	汇丰銀行（中国）有限公司	12	07年
スタンダードチャータード銀行（中国）	渣打銀行（中国）有限公司	8	07年
東亜銀行（中国）	东亚銀行（中国）有限公司	11	07年
シティバンク（中国）	花旗銀行（中国）有限公司	10	07年
ハンセン銀行（中国）	恒生銀行（中国）有限公司	10	07年
DBS銀行（中国）	星展銀行（中国）有限公司	4	07年
みずほコーポレート銀行（中国）	瑞穗实业銀行（中国）有限公司	1	07年
三菱東京UFJ銀行（中国）	三菱东京日联銀行（中国）有限公司	1	07年
ABNアムロ銀行（中国）	荷兰銀行（中国）有限公司	5	07年
華僑銀行（中国）	华侨銀行（中国）有限公司	3	07年
南洋商業銀行（中国）	南洋商业銀行（中国）有限公司	3	07年
大新銀行（中国）	大新銀行（中国）有限公司	1	08年

大華銀行（中国）	大华银行（中国）有限公司	1	08年
聯合銀行（中国）	华美银行（中国）有限公司	1	08年
BNPパリバ銀行（中国）	法国巴黎银行（中国）有限公司	1	08年
新韓銀行（中国）	新韩银行（中国）有限公司	2	08年
中信嘉華銀行（中国）	中信嘉华银行（中国）有限公司	1	08年
フランス興業銀行	法国兴业银行（中国）有限公司	1	08年
三井住友銀行（中国）	三井住友银行（中国）有限公司	2	09年
カリヨン銀行（中国）	东方汇理银行（中国）有限公司	1	09年
バンコク銀行（中国）	盘谷银行（中国）有限公司	1	09年
KEB（中国）	外换银行（中国）有限公司	1	09年

注：上海市内に機構を有する外資系金融機関を対象に、各行ホームページ等で確認できた内容に基づく。

2. 証券市場

　上海証券取引市場に上場している企業は917社（2010年末時点）で、2009年比で3社増加した。上海総合指数は2007年に6,124.04ポイントに達したが、その後、低迷を続けている。2011年7月末時点では、2,701.73ポイントとなっている。

株価指数の推移〈上海A株〉

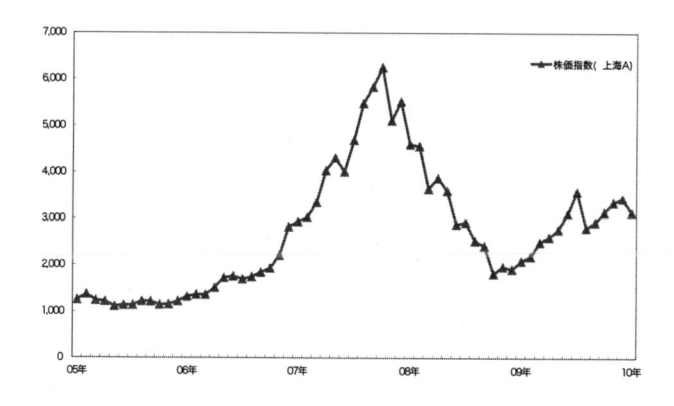

中国では、株式が「流通株」と「非流通株」に分けられている。流通株は、取引所に上場している株式で売買可能な株式である。売買できる市場の種類によって、A株とB株、海外上場外資株、レッドチップ株に分類される。中国国内の一

般投資家向け（人民元建て）株式はA株で、外国人投資家向け（外貨建て）株式はB株である。2010年7月に中国農業銀行が上場した。

国際取引所連合（WFE）の統計によれば、2010年6月末時点の世界の時価総額ランキングで、上海証券取引所の時価総額は2.2兆ドル（前年比0.5兆ドル減）、世界第6位（前年は第4位）であった（表1参照）。

表1　世界の時価総額ランキング（2010年6月末）

順位	取引所名	金額（100万ドル）
1	ニューヨーク	12,250,431
2	東京	3,318,236
3	ナスダック	3,298,366
4	ロンドン	2,463,422
5	ユーロネクスト	2,326,158
6	中国・上海	2,196,447
7	香港	2,152,799
8	カナダTSX	1,727,971
9	ボンベイ証券取引所	1,313,422
10	インド証券取引所	1,279,538

出所：国際取引所連合（WFE）より集計

浦東新区の主な開発区

【外高橋保税区】

外高橋保税区は1990年に国務院に認可され設立運営を開始した。全国に15箇所ある保税区の内経済規模最大の保税区で、2004年には全国で初めての区港連動の保税物流園区が認可された。長江の河口に位置し、浦東新区の深水港の一つである。市の中心まで20km、浦東国際空港まで40kmである。

主要業務は国際貿易、先進製造業、現代物流及び保税商品展示市場等である。区内では2008年末既に1万件を超えるプロジェクトが認可された。輸出入貿易企業は3000社を超え、上海の4割の貿易会社が登録していると言われる。設備機器、時計、医薬等10を超える商品種で会員企業5000社を超える専門保税市場がある。物流企業は10000社超。製造業は研究開発、設計、メンテナンス、技術

サービス等を含む先進製造業が多い。区内の就業人員は外国籍社員9000人強を含む19万人である。

【洋山保税港区】

洋山保税港区は国務院の認可を受け、2005年12月より開港し運営開始された初めての保税港区であり、小洋山港口区域、陸地部分と東海大橋が含まれる8.14km²が保税区域として運営されている。国際物流、物流金融等の試行モデル区域となっている。

【張江高科技園区（張江ハイテクパーク）】

張江ハイテクパークは1992年設立以来、集積回路、ソフトウェア、生物医薬等を主要産業としている。2010年末現在、入居企業は1905社に達し、園区内の就業人口は17.34万人で、内博士4288人、修士27082人、大専以上の学歴を持つものは100756人である。

園区内の特許申請数は22215件、許可数は5934件である。園区内では生物医薬科技産業、情報産業基地、国家集積回路産業、半導体照明産業基地、ソフトウェア輸出基地、文化産業モデル、オンラインゲーム・アニメ産業等で国家レベルの基地がある。

【金橋開発区・輸出加工区】

金橋開発区・輸出加工区は、1990年9月に国務院より批准され設立した国家レベルの経済技術開発区である上海金橋開発区と、2001年9月に税関総署より批准され設立した金橋輸出加工区がある。上海浦東新区の中部に位置し、外高橋、張江ハイテクパークと隣接する27km²の区域内に、北区、南区、輸出加工区という構成で運営されている。

産業構成は自動車、電子情報、現代家電製品、食品加工及び生物医薬産業が主となっている。

輸出加工区は区画総面積が2.8km²（運営1.55km²）、2009年末30社の外資企業を含む32社が入居しており、半導体設備製造、自動化機器、電子情報、精密機器等の業種が主である。

輸出加工区は保税加工生産が認められており、生産設備及び材料は免税にて区内に搬入され、生産加工後は国内外に販売することができる。国内から区内への搬入時、増値税の還付申請が可能である。区内から国内への搬出時、輸入通関手続きを行い、製品に対し関税・増値税が課税される。
　また区内では国際調達、ディストリビューションを含む保税物流業務を展開することができる。
　研究開発業務を行う際に使用される輸入設備や原材料等も保税で搬入することができる。
　その他、検測業務、輸出貨物のメンテナンス業務を行うことも認められている。

第2節　上海市近郊

上海市郊外開発区

● 上海嘉定工業区
● 上海漕河涇新興技術開発区
● 閔行開発区

【上海漕河涇新興技術開発区】

　上海漕河涇新興技術開発区は1988年国務院により批准された国家レベルの経済技術開発区で、1991年には国家ハイテク技術産業開発区としても批准された。

　上海市の西南部に位置し、徐匯区と閔行区に跨り、地下鉄9号線が通り、上海南駅及び虹橋空港が近い等、市中心部からのアクセスのよい開発区である。

　同開発区は2003年3月に漕河涇出口加工区、2004年に閔行区浦江鎮の浦江ハイテクパークが認可され、総面積は10.7㎢となった。また浙江省の海寧経済開発区内にも共同運営する区域を有している。

　2010年、外資系企業の投資件数は32社、投資総額は1億377万米ドルで、累計外資系企業数は797社、内累計日系企業数は84社である。

　設立当初は輸出加工を中心に企業を誘致していたが、現在では、製造業は主に上記2箇所の開発区を含む7つの園区に分散し、漕河涇の本部地域では研究開発機構やサービス業種を誘致している。製造業ではマイクロエレクトロニクス、光電子、コンピュータ機器・ソフトウェアと新材料を主要4大産業としており、非製造業では研究開発、ネットワークサービス、金融データ処理、技術革新等の企業を主に誘致している。

2010年同区の主要な指標、データ

項目	単位	2010年	前期比
地区生産総額	億元	670.3	15.8%
税収	億元	57.9	23.3%
新規認可外資系企業	社	49社	133%
契約外資金額	億米ドル	2.5	
日系企業数	社	84社（累計）	

漕河涇浦江ハイテクパーク

　2004年7月に国務院に認可され設立した、漕河涇開発区が管理運営する国家旧開発区の一つである。閔行区浦江鎮に位置し輸出加工区0.9㎢を含む10.7㎢を有している。区内の主要産業は新材料、環境保護・新エネルギー産業と周辺サービ

ス業である。

漕河泾開発区海寧分区
　浙江省東北部の嘉興市南部、沪杭・沪浦の高速道路が通っている海寧経済開発区の北部を、漕河泾開発区と海寧経済開発区が共同で開発し2009年12月に正式運営開始された区域である。区画総面積は15㎢、新興技術産業園区として電子情報、新エネルギー、新材料、生物医薬、設備製造機械等の先進製造業と現代サービス業の誘致を図っている。

【上海嘉定工業区】
　上海嘉定工業区は上海市人民政府に批准され設立した市レベルの試験工業園区である。1992年に南区が、2003年に北区がそれぞれ設立された。
　上海市の北西部に位置し、長江デルタ地帯にある15都市の中心に位置する他、虹橋国際空港より約35km、浦東国際空港より約80kmの距離にあり、高速道路、外環線と繋がる。
　工業区内には張江高新技術産業開発区嘉定分園と国家級嘉定輸出加工区の国家レベル園区が2箇所設けられており、主要産業は、自動車全体及びその部品の研究開発・製造、精密機械の製造、光電子情報、省エネルギー環境保護等である。
　嘉定はまた、自動車開発について有名な地区の一つであり、自動車の研究開発・製造、自動車貿易、物流等これらの機能をまとめて一体化している。
　自動車以外でも1958年に上海市人民政府により科学衛星城として認定されて以来、科学技術都市としても有名である。区内には光学精密機械、コンピュータ関連、航空科学技術など国家級のハイテク研究所と中国科学試験基地があるため、国内各地より優秀な研究員が集まる。
　2009年末において世界40の国と地域から約1,000社（内、世界トップ500企業30社）が進出しており、投資総額は150億米ドル超である。

【主な進出企業】
　アメリカ：デュポン、ペプシ、コーニング
　ドイツ：VW、BMW

オランダ：PHILIPS
中国：百度
日本：富士通、ヤクルト、神戸製鋼等

【閔行開発区】

　上海閔行経済技術開発区は1983年に創建され、1986年8月に国務院より国家レベルの経済技術開発区として認可された。同開発区の面積は3.5k㎡で、国家レベルの開発区の中では最も小さい工業開発区と言われる。市の中心部から30キロ、黄埔江の上流に位置する。
　2006年、上海の当南部長江河口と杭周湾とが接する、市中心から75km離れた臨港新城に13.3k㎡を取得し、臨港園区として管理運営している。
　2009年末、同開発区の誘致プロジェクトは171件に達し、プロジェクト当たりの平均投資額は1831万米ドルである。機電産業、医薬医療産業及び軽工業を主要産業とする。臨港園区は東海大橋の向こうに洋山深水港を望む位置で、電器機器、通用機械等の設備製造業と国際物流基地としての発展を図る。

第3節　江蘇省

江蘇省各市

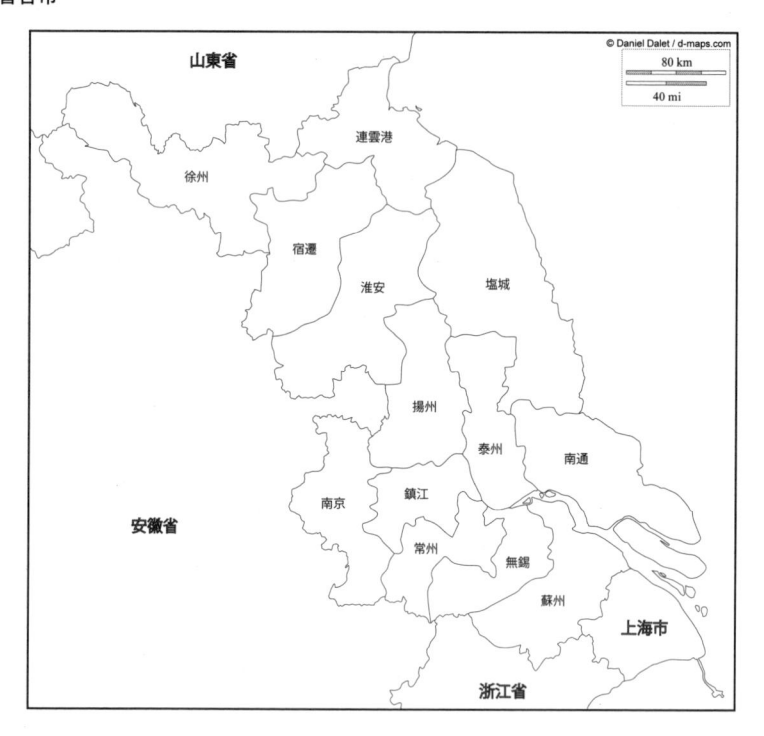

江蘇省は東部沿海の中心に位置し、東は黄海に面し、西は安徽省、北は山東省、東・南は浙江省と上海と接している。省都は南京、略称は蘇である。長江デルタと平原を有しており、5大淡水湖の太湖と洪澤湖がある。水資源、鉱物資源が豊富である。

十大重点産業にハイテク技術産業、新エネルギー、新材料、生物技術と新医薬、省エネルギー・環境保護、ソフトウェア及びアウトソーシング、物流ネットワークと新世代情報技術、装備製造、電子情報、石油化学工業等が含まれている。

江蘇省主要統計データ（2009年）

項目	データ	注釈
面積	10.26万平方km	
人口	常住人口7,866万人	2010年
域内総生産（GDP）40,903億元	2006-10年平均13.5%増	
一人当たりGDP	7,700米ドル	
外資直接投資実行ベース	253.23億米ドル	前年比0.8%増
輸出入総額	4,658億米ドル	内輸出2,706億米ドル
都市住民可処分所得	22,944元	

13の地級市基本データ（2009年）

	市	面積（km²）	人口（万人）	GDP（億元）	輸出入（億米ドル）	実際外資投資（億米ドル）	都市住民可処分所得（元）
蘇南	南京	6,582	630	4,230	337	23	24,678
	無錫	4,788	466	4,991	439	32	25,027
	常州	4,835	360	2,519	151	23	23,392
	蘇州	8,488	633	7,740	2014	82	27,188
	鎮江	3,847	270	1,672	60	14	21,041
蘇中	南通	8,001	763	2,873	163	21	19,469
	揚州	6,634	459	1,856	54	15	17,732
	泰州	5,797	504	1,661	58	11	18,079
蘇北	徐州	11,258	958	2,390	23	7	14,798
	連雲港	7,500	491	941	39	10	13,886
	淮安	10,072	534	1122	21	6	14,050
	塩城	16,972	812	1917	29	10	14,891
	宿遷	8,555	541	827	6	1	11,149

江蘇省統計年鑑より

交通

　上海－南京間の高速道路は約3.5時間、高速鉄道は上海－南京間（滬寧高鉄）を最短73分で結ぶ。また南京と杭州間の高速鉄道（寧杭高鉄）は2011年開通予定となっている。

日本人数・日本人会・日本人学校

　ジェトロ資料によると2009年の在留邦人数は江蘇省全体で8477人、その内南京554人、蘇州5129人、無錫1,818人、南通450人等となっている。
　蘇州には日本人学校があり、南京・無錫には日本語補習授業校がある。また蘇州・南京・無錫・南通の日本人会はホームページを開設している。

【蘇州日本人学校】
　　江蘇省蘇州新区金山路83号
　　TEL：86-512-6807-0080　　FAX：86-512-6807-0086
　　URL:http://www.jsscn.org/

【南京日本語補習校】
　　中華人民共和国南京市栖霞区仙林大学城　　学衝路8号　　南京国際学校内
　　TEL：86-025-8589-9111　　FAX：86-025-8589-9222
　　URL:http://www.njjapan-school.com

【無錫日本語補習授業校】
　　無錫市新区錫士路　　無錫国際学校国際部内　　TEL：86-510-8213-8160
　　E-mail:wuxi-hosyu@hotmail.co.jp

日本人会	URL
蘇州日商倶楽部	http://www.nisshoclub-sz.com.cn/
南京日本商工倶楽部	http://japanese.njfiw.gov.cn/
無錫日商倶楽部	http://www.wuxijp.com/
南通日本人会	http://aizax.fc2-rentalserver.com/public/njk_mk.html

蘇州市の主な開発区

　蘇州市は長江デルタの中心部で太湖東岸に位置する有名な観光都市であったが、外資誘致、開発区等の経済発展により江蘇省の経済を牽引する都市となった。

蘇州市の行政区画には張家港市、常熟市、太倉市、昆山市、呉江市と、呉中区、相城区、平江区、滄浪区、金閶区、及び蘇州工業園区と蘇州高新区がある。

【蘇州・シンガポール工業園区】

1994年認可設立されたシンガポール政府との合作プロジェクトによる工業園区で、行政区画は288k㎡。蘇州旧市街区の東側に位置し、上海まで高速鉄道で20分、南京まで60分である。国際的に競争力を有するハイテクパークとしての実績を持ち、投資額1億米ドル超のプロジェクトが100件を超える。投資強度17億米ドル平方kmが求められる。

蘇州工業園区管理委員会

江蘇省蘇州工業園区現代大道999号現代ビル
http://www.sipac.gov.cn/
http://www.sipac.gov.cn/japanese/ （日本語）

【蘇州高新区】

1992年国務院より認可設立された国家レベルのハイテク産業開発区である。旧市街の西に位置し、西に太湖を望む。上海－南京間高速道路、蘇州－嘉興－杭州高速道路、北京－上海高速鉄道等によりアクセスは便利である。外資系企業1500社あまりが進出している。

蘇州高新区URL：http://www.snd.gov.cn/SND/
http://www.snd.gov.cn/SND/japanese/default.aspx （日本語）

昆山市の主な開発区

【昆山技術開発区】

1992年より国家レベル開発区である。区内に総合保税区を有する。昆山市には北京－上海間高速鉄道が通る。2010年10月末における外資累計投資は43カ国1642プロジェクト、契約外資金額149億米ドル、実際投資額84億米ドル。その内、1000万米ドル超のプロジェクトは516件。台湾企業の投資が多いことで知ら

れ、電子情報、光電子、精密機械、軽工業、装備設備製造、ノートパソコン、液晶ディスプレイやテレビ等の産業チェーンがある。

誘致部門電話：0512－57329271、57329291

http://www.ketd.gov.cn/

http://www.ketd.gov.cn/japanese/index.jsp（日本語）

【平謙国際（昆山）現代産業園】

民間の工業園である。香港資本で、南沙、蘇州等で日系企業専門の工業団地運営の実績がある。

http://www.plainvim.com.cn/

http://www.plainvim.com.cn/jp（日本語）

常州市の主な開発区

常州市は中国沿岸開放地域の一つであり、長江デルタ地帯の中心である。上海まで新幹線で最速49分、南京まで最速38分と、交通アクセスは便利である。

【常州国家級高新技術産業開発区】

常州国家ハイテク産業開発区では化学工業に特化した化学産業パークが整備されており、第1期にはクロルアルカリ、ポリエスチレン（PS）、発砲ポリスチレン（EPS）製造産業が集積している。省認可の化学産業パークも有し、苛性ソーダ、スチレンモノマー（SM）、EPS、アクリロニトリル・ブタジエン・スチレン（ABS）、フェノール、アセトン、不飽和ポリエステル等が生産されている。

第2期では第1期での生産品目と連携した製品チェーンであるビスフェノールA、メチルメタクリレート（MMA）、ポリカーボネート（PC）、エポキシ樹脂製造企業を誘致している。パーク内では工業用水、電力、蒸気や排水処理、化学工業に特化した危険廃棄物処理などの設備を充実させているほか、埠頭や大型タンクの増設を進め、インフラ面を強化している。

日系では、小松製作所、富士重工、東芝、富士通、大日本インキ、ニコン、三菱化学、三菱重工、東洋電機、デンソー、川崎重工、不二精機等の企業が進出している。

URL: http://www.czxd.gov.cn/

南通市の主な開発区

　南通市は長江河口地域の北岸に位置する。2008年、蘇通長江大橋の開通により上海の2時間経済圏内となった。南通市には名古屋銀行の駐在員事務所があり、2010年には同支店も認可された。

【南通経済技術開発区】

　1984年国務院に認可された中国における最初の14箇所の国家レベル開発区の一つである。

　開発区内には、蘇州シンガポール工業園区との合作プロジェクトによる蘇通科技産業園を初め、電子工業及びデータ健康科技園、海洋工程船舶装備製造工業園、輸出加工区、保税物流園区、電動自動車産業園のほか、商業区域や居住区もある。

　上海都市圏で住みやすい。

　日系進出企業は日立、東芝、伊藤忠商事、丸紅、三井物産、アサヒ化成等である。

　誘致に注力する業種は、海洋工程船舶設備製造業、電子情報産業、新素材、新エネルギー、新医薬産業、現代サービス業、電気自動車産業などである。

　南通経済技術開発区URL：http://www.netda.gov.cn/

南京市の主な開発区

　南京市は江蘇省の省都であり、長江流域の街である。アクセスは上海より高速鉄道で2時間である。国際線航路で香港、マカオ、韓国、タイ、シンガポール、日本、カナダ、ロシア等への直行便がある。

　主要産業は電子情報産業、石油化学工業、自動車、鉄鋼で、そのほか八大新興産業及び八大現代サービス業の発展を図る。5つの国家レベル開発区を初め、12箇所の省レベル開発区、テーマ別の特色産業園区が7箇所有る。

【南京高新技術産業開発区】

　1988年開始、規劃面積16.5k㎡。進出企業2,000社余り。ソフトウェア、生物医薬、自動車、文化創意産業等を誘致。
　URL: http://www.njnhz.gov.cn/index.jsp

【南京経済技術開発区】

　1992年開始、規劃面積13.37平方km。電子情報、生物医薬、軽工業機械、新材料を主要産業とする。400社余りの外資系企業を誘致している。
　URL：http://www.njxg.com/www/njxg/index.htm

【南京江寧経済技術開発区】

　1992年より開始された。38.47平方km。主要産業は自動車、電子情報、電力自動化設備、ソフトウェアで、100社余りの自動車部品産業、60社の電力設備企業、40社のソフトウェア企業が進出している。
　外資系企業はフォード、マツダ、シーメンス、モトローラ、エリクソン、日立、サムソンなど。
　URL: http://www.jndz.gov.cn/chs/

【南京化学工業園区】

　2001年開始。45平方kmを有し、石油及び天然ガス化学工業、基本有機化学工業原料、精密化学工業、高分子材料、生命医薬、新型化学工業材料等を主要産業とする。進出企業は246社、内、141社が外資系企業である。
　URL：http://www.ncip.gov.cn/

【南京海峡両岸科技工業園】

　1997年認可。15平方km。電子情報、生物医薬、光電子・光ケーブル、研究開発、集積回路、新材料、新エネルギーなど。

無錫市の主な開発区

　無錫市は長江デルタの中心地域に位置し、上海及び南京とはそれぞれ1-2時間の距離である。

　4つの国家レベル開発区、11の省レベル開発区及び重点特色園区がある。

　電子情報、精密機械と自動車部品、生物医薬、新材料及び新エネルギーを主要産業とする。

　無錫市投資促進中心URL：http://www.wxcipo.gov.cn/

【無錫高新技術産業開発区】

　1992年認可。1000社以上の外資企業が進出しており、コンピュータ及び周辺設備、デジタル電子機器、液晶パネル、光電子、自動車エンジン、建設機械、生物医薬及び医療器材等の製品を製造している。

【無錫輸出加工区】

　2002年6月認可。通関業務が簡便であり、輸出加工区の税制優遇を受ける。区内に税関、検査検疫、銀行、運輸、倉庫等の機関が揃っている。

【宜興環保科技工業園】

　1992年に開始された全国で独自の環境保護をテーマにしたハイテク産業園区である。

　新材料、省エネ技術等の現代的製造業、研究開発等の産業集積地となっている。

【江陰経済開発区】

　1993年認可の省レベル開発区。金属材料、ハイエンド衣料及び石油化学、IT、精密機械、生物医薬等の新興産業を誘致している。

【錫山経済開発区】

　1992年開始の省レベル開発区。外商工業区、物流区、中心商務区等のオフィス区域と、清華同方無錫科技園、台商科技工業園、錫山輸出加工区に分かれてい

る。

【恵山経済開発区】

2002年開始の省レベル開発区である。無錫市街地の北側に位置し、高速道路等のアクセスが良い。

新城区域でサービス業種を、無錫生命科技区域で現代生物医薬、医療機械、恵山科技工業園区域で自動車及び自動車部品産業を誘致している。

【無錫（太湖）国際科技園】

区画面積27.4km²である。研究開発、創造産業を主に誘致する。大学科学研究園、留学生創業園、ソフトウェア、デジタル、創造、ハイテク、インキュベーション等をテーマにした産業園を区内に設けている。

【無錫（国家）工業設計園】

中国で初めて工業設計をテーマにした専門化園区で、面積は2.5km²である。工業設計にはIT製品、機電産品、日用品、紡績・服飾、交通車両、家具・照明、玩具等が含まれる。

【無錫太湖新城科教産業園】

無錫市の南部に位置し、区画面積は20km²で、各種大学、研究所等を設ける。研究開発と、創造設計、アニメ制作、教育訓練等を主要産業とする。

【空港産業園】

蘇南国際空港を中心に、臨空経済圏を建設する構想で設置された。航空貨物物流サービスと、半導体・電子等先進製造業を誘致している。

第4節　浙江省

浙江省各市

　浙江省は長江デルタの南翼を成し、南は福建省、西は江西省・安徽省と接し、北は上海、江蘇省に面する。省都は南宋の都であった杭州。比較的小さい面積に8つの河川と西湖を含む5つの湖がある。行政区画は11の地級市に分かれている。

浙江省主要統計データ

項目	データ	注釈
面積	10.18万平方km	
人口	常住人口5,180万人	2010年
域内総生産（GDP）22,990.35億元	2009年	
一人当たりGDP	3,687米ドル	2009年
外資直接投資実行ベース	110億米ドル	前年比10.7％増
輸出入総額	2,534.7億米ドル	2010年　前年比35％増
都市住民可処分所得	27,359元	2010年

浙江省統計年鑑より

11の地級市基本データ（2009年）

市	面積 (km²)	人口 (万人)	GDP (億元)	輸出入 (億米ドル)	実際利用外資 (億米ドル)	都市住民 可処分所得 (元)
杭州	16,596	810	5,088	404	38.8	26,864
寧波	9,817	719	4,215	1,169	21.96	27,368
温州	11,784	808	2,528	133	2.34	28,021
嘉興	3,915	431	1,918	228	13.35	22,730
湖州	5,817	285	1,112	48	8.11	23,242
紹興	8,256	470	2,375	205	8.11	25,418
金華	10,941	521	1,766	93	3.18	22,915
衢州	8,837	224	618	12	0.63	19,539
舟山	1440*1	106	533	100（2010）	4.57（2010）	24,939
台州	9,411	576	2,025	--	1.88	25,889
麗水	17,298	231	542	12万米ドル	0.29	20,446

*1：舟山は群島で構成され、行政区域2区2県の陸地面積の合計。
浙江省統計年鑑、各市政府HP、各市統計局HPより

交通

　上海－杭州間を高速鉄道（沪杭高鉄）が1.5時間で結ぶ。2008年に杭州湾大橋の開通により、寧波は上海の2時間圏内となった。

日本人数・日本人会・日本人学校

【杭州日本人学校】

杭州経済技術開発区徳勝東路395号
TEL：0571-86877769　FAX：0571-86913903
Email: master@hzjschool.com　URL: http://www.hzjschool.com/

【寧波日本語補習授業校】

中華人民共和国　浙江省寧波市県前街8号3階　寧波愛心語言学校
TEL：86-1385-828-0967　FAX：0574-2688-2110
http://sites.google.com/site/nbjpschool/top

日本人会	URL
杭州商工クラブ	http://hz-shokoclub.com/
寧波日商倶楽部	http://www.nbnsk.com/

杭州市の主な開発区

杭州市は長江デルタの南翼で杭州湾の西端、銭塘江下流に位置する。浙江省の経済、文化の中心で、長江デルタの主要都市の一つ。上海、蘇州、寧波との間の所要時間がいずれも1時間半程度。

【杭州経済技術開発区】

1993年国務院に認可され設立した国家レベル開発区で、管轄面積は104平方km、内34平方kmが整備されている。行政管轄区内の人口は30万人で、川沿いの住宅団地、輸出加工区、総合工業園区、北部工業園区、江東ブロック、シンガポール杭州科学園等の区域に分かれている。

2007年末までに474社の外資系企業が進出した。内80社前後が日系企業である。

主要産業は電子情報、生物医薬、機械製造、食品飲料等であり、今後は新エネルギー、新材料、新科学技術産業の発展を図るほか、サービスアウトソーシングと文化創造産業の誘致を図る。

URL：http://www.hedagov.jp/

寧波市の主な開発区

　寧波は長江デルタの南の海岸線に位置し、東に舟山群島を望み、北に杭州湾を挟んで上海に面している。西は紹興市、南は三門湾、台州と接している。古くから貿易・商業都市として栄えた。

　プラスチック成形を中心とした金型、鋳物、アパレルの集積地として知られる。

　プラスチック金型産業は余姚、寧海地区、プレス金型は慈渓地区、鋳造金型は北侖地区等に分布する。

　国家レベル開発区に、寧波経済技術開発区、寧波保税区、大樹経済開発区、寧波市高新区、梅山島経済開発区、寧波石化経済技術開発区、寧波杭州湾新区、寧波栎社保税物流中心がある。

　寧波政府ホームページ（日本語版）URL：http://japanese.ningbo.gov.cn/

【寧波経済技術開発区】

　1984年に認可され設立した。寧波市の東北部、北侖港に隣接する。春暁工業区、大港工業区、留学生創業園区、IT産業園区、化学園区、物流園区等が企画されている。6大臨港産業として、エネルギー、石油化学、鉄鋼、自動車・部品、造船、製紙等の産業を誘致している。

　2009年末までに認可設立した外資系企業は1416社、総投資額は230億米ドル、契約ベース外資金額118億米ドルのうち、1,000万米ドル超の大型プロジェクトが380件ある。

　寧波経済技術開発区URL：http://www.netd.gov.cn/index.php
　http://www.netd.gov.cn/japanese/nbjj_gk.php（日本語）

嘉興市の主な開発区

　嘉興市は浙江省東北部に位置し、南は杭州湾に面している。人口50万人。光機電、特殊紡績、アパレル、製紙業等を主要産業に、金属加工、建材、食品、印刷、医薬品等の産業基礎を築いてきた。

【浙江省平湖経済開発区】

　平湖開発区は1996年に平湖市により建設され、2007年に省レベル開発区として認可された。第1期区画面積は7.9km²、第2期は10.6km²である。区内には省レベルの情報産業特色園区、省内唯一省レベルの認可を受けた日系企業投資区、国家（嘉興）機電部品産業園区と国家炬火計画平湖光機電産業基地等がある。

　開発区には外資系200社を含む600社が進出しており、光ファイバー通信、新型電子部品、精密機器、マイクロエレクトロニクス等の産業が主である。日系企業の投資は56社で、JFE、日本電産、NTN、黒田精工、津上精密、関東辰美等がある。

　URL：http://www.pinghu.com/index.asp
　http://www.pinghu.com/jp/index.asp （日本語）

湖州市の主な開発区

　長江デルタ経済圏のほぼ中央、「一市三省（上海市・浙江省・江蘇省・安微省）」の中心部に位置する。

　2008年に各高速道路が全線開通した為、更に国道及び鉄道共にアクセスも便利となった。各都市との間の距離は、湖州－上海128km、湖州－杭州：68km、湖州－南京：186kmである。

　2007年12月現在、湖州市全体で外資企業は約1449社で、その内、日系（独資、合弁、合作含む）企業は119社あり、常駐日本人は100名程である。

湖州市内に進出した主な日系企業

企業名	業種
アサヒビール㈱	ビール製造
ASTI㈱	電子関係製造
丸高衣料㈱	アパレル製造
伊藤建友㈱	住宅開発
㈱タカダ	自動車部品製造
日本化薬㈱	安全器材製造
㈱ブルボン	食品製造

【浙江省湖州経済開発区】

湖州国務院より認可された全国9ヶ所の国家レベル開発区の一つである。

2008年12月末現在、進出プロジェクト数は1,537社で、投資総額：約78.8億米ドルである。

外資プロジェクト数は413社で、その内稼動している日系企業は約19社である。

湖州開発区内に進出した主な日系企業

企業名	業種
三得芙㈱	アパレル生産
松尾橋梁㈱	交通建設
ケンミン食品㈱	食品製造
日本シグマックス㈱	医療用品製造
松下電子工業㈱	照明材料製造
㈱三輝商事	電子関係製造
為広泰造㈱	国際建材研究開発センター

URL: http://www.hetd.gov.cn/

> コラム

華東地区　注目の製造業進出地域　～常州市～

　中国に進出する上で地域選定は重要であり、まず北京・天津など華北地区、上海・蘇州・寧波などの華東地区、広州・深圳などの華南地区を選択する事になります。一般的には取引先との関係で上記、地区を選択する事になりますが、華東地区に進出する製造業の中で、常州地区に進出する日系企業がこのところ急増しており、既に日系企業進出数は500社近くあります。また今後は、既に人件費などコストが高くなった上海地区から常州地区へ移転する企業が増加する事も予想されます。
　NAC名南も常州に拠点を構え、日系進出企業の支援活動を行っています。

[常州市]
　総面積　4375k㎡
　総人口　　450万人
　気候　亜熱帯季節風，海洋性気候，四季温暖
　気温　年間平均気温18.5℃

＜ロケーション＞
　上海から高速鉄道で40分

　中国華東地区の江蘇省南東に位置する常州は，長江デルタ地帯の中心地にあり，上海，南京の中間に位置しています。
　土地の提供、人材の確保の観点から、蘇州・無錫地区への進出ハードルが高くなっているのに対し、常州はまだまだ工場用地も豊富で、人材も豊富におり、かつ上海から高速鉄道で40分という立地からも、日系中小製造業の進出が増加しています。長江沿いの常州港から船積みできる事も、物流面でのメリットとなっています。

第3章
進出形態と組織変更

第 1 節　進出形態

加速する中国進出

　中国へ進出を検討する企業が2010年以降も増加している。最近の進出相談には、これまで、技術力、付加価値もあり、日本からの輸出で十分だと考えていたが今後進出を検討せざるを得ないという企業や、巨大で成長力のある中国市場への販売を検討する企業もある。

　中国への進出には様々な目的があり、自社の状況に応じて適切な進出形態を決定することが不可欠であり、まずは進出形態を理解しておく必要がある。

　この章では、中国への進出形態、手続き、留意点などについて紹介する。

1．進出形態

　中国への進出時、次の表に示す通り、いくつかの形態を検討することができる。

①	外商投資企業（法人）	(1) 独資企業　外国側100％出資
		(2) 合弁企業　外国側出資25％以上
		(3) 合作企業　合作契約に基づくリスク負担や利益分配
②	支店	金融機関や航空会社等特定の業種のみ設立が認められる
③	外国企業常駐代表処	（駐在員事務所）主に本社との連絡業務や現地の情報収集活動に従事し、営業活動を行うことができない。

　中国に外国法人或は自然人により出資され設立される現地法人は外商投資企業と呼ばれ、一般的な進出形態は①外国資本100％である独資企業、②外国資本と中国投資者による合弁企業（外資企業であるためには、外国資本が25％以上である必要がある）③同じく共同出資であるが、リスク負担や利益分配が合作契約に基づき柔軟に決められる合作企業である。これら3つの形態を三資企業という。

①の独資企業については、100％国外からの資本であるため、経営の裁量を独自に判断できる反面、中国国内の販売ルートや事業拡大のための開拓は、中国方パートナーが存在する②の合弁企業よりも不利になる可能性もある。しかし近年の法制度の整備や規制緩和に伴い、独資企業として法人設立検討するケースは増加している。

特に合弁企業に比べて、設立当初のオペレーションは独自で行う必要があるため、既に進出している企業から指導を受けたり、コンサルティング業者を利用したりする等、事前の十分なシミュレーションが必要である。

②の合弁企業は、董事人数割合に応じた投資方の議決権があるため、裁量に自由度はないものの、地元政府との交渉や、独自の中国パートナーの販路などを活かせるという利点がある。

なお、中国の重点育成産業や規制のある業種については、その出資比率が制限され、独資での進出が認められない業種がある。

③の合作企業は、法人格を有する場合の責任、権利、義務、投資の構成、利益配分、経営管理などについて、双方で話合い、あらかじめ合作契約で決める必要がある。全て契約によって進める点で合弁企業とは異なり、通常外国側は契約期間内に投資元金を回収するように事業を計画するため、損益の予想の立てやすいホテルなどのサービス業に多く見られる。

支店、分公司、弁事処

中国において、外国企業の支店開設は、一部の許認可を受けた金融機関にしか認められていない。一方、中国に設立された外資企業の分枝機構としては、本社（中国に設立された外資企業）の経営範囲内の営業活動を行うことができる『分公司』形態、営業活動は行わず本社の連絡機能を担う弁事処といわれる形態での開設が可能である。なお、弁事処については、登記の要求がない。

駐在員事務所（代表処）

直接的な営業活動は行わず、活動範囲を本社のための連絡活動、現地法人を設立するための情報収集などに限定するのが、駐在員事務所（代表処）である。

駐在員事務所は基本的に収入がないため、国外の本社からの経費送金による運営となる。特徴は、収入はないものの経費に対して、みなし課税による納税が発生する点である。他の進出形態と比較して、納税コストは容易に予測可能なため、ぜひとも納税コストのシミュレーションをすることを推奨する。

なお、2010年、『外国企業の常駐代表機構登記管理の強化に関する通知』工商外企字［2010］4号（国家工商行政管理総局・公安部）が公布され、駐在員事務所の管理強化が記載されているので、注意が必要である。

内容は、登記証の有効期限を1年と統一したこと（毎年延期申請が必要）、首席代表者及び一般代表者を含めて4人を超えてはならないこと（それ以上の人数を登録することができず、4人を超える就業ビザの取得ができない）、新設立の駐在員事務所については実地監査を行うこと等である。

2. 資本金

中国で現地法人を設立する場合、会社を設立して、安定的に稼働させるために必要なすべての資金を『総投資』という。この総投資は、原則、資本金と借入金の合計であり、逆にいうと、総投資から資本金を差し引いた金額を借入最大枠ということができる。つまり、会社の借入金には、限度額が設けられているということである。

総投資額＝登録資本金＋借入枠

外資企業には、総投資と資本金については『国家工商行政管理局の中外合資経営企業の登録資本金と総投資の比率に関する暫定規定　工商企字（1987）第38号』により、一定の割合が規定されている。なお、規定名が"中外合資"と記載されているが、すべての外資企業に適用される。

総投資額	総投資に占める最低資本金条件
300万US$以下	70%
300万超～1,000万US$以下	50%（ただし総投資額が420万US$以下の場合は最低210万US$の投資額が必要）
1,000万超～3,000万US$以下	40%（ただし総投資額が1,250万US$以下の場合は最低500万US$の投資額が必要）
3,000万US$超～	3分の1以上（ただし総資本額が3,600万US$以下の場合は最低1,200万US$の資本金が必要）

　一般的には、総投資額を決定して資本金を決定するというよりも、まず計画により算出した資本金金額をもとにして、逆算のうえ、最大の借入枠がとれるように、総投資額を決定するのがよいと考える。

　またその資本金には払込期限が決められており具体的には下記のとおりである。

総投資額	払込完了期間（※①）	
	独資法人	合弁・合作
50万US$以下	3年以内全額納付	1年以内
50万超～100万US$以下		1年半以内
100万超～300万US$以下		2年以内
300万超～1,000万US$以下		3年以内
1,000万US$超～		個別審査

（※①）営業許可証の公布日から起算
　　　　設立申請・合弁契約・定款に記載する必要あり
　　　　初回納付は営業許可証公布後90日以内に最低15％以上を納付

最低資本金

　会社法において、最低資本金は、通常の有限公司の場合、3万人民元と定められているが、外資企業の場合、業種、地域により、旧規定により判断するケースが多い（卸売業であれば50万人民元等）。

　資本金を決定する際、最低資本金はひとつの目安である。当局の判断基準は、

計画している業務及び経営範囲が、その資本金で運営可能かどうかというのが審査認可のポイントであるため、綿密な計画により算出すべきである。

3. 出資形態

出資形態は、現金出資以外に、現物出資も可能である。現物出資は、土地使用権、建物、機械設備などの有形資産、ノウハウ、特許技術などの無形資産による出資が可能である。

4. 設立の手順

中国で現地法人を設立する際の手続きは、事前の調査や必要資料準備に時間を要する。設立申請については、申請必要資料を準備後、申請手続きを開始してから関係機関の初期登記手続きが終了するまで、業種、地域により異なるが、約3カ月ほど（特殊認可を除く）を要する。

現地法人設立に関する必要資料と情報は以下の項目である。

1	設立希望時期			
	⇒			
	・設立所要時間は3～6ヶ月である。 ・設立日は営業許可証の認可が下りた時点であり、その後営業活動が可能となるが、手続きがひと通り完了しない場合、資金繰り・円滑な商行為に問題が生じる可能性がある。			
2	法人名称			
	⇒	中国名		
		英語名		
	・中国の法人名は、「名称」＋「地域」＋「業種」で構成される。 ・「国名」は使用不可能である。 ・英語名は「国名」の使用も可能。			

3	資本金			
	総投資額		万円	
	登録資本金		万円	
	投注差		万円	
	臨時資本金口座上限		万円	
	現物出資			
	資本金払込方法			
	・資本金の通貨を選択することになる。 ・一般的には、送金通貨に合わせ、外貨建とするケースがほとんどである。 ・一番最初の手続きとなる、名称申請の段階より申請することになる。 ・資本金調達を日本本社が金融機関からの借入によって調達する場合には、還流方法にも注意する。 ・一括払込の場合3ヶ月以内に全額、分割の場合には最低20％を払込み、残りは資本金額に応じて区分。			
4	出資者			
	⇒	会社形態	独資	
		出資者		
5	事業内容（経営範囲）			
	・中国では、「経営範囲」の申請・認可が必要となる。上記の記載に応じて、必要な経営範囲の申請を行う。			
6	董事他高級管理職			
	⇒	董事長		
		董事		
		董事		
		監事		
		總経理		
		副總経理		
	・董事とは、法人の重要事項を決定する役割を果たす。 ・重要事項について、董事会の全員一致決議が必要である。 ・合議制をとらず、董事を一人のみとする、執行董事体制をとることも可能。 ・監事は1名或は2名となり、日本でいう監査役と同様、会計・業務執行における監査を行う。 ・現地法人の法定代表者は、董事長もしくは執行董事、總経理から選任される。一般的には、董事長が法定代表人となる。 ・總経理とは、現場の管理職の最上級職となる。 ・法定代表者は、サイン及びパスポートの原本が求められる手続きがある。			

7	賃貸契約				
	①（賃貸契約開始日） 　⇒　　　　年　　　月　　　日 ②（住所） 　⇒ ②（賃貸料・保証金） 　⇒　　　　　　　　　　RMB/月 　　　　　　　　　　　ヶ月分				
	法人の登記が認められる住所であるかどうか、事前の確認が必要である。 認可申請を行う段階で、賃貸契約が締結されている必要がある。実務上は、資本金口座が開設される前、契約締結に際し、保証金の支払が求められることが一般的である。保証金が高額になる場合は、親会社からの送金が必要となるが、外貨送金の規制上、設立後も返金できないため、資本金出資金額の他に親会社のBSに貸付金（もしくは立替金）として計上され続けることになる。 設立手続の段階で賃貸借契約書原本3通（原本証明可）が必要となる。貸主・借主の双方保管用以外に4通取得が必要。				
8	臨時資本金口座の開設予定金融機関				
	⇒		BK		
	認可申請から設立までの賃貸料他の経費支払いに対応するため、「臨時資本金口座」の開設が可能。 ・「総投資額（資本金÷0.7）×5％」かつ「米10万＄以下」という上限規定がある。				
9	法人稼動後の利用予定金融機関				
	⇒	資本金口座		BK	
		人民元基本口座		BK	
	金融機関によって、開設に必要な書類・期間が異なる。 人民元基本口座は、法人の運営に必要な全ての機能を有しており、会社近隣の金融機関での開設が便利である。 この他に「人民元口座」「外貨決済口座」があるが、「小口現金の引き出し」「給与の引き出し」が可能なのは、人民元基本口座のみとなる。 中国系の金融機関で、人民元基本口座を開設する際には、現地法人法定代表人のパスポート原本の提示が求められることが多い。				
10	法人設立後の運営につきまして				
	⇒	組織図	有り　or　無し		
		従業員数		名	
		予想財務諸表	有り　or　無し		
	フィジビリティ・スタディ（FS）において、法人設立後の組織図、人員体制、予想財務諸表を作成する。 あくまでも申請時点の予想であり、設立後の一致は問われない。事業計画等をもとに作成するか、無い場合はモデルを用いて作成することも可能である。				

11	設立申請期間中に必要となる経費予定額					
	⇒	内装工事費用		期限（	/	）
		備品購入費用		期限（	/	）
		従業員住居費		期限（	/	）
		賃貸料		期限（	/	）
		その他		期限（	/	）
	・設立申請期間中においては、資本金口座を開設し、資本金が入金されるまでは、通常の支払いに対して障害が発生することが予想されること、さらに振込み手続きも煩雑となるためが予想されるため、支払いの繰延べ、分割払い等の交渉を行い、支払いに必要な金額抑えることが望ましい。 ※臨時資本金口座の開設可能時期・・名称申請から約2ヶ月後となる。						
12	設立に関する実費概算		単位：人民元			
	1	社名取得	100			
	2	批准証取得	10			
	3	営業許可証取得	1,200	※登録資本金×0.08%		
	4	験資証明取得	4,000	⇒登録資本金2十万円とした場合。		
	5	会社捺印	660			
	6	組織番号登記証取得	148			
	7	外貨登記証取得	300			
	8	税務登記証取得	20			
	9	統計登記証取得	20			
	#	人民元基本口座開設	350			
	#	営業許可証変更	110			
	#	財政登記証取得	20			
	#	税関登記証取得	90			
	#	税関捺印	60			
		合計	7,088			

（日本でご準備いただく資料）図

	部数	確認欄
Ⅰ．日本でご用意いただく資料		
①会社謄本(3ヶ月以内発行のもの)		
※1 法務局および在日中国大使館(日本外務省の認め必要)の認証が必要	2通	□
②日本法人の銀行信用証明書	2通	□
③投資者(日本法人)法定代表者の身分証明書		
※パスポートコピーでOK。	1通	□
④現地法人の董事長、董事、監事、総経理の名簿(氏名・住所・パスポートコピー)		
董事長	1通	□
総経理(現地法人)	1通	□
董事(全員)	1通	□
監事(全員)	1通	□
⑤董事長のカラー写真(3cm×4cm)	1枚	□
⑥事業計画書(BS、PL両方あれば望ましいが、PLのみでも構いません)	1通	□
⑦中国へ出資する日本側会社の出資者構成割合一覧	1枚	□
⑧上記⑦の25％以上株主のパスポートコピー	1枚	□
出資者が法人の場合には、親会社への出資法人の出資者構成割合一覧と 25％以上株主のパスポートコピーが必要。		
⑨日本法人の直近年度の監査報告書	1通	□
Ⅱ．その他		
⑩賃貸契約書(原本)	4通	□
原本提出が3箇所求められているため、最低3部の原本が必要となる。中国においては、契約書締結時に複数の契約書を作成する、もしくは、証明印をもって、原本扱いとする、という2つのパターンがあるため、契約時に、「設立手続きで原本が3部必要といわれた」旨を伝えて頂く必要がある。(双方保管用以外に3部ご用意下さい)		

※1　公文書を外国へ提出する為の流れ
　　　法務局にて会社登記簿謄本[登記事項証明書] **2通**受領し法務局庶務課で**押印証明**
　　　　↓　　　(法務局**本局**のみで可能)
　　　　↓　　　⇒　法務局(本局)で「中国で現地法人を設立するのに必要といわれた」旨お伝えいただく。
　　　　↓
　　　外務省
　　　　↓　　公印確認証明　⇒　受付後、翌日以降の交付となる。
　　　　↓　　　　　　　　　　　受付時間に制限があるので注意。
　　　中国大使館(または領事)　⇒　念の為、事前に電話にて確認下さい。
　　　　↓　　大使(または領事)証明を受領　※3
　　　　↓
　　　外国へ提出

※2　外務省(公印申請書)
　　詳細は右記ホームページご参照下 http://www.mofa.go.jp/mofaj/toko/todoke/shomei/
　　外務省本省(東京)　領事局　領事サービス室証明班
　　　〒100-8919　東京都千代田区霞が関2-2-1　外務省南庁舎1階　TEL:03-3580-3311(代表)(内線「2308」または「2855」)
　　外務省　大阪分室(大阪府庁内)
　　　〒540-0008　大阪市中央区大手前2-1-22　3F　電話:06-6941-4700(直通)

※3　中華人民共和国駐日本国大使館 http://www.china-embassy.or.jp/jpn/
　　大阪領事館　　〒550-0004　大阪市西区靭本町3-9-2　TEL:06-6445-9481/9482(代表)　FAX:06-6445-9475
　　名古屋領事館　〒461-0005　愛知県名古屋市東区東桜2-8-37　TEL:052-932-1098(代)　FAX:052-932-1169
　　　(中国の休日も休館となるのでご注意下さい)

第３章　進出形態と組織変更

現地法人設立申請手順

上海に貿易会社を設立するために必要な認可登記手続きの手順は一般的に次の通りである。

上海現地法人設立スケジュール

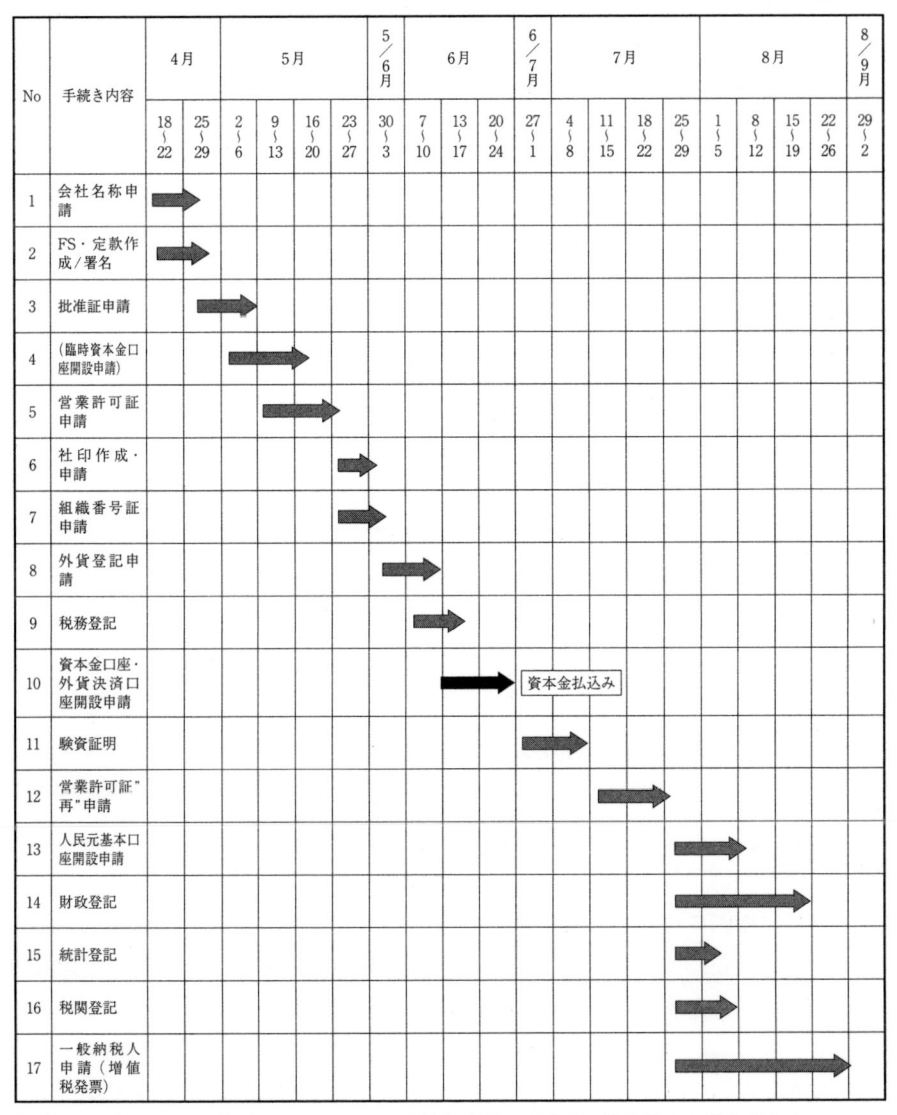

No	手続き内容	4月 18〜22	4月 25〜29	5月 2〜6	5月 9〜13	5月 16〜20	5月 23〜27	5/6月 30〜3	6月 7〜10	6月 13〜17	6月 20〜24	6/7月 27〜1	7月 4〜8	7月 11〜15	7月 18〜22	7月 25〜29	8月 1〜5	8月 8〜12	8月 15〜19	8月 22〜26	8/9月 29〜2
1	会社名称申請	→																			
2	FS・定款作成/署名		→																		
3	批准証申請			→																	
4	（臨時資本金口座開設申請）			→	→																
5	営業許可証申請				→	→															
6	社印作成・申請							→													
7	組織番号証申請							→													
8	外貨登記申請								→												
9	税務登記									→											
10	資本金口座・外貨決済口座開設申請										→	資本金払込み									
11	験資証明											→									
12	営業許可証"再"申請												→								
13	人民元基本口座開設申請														→						
14	財政登記														→	→					
15	統計登記															→					
16	税関登記															→	→				
17	一般納税人申請（増値税発票）																→	→	→	→	→

【注】：行政機関の都合等種々の原因により手続き手順及び所要日数が異なる場合がある。

5. 分公司

分公司は既に中国国内に設立された現地法人の分枝機構であるため、海外から現地法人を設立するときのような、海外からの資料は基本的に必要なく、現地法人の資料を準備すればよい。従って設立準備のための資料手配に時間がかからず、準備しやすい。資料を用意し、工商部門に申請を開始してから、1～2カ月ほどで手続きが完了する。

なお、地域によって、分公司開設のために増資を求められることもあるので注意が必要である。増資が予め必要であれば、増資後に分公司設立手続きを行うことになる。

分公司の設立手順
① オフィス（工場）選定及び賃貸契約
② 賃貸管理局での登記手続き
③ 地域や業種に応じて、総公司管轄地域の工商局における認可を取得
④ 必要書類の収集、確認及び必要資料の中文への翻訳
⑤ 工商行政管理部門での営業許可証の申請
⑥ 公安指定場所での会社印の作成（通常は分公司印、責任者印、財務印）
⑦ 質量監督部門での法人ID番号登録
⑧ 税務登記部門（国家税務局、地方税務局）での税務登記申請
⑨ 外貨管理局での外貨口座開設許可
⑩ 銀行口座開設（基本口座及び一般口座）

6. 弁事処

弁事処は中国に設立した現地法人の連絡事務所であり、営業活動を行うことはできない。現在は、会社法改正により、登記手続きが不要となったため、現地法人名でオフィスを借りて、連絡業務を行うことができる。

登記をしないということは、弁事処と個人間で雇用契約ができないため、一般

的には、その弁事処の所在地の労務服務機関などを通じて雇用することで、当地の社会保険に加入することが可能となる。

　中国では社会保険料の基数が市や、その人の戸籍状況などにより異なるため、現地法人が直接雇用し、現地法人の事業所で社会保険に加入することは、そのスタッフにとって不利になることも考えられるので、雇用前にどのような形態での採用にするか注意したい。

7. 駐在員事務所（代表処）

　駐在員事務所の設立については、現地法人同様、海外からの資料が必要となる。日本から設立する場合は、中国大使館での認証済の登記簿謄本、また香港から設立する場合は香港法人の公司注冊証書、商業登記証、周年申告書を、中国政府委託公証弁護士と言われる、書類認証が可能な香港の弁護士によって認証手続きをする点や、銀行資本信用証明が必要な点は、現地法人設立と同様である。また、首席代表者のパスポートコピー、任命書、履歴書、写真を準備し、設立申請書を作成する。

駐在員事務所設立手順
① オフィス選定及び賃貸契約
② 賃貸管理局での登記手続き
③ 工商部門で登記証取得申請
④ 公安指定場所での代表処印、首席代表者印の作成
⑤ 質量監督部門組織番号証取得申請
⑥ 税務登記部門（国家税務局、地方税務局）での税務登記申請
⑦ 銀行口座開設（基本口座、納税専用口座）
⑧ 首席代表、一般代表として就労する人の工作証取得手続き

第2節　組織変更

　世界の工場といわれて輸出加工を中心にしていた時代から、今や市場として捉えられるようになった中国において、WTO加盟以降の外資進出規制緩和、リーマンショックによる金融危機の影響、クロスボーダー人民元決済等、経済環境は大きく変化している。これに伴い中国での事業活動においても、グループ内の持分譲渡による再編、また一から法人を設立するのではなく、既に稼働している現地法人の買収による持分譲渡、駐在員事務所からの現地法人、分公司への変換手続き、撤退に伴う清算、合併、分割といった動きが見受けられる。
　この節では、これらの中国の組織変更手続きや注意点について解説する。

　中国の組織変更形態については、主に下記の通りである。
1. 駐在員事務所から現地法人、分公司への変更
2. 買収による、またはグループ再編による出資持分譲渡
3. 清算
4. 合併・分割

1. 駐在員事務所から現地法人、分公司への変更

　駐在員事務所から現地法人や分公司への変更といっても、実質は変更といえるが、手続きの流れとしては、現地法人、分公司の設立と駐在員事務所の閉鎖という手続きとなる。

手続きの流れ（商社への転換の場合）
● 設立申請（現地法人設立）
　① 必要書類の収集、確認、中文への翻訳
　② フィジビリティ・スタディ（FS）及び定款の作成
　③ 名称申請手続き
　④ 質量監督部門による臨時ID取得

⑤　対外経済貿易部門における法人設立申請
⑥　工商行政管理部門における営業許可証の申請
⑦　公安局指定場所での会社印の作成
⑧　質量監督部門での法人ID番号登録
⑨　外貨管理部門での登記申請
⑩　税務局（国税、地税）登記申請
⑪　銀行口座開設（資本金口座・基本口座・一般口座、納税口座）
⑫　資本金投入後の会計事務所による験資報告書の作成手配
⑬　税関登記申請
⑭　財政局登記申請
⑮　営業許可証の書き換え

● 清算申請（駐在員事務所）
① 必要書類の収集、確認、中文への翻訳
② 乙の提携先税務師事務所による清算に関する報告書作成の手配
③ 税務局（国税、地税）登記抹消手続き
④ 公安局における社印抹消手続き
⑤ 工商部門における登記抹消手続き
⑥ 外貨口座がある場合の外貨管理部門での末梢手続き
⑦ 技術監督局における組織代表番号抹消手続き
⑧ 銀行口座の口座抹消手続き

　なお、現地法人への転換ではなく、分公司への転換の場合については、上記の現地法人設立の部分は、下記のとおりとなる。

● 設立申請（分公司設立）
① 地域や業種により、総公司管轄地域の工商局における批復を取得
② 必要書類の収集、確認及び必要資料の中文への翻訳
③ 工商行政管理部門における営業許可証の申請
④ 公安指定場所における会社印の作成（通常は分公司印、責任者印、財務印）
⑤ 質量監督部門における法人ID番号登録

⑥　税務登記書（国家税務局、地方税務局）登記申請
⑦　外貨管理局における外貨口座開設許可
⑧　銀行口座開設（基本口座及び一般口座）

駐在員事務所清算の注意点
①納税
　清算における注意点は、納税すべき税金が支払われているか否かである。つまりこの部分がきちんと処理されていれば、清算手続きはスムーズに行われる。
　なお、税務師事務所による清算報告書については、一般的に直近3年間分を実施する。清算報告書の提出は強制ではないが、通常、税務局は事前に清算報告書を作成してもらうように要求をする。税務局としては、この清算報告書を参考に判断できるためであり、仮に清算報告書を作成提出しないならば、伝票類を全て提出することを要求される可能性が高い。従って、清算報告書は積極的に作成依頼をすべきである。
　また過去の納税に不安がある、または過去納税をしていなかったことがある場合については、会計事務所やコンサルティング会社等を通じて、調査を実施して、清算に関するリスク評価を実施するのも、事前に事態を把握するのには役立つ。

②期間
　駐在員事務所としての設立から清算までの期間が長ければ長いほど、手続きに要する時間は多くかかるのが通常であるが、一般的に全体の時間としては、3～6ヵ月が通常である。
　最も長く時間を要するのは税務局であり、当局の繁忙期になると、さらに時間が長くかかる可能性がある。いずれにしても、通常は設立手続きより時間がかかるものである。

③口座預金
　余った銀行残高については、親会社に送金手続きをすることが可能である。金額が僅少であれば、現金で引き出すことも多い。

2. 出資持分譲渡

　日本から中国への直接投資ではなく、日本から香港あるいはシンガポールなどにアジア地域本部として子会社を設立し、更に中国に投資しているようなケースにおいて、中国子会社を持つ香港親会社の意義が薄れたため、香港法人を清算し、中国法人を日本法人の子会社として、持分を譲渡する場合がある。また、逆に香港法人等を設立して、日本の子会社であった中国現地法人を香港法人に譲渡したりするケースがある。

　また買収により、中国現地法人の出資持分を譲渡するといった、持分譲渡手続きは増加傾向にある。この持分譲渡手続きについては、定款の変更や会社名の変更、董事メンバーの変更も同時に手続きを進めるのが効率的である。出資持分譲渡手続きについては、下記の流れで行うこととなる。

手続きの流れ

① 資料の収集及び申請資料の作成
② 現地法人所属地域での持分譲渡協議書の公証手続き
③ 工商部門における現地法人名の重複確認及び社名申請
　（社名変更が必要な場合）
④ 対外経済貿易部門での定款変更手続き及び批准証書変更手続き
⑤ 工商部門での営業許可証変更手続き
⑥ 公安局指定場所による印鑑作成
⑦ 質量監督部門での組織コード変更手続き
⑧ 税務局（国家税務局・地方税務局）での登記書変更手続き
⑨ 財政局における登記変更手続き
⑩ 外貨管理局における外貨登記変更手続き
⑪ 銀行の情報変更

準備資料

　譲渡対象中国法人、譲渡企業、譲受企業はそれぞれ、下記資料を準備する必要がある。なお下記は一般的資料であり、具体的な状況に応じて異なることがある。

譲渡対象中国法人
① 政府に提出済の定款及び補充定款、FS及び許可文書
② 持分譲渡による改定後の定款
③ 批准証書、営業許可証、税務登記書等の各証書類
④ 直近年度監査報告書
⑤ 資本金験資証明書
⑥ 資産評価報告書（状況に応じて必要となる）
⑦ 董事会メンバーリスト
⑧ 董事会決議文書
⑨ 手続き申請資料の作成
⑩ 持分譲渡契約書

譲渡企業
① 法人開設証明（登記簿謄本等）の公証済資料
② 法人代表者パスポートコピー
③ 取締役名簿
④ 董事会決議文書
⑤ 授権委託書（必要に応じて）

譲受企業
① 法人開設証明（登記簿謄本等）の公証済資料
② 新法定代表者及び新董事メンバー、監査役のパスポートコピー、写真等
③ 取締役名簿
④ 銀行資本信用証明書
⑤ 董事会決議文書
⑥ 授権委託書（必要に応じて）
⑦ 任命書

手続き上の基本注意事項
① 直近年度の監査報告書の内容によっては、資産評価が別途必要となる。
② 窓口担当者に確認する場合は、適切な意見が得られないため、現地法人管

轄地域の公証処の公証人に、直接事前に公証の必要書類について問い合わせを行い、必要情報を十分に確認するとよい。
③ 譲受会社の資本信用証明に記載された金額は、持分譲渡金額を超えている必要がある。
④ 持分譲渡契約書は詳細に会社間にて作成するものであるが、政府提出用については、その市のフォーマットにある程度従うことや、余計な文言を入れない等、制約を受ける可能性がある。フォーマットに従わないと、公証を受けられない可能性もあるため、内部で作成した持分譲渡契約書については、当局にその内容でよいかを事前に確認するとよい。
⑤ グループ会社ではない法人の買収による持分譲渡の場合には、以前から取引先であったというケースも多いかと思われるが、運営自体は全く別の会社が行っており、内部事情は把握していないため、買収前の事前の財務、法務、労務に関するその現地法人の調査（デューデリジェンス）が、買収を最終的にするか否か、また買収金額算定の重要な判断材料となる。

3. 清算手続き

現地法人を閉鎖撤退するにあたっての、通常清算の手続き面及び注意事項を紹介する。

通常清算の手続きの流れ
① 清算に必要な申請書の作成
② 清算情報の公告手配（地元新聞掲載広告）
③ 対外経済貿易部門への申請
④ 清算監査及び税務監査の手配
⑤ 税務局（国家税務局、地方税務局）における税務登記抹消手続き
⑥ 税関における税関登記抹消手続き
⑦ 社会保険局への抹消手続き
⑧ 外貨管理局における外貨登記抹消手続き
⑨ 財政局における財政登記抹消手続き
⑩ 銀行口座の抹消手続き

⑪　会社印の抹消手続き
⑫　質量監督部門における組織代表証の抹消手続き
⑬　工商部門における営業許可証の抹消手続き

必要主要資料
①　営業許可証等の各種登記証書類及び過去の変更通知書
②　過去に取得した当局からの批准文書
③　定款及び過去の補充定款
②　提出用に作成した申請書
③　董事会決議
④　手配した清算監査報告書及び税務監査報告書
⑤　出資会社及び現地法人の董事会名簿と監査役名簿
⑥　出資会社の法人開設証明（登記簿謄本等）のコピー
⑦　過去の税務申告書及び最終月の納税完了証明
⑧　債権債務、工場家賃や従業員給与の処理に関する契約及び発票
⑨　未発行の発票
⑩　すべての印鑑
⑪　人民銀行からの口座開設許可証
⑫　各銀行との協議書類
⑬　資本金験資証明書
⑭　財務諸表、会計証憑及び各年度の年度監査報告書
⑮　その他要求のある資料

注意事項
①　リスク評価の実施
　　清算前には、清算時にどんなリスクが発生するか、税務、外貨、通関、労務など、総合的なデューデリジェンスを実施し、十分なリスク評価をぜひとも実施すべきであり、発見されたリスク（例えば個人所得税の過少申告など）に対して、どのような対策をするのかも検討しておく必要がある。
②　棚卸資産の処理
　　原材料や仕掛品などは、売却或いは廃棄することとなるが、清算期間中に発

生した売却益については、納税が必要となる。
③ 免税輸入した設備
　　免税枠を利用して輸入した設備であり、5年を経過していない監督期間中の設備については、関税、増値税を納付のうえで、売却・廃棄処理をしなければならない。
④ 固定資産の処理
　　設備、事務機器等、売却或いは廃棄することとなるが、棚卸資産同様、不当に低い価格で売却すると当局より資産評価の要請や、みなしによる税金を課されることもあるため、市場価格を目安にして売却をすべきである。
⑤ 外貨核銷
　　取引による外貨核銷がきちんと行われているか、事前に確認が必要である。
⑥ 加工貿易による通関手冊の末梢手続き
　　加工貿易を行っている場合、保税手冊の消し込みが問題となるため、通関手冊抹消手続き前に、現状を把握しておくべきである。
⑦ 従業員の協力
　　清算に伴い、従業員の協力は必須である。外部に手続き委託をしたとしても、やはり内部の従業員しか分からないことは多いものである。
⑧ 経済補償金の支払い
　　清算に伴い、最初に考慮しなければならないのは、従業員の解雇である。経済補償金の支払いについては、必要に応じて、弁護士等に相談しながら進めていくのも負担軽減となるであろう。

4. 合併・分割

合併

　合併とは、2つ以上の会社が1つになる企業統合行為であり、新設合併と吸収合併の2種類の形態がある。
① 新設合併
　　2つ以上の会社が合併して1つの新会社を設立し、合併当事会社は解散する形態である。
② 吸収合併

合併当事会社の一方が、他方の会社を吸収して1社となるが、吸収する一方の会社が存続し、吸収される他の会社は解散する形態である。

分割
分割とは、1つの会社が2つ以上の会社に分割する行為であり、新設分割と存続分割の2種類の形態がある。
① 新設分割
新設分割とは、1つの会社が2つ以上の会社に分かれ、分割前の会社が解散し、かつ分離した各会社を新会社として設立する形態である。
② 存続分割
1つの会社を2つ以上の会社に分割し、分割前の会社が引き続き存続する分割形態である。
（以上、公司法173条）

留意点
合併、分割を検討するときの留意点は下記の通りである。
① 外商投資企業の合弁契約等に定められている出資義務が未履行の場合及び生産・経営が開始されていない場合、合併分割は認められない。つまり、登録資本金は全額払込み済みでなければならない。
② 利益の計上を始めていること
③ 違法経営記録が無いこと
④ 累計投資額が純資産の50％を超えてはならないこと。

外商投資企業が中国内資企業を合併する場合は更に、下記が必要とされている。
① 対象企業は「会社法」に基づき設立された有限責任公司か或いは株式有限公司であること
② 合併後の会社が産業資格要求を満たしていること
③ 合併後外国側投資者の持ち株比率が25％を下回ってはならないこと
④ 既存従業員を極力就業させること

なお、合併・分割後の会社は、外商投資の関連規定に準拠している必要があり、審査認可機関、税務、税関等の機関の認可を得た後、合併または分割会社の享受していた各種優遇措置を享受することができる。

　合併又は分割により解散、新設会社が生じる場合、解散、新設会社の所在地の審査認可機関の意見を求めなければならない。

　有限公司間で合併した場合は有限公司となり、株式会社間で合併した場合は、株式会社となる。非上場の株式会社と有限公司が合併した場合は、株式会社、有限会社のいずれも選択可能である。上場の株式会社が合併した場合は、株式会社となる。

　登録資本金について、合併後の登録資本金額は合併企業間の登録資本金の合計とされている。

　一方、分割の際、分割後の企業の登録資本金額の合計は、分割前の登録資本金額にならなければならないとされている。

　会社の吸収合併では、吸収する会社が申請者となり、新設合併では、合併する各社のうち一社が申請者となって申請する。

　合併予定企業の元の審査認可企業が2つ以上ある場合に、合併後解散する予定の会社は、合併申請を開始する前に、合併による解散申請を行うこととされている。

　審査機関はその行政レベルに応じて、投資総額の審査上限が決められており、合併後の投資総額の合計が申請地の審査権限を超える場合は、更に上級の行政レベルの審査機関に申請が提出されることとなる。

　外商投資企業批准証書を返却・変更或いは受領した上で、合併または分割後に存続或いは新設する会社は、営業許可証を変更或いは受領し、その後30日以内に税務・税関・外貨管理などの登記機関で関連の審査手続きを行い、解散する会社は抹消などの手続きを行うこととなる。

手続き

　合併・分割申請を行う会社は、初期の回答受領後10日以内に当事者の債権者に対し通知を出し、且つ、30日以内に新聞紙上で公告する。

　上記通知書を受領した債権者は受領日から30日以内に、通知書を受領していない場合は第1回目の公告日から90日以内に、債務の継承案に対する修正要求

や、全額返済、担保提供要求などを行う権利があり、これらの要求を行わない場合、予定の合併・分割による債務継承案を認めたとみなされることになる。

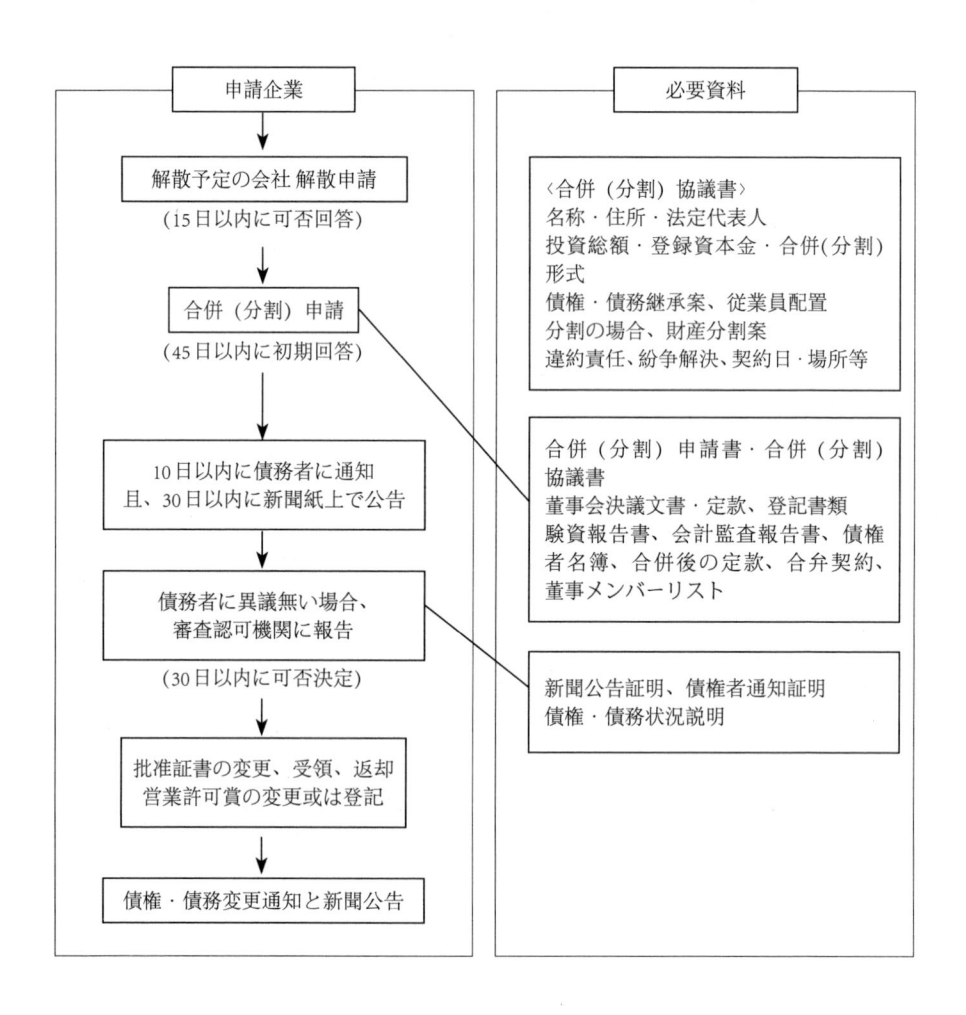

申請企業	必要資料
解散予定の会社 解散申請 (15日以内に可否回答) ↓ 合併（分割）申請 (45日以内に初期回答) ↓ 10日以内に債務者に通知 且、30日以内に新聞紙上で公告 ↓ 債務者に異議無い場合、 審査認可機関に報告 (30日以内に可否決定) ↓ 批准証書の変更、受領、返却 営業許可賞の変更或は登記 ↓ 債権・債務変更通知と新聞公告	〈合併（分割）協議書〉 名称・住所・法定代表人 投資総額・登録資本金・合併(分割)形式 債権・債務継承案、従業員配置 分割の場合、財産分割案 違約責任、紛争解決、契約日・場所等 合併（分割）申請書・合併（分割）協議書 董事会決議文書・定款・登記書類 験資報告書、会計監査報告書、債権者名簿、合併後の定款、合弁契約、董事メンバーリスト 新聞公告証明、債権者通知証明 債権・債務状況説明

第3節　サービス業種の中国進出

　中国へのサービス業種の進出については中国のWTO加盟以降規制の緩和が進んでおり、特にサービス業種の誘致を積極的に行う上海市等の地域では、日系のサービス業種の進出が増加している。特定の業種については業種管理政府部門が企業の申請を受けて進出や資格要件を審査認可し、ライセンス管理を行っている。進出の要件について、CEPA（香港と内地の経済貿易緊密化協定）の枠組みに則り香港企業に対し、規制を緩和する政策もあるため、進出の際には関連の規定を十分に確認する必要がある。

1. 人材紹介会社

　人材情報のコンサルティングや、人材募集、人材評価や訓練を行う、人材紹介会社（人材仲介機構）の設立は、設立地域の人事行政部門による人材仲介機構ライセンスの認可を取得した上で、外商投資企業設立認可を取得し、工商局登記により会社の営業許可証を取得する。

【設立要件】
- 外資100%での設立は認められない。外資比率は25%以上49%以下でなければならない。
香港企業がCEPAを通じ設立する場合は外資100%での設立が可能である。
- 最低資本金は30万米ドルとされている。
香港企業がCEPAを通じて設立する場合は12.5万米ドル（広東省以外）
- 資格要件：中国・外国側投資者が共に人材紹介事業を3年以上行っていること、5名以上の人材仲介サービス資格証書を保有する専門人員がいることが必要である。

【設立申請時に必要な資料】
　人材仲介ライセンス発行申請にあたり、事業化報告書や、企業名称の予約登

録、オフィス場所証明、法定代表者の身分証明や専門人員の学位・資格証明等を提出する。

【設立後のライセンス更新手続き】
　設立後も人事行政部門の年度検査を受ける。支店開設や登録資本金の増減、株主変更等に関しては、人事行政部門の認可が必要である。
　また、会社の名称変更、登記住所、法定代表者の変更などは、工商登記変更手続きの後、人事行政部門にて変更手続きを行わなければならない。

2. 物流会社

【設立要件】
　国際貨物運輸代理会社の設立要件：海上業務500万人民元、航空業務300万人民元、陸路業務200万人民元とされ、複数の業務を行う場合は高い方の資本金額に合わせる。
　分公司（支店）を開設する場合、1拠点毎に最低50万人民元相当の資本金があることが必要である。
　小口配送、宅配を行うクーリエ業務のうち、対外的な業務は国際貨物代理運輸業務に含まれるが、国内のクーリエ業務に対する外資の参入規制は未だ厳しいものとなっている。
　トラック輸送を行う場合、道路運輸会社の経営範囲を申請することとなる。
　道路運輸業務は交通部による業種管理が行われているため、外資企業の設立認可申請の前に、設立地域所管の交通局へ申請の上、外資企業設立認可後、再度交通部門にて「道路運輸経営許可証」の発行を申請し取得する。
　「自動車貨物運輸規則」による道路運輸会社の設立のための最低資本金は150万元（コンテナ取り扱いは1千万元）オフィス、作業場所面積要求及び運輸車両台数要求もあるので注意する。道路運輸会社の支店開設は会社設立1年後から可能となる。

3. 旅行会社

　2009年に修正発布された旅行社条例（国務院令550号）に基づき、外資合弁、合作、独資の旅行会社設立が認められる。ただし、国内旅行及び海外から中国への渡航業務を行うことは可能であるが、中国からの出国・海外旅行業務への従事は、2010年8月より中外合弁企業で試行企業の認可を得た場合か、或はCEPAを通じ限られた地域に設立された香港資本企業が、香港・マカオへの旅行業務を取り扱えるのみである。上海等の地域で旅行業の誘致に伴い、今後の規制緩和が期待される。

【設立要件】
　外資系旅行社設立の際、外国出資者の要件は以下の通りである。
・旅行会社を本業とする法人であること
・年間売上4千万米ドル以上（CEPAに基づく香港会社が独資で進出する場合は年間売上1500万米ドル以上）
・本邦で旅行協会の会員であること
・登録資本金要件は「旅行社条例」に基づき30万人民元
・旅行局への保証金納付が必要である。設立時20万元、出国国外業務を取り扱う場合は120万元、分公司設立1社当たり5万元、出国国外業務を取り扱う場合は30万元

4. 広告会社

　《外商投資広告企業管理規定》に基づき2005年12月10日以降、独資の広告企業を設立することが可能となっている。

【広告業務の範囲】
　国内外各種広告のデザイン、製作、発布、代理業務を指す。
　広告企画・デザインと製作、メディア等を通じて放映・発行すること、また企業のために市場調査やコンサルティング活動、イメージ戦略・広告戦略企画を行う活動等も含んでいる。

【設立・資格要件】

　外国法人が広告業務を主たる経営内容としており、経営実績3年以上（中国企業と合弁の場合には、中・外投資各社の経営は設立より2年以上）とされる。

　最低資本金等の規定は特に無い。設立認可は国家工商行政管理局が行うこととされている。

【設立手続き手順】

　外商投資広告企業の設立申請手続きの手順は次の通りである。
　(1) 設立予定所在地の省級工商行政管理局を経て、国家工商行政管理総局に申請を提出し、《外商投資広告企業プロジェクト審査意見書》を取得する。
　(2) 設立予定所在地の商務部門にて、外商投資企業設立申請を提出し、《外商投資企業批准証書》を取得する。
　(3) 設立所在地の工商行政管理局にて、法人登記手続きを行う。
　(4) 工商行政管理局で法人登録後、《広告経営許可証》を申請取得する。

5. フランチャイズ経営

　中国ではフランチャイズビジネスを「特許経営」と表記する。外国企業は特定業種を除き中国で支店を開設することはできないため、2007年5月1日施行の「商業特許経営管理条例」に基づき、外商投資企業を設立の上でフランチャイズ契約を締結し経営することとなる。

【フランチャイズ経営会社の要件】

　フランチャイズ経営会社は、図書、薬品、或いは国の専売商品等の販売について別途規制を受ける場合を除き、合弁或いは独資にて設立が可能である。

　設立時の最低資本金に関して特に規定は無い。

　フランチャイザーはその資格要件として、成熟した経営方式を有し、フランチャイジーへ経営指導、技術サポート及び業務訓練等のサービスを提供する能力を備えていなければならないとされ、フランチャイズ経営に当たっては、少なくとも1年以上の2つの直営店経営実績が必要である。

【フランチャイズ契約】

　フランチャイズ契約（「特許経営契約」）は、締結から15日以内に、商務主管部門に登録手続きを申請することとされている。

　フランチャイザーの所在地の省・自治区・直轄市の範囲内での契約の場合は、所在地の商務主管部門へ、また省・自治区・直轄市を超える地域での契約の場合には、北京の商務部に登録手続きを申請する。

　フランチャイズ契約には、次の事項を定めなければならない。
(1)　フランチャイズ当事者双方の基本状況
(2)　フランチャイズ経営の内容、期限
(3)　フランチャイズ経営に関する費用の種類、金額、支払い方式
(4)　経営指導、技術サポート及び訓練等のサービスの具体的な内容と提供方法
(5)　製品或いはサービスの品質、標準要求及び保証措置
(6)　製品或いはサービスの販売促進及び広告宣伝
(7)　フランチャイズ経営中の消費者権益保護及び賠償責任の引受
(8)　フランチャイズ経営契約の変更、解除及び終止
(9)　違約責任
(10)　争議解決方法
(11)　フランチャイズ当事者双方の取り決めるその他の事項

6. アウトソーシング業務

　中国ではアウトソーシング業務を「服務外包」と呼び、サービス産業発展を図る一環として外資企業の誘致を強力に進めている。業務分類の定義は次の通りである。

　ITO（情報処理やシステム、ソフトウェア、ネットワークの研究・開発、運営、メンテナンス）

　BPO（データ分析、財務・総務等管理業務、サプライチェーン等の業務プロセス）

　KPO（知的財産研究、医薬・バイオ、アニメ・ネットゲーム等の研究開発、教育ソフト開発等の知識プロセス）

2009年より、アウトソーシング業務の発展を促進するため、中国国内20ヶ所がモデル都市として認定され、各都市で「技術先進型企業」として認定されれば各種の税制優遇を受けることができる。

【技術先進企業の要件】
　技術先進企業の要件としては、上述アウトソーシングの定義の範囲内であること、高学歴の従業員比率、上記定義範囲内の業務による収入・且つ国際（オフショア）アウトソーシングの業務による収入の売上総額に対する比率、などが含まれている。各地の審査要件が異なるため、所在地にて確認する必要がある。

【税制優遇の内容】
　技術先進型企業として認定された場合の税制優遇には、現行で25％の企業所得税を15％に減税すること、従業員の教育費は会社の給与総額の8％まで税前控除が可能であること、オフショアアウトソーシング業務に関わる営業税を免除する等が盛り込まれている。
　また、設備輸入時の関税・増値税に関しても優遇を受けることができる。税関総署より、これまで10都市で試験的に行っていた措置を21都市に拡大して、2010年7月1日以降、技術先進企業が業務に必要な設備を輸入する際、事前申請によって保税で輸入することが認められている。
　更に国家税務総局は、21箇所のモデル都市に設立されたオフショア・アウトソーシングサービス企業に対し、同業務に従事することで発生する、現行で売上に対し5％で徴収している営業税を免税にするという規定を出しており、2010年7月1日より2013年12月31日まで施行される。2010年度に既に申告した営業税は今後の課税額と相殺され、相殺しきれない部分は還付するとしている。

7. インターネット販売

　中国において外国資本独資で卸売・小売を行う販売企業を設立する認可は2004年から実行されており、当初は北京の商務部による認可が必要であったが、認可を行う行政レベルが次第に低くなり、現在では省レベルの商務部門或いは権限を持つ開発区でも認可できるようになっている。

　しかし、販売形態の内、テレビ、電話、通信販売、インターネット、自動販売機等無店舗方式で販売する企業、或いは音楽映像製品の卸売、図書、新聞、雑誌を販売する企業については依然として北京の商務部の認可が必要である。

　このうちインターネット販売については、ICPライセンスという通信付加価値業務の許可を工業信息化部にて取得する必要があり、申請要件も、外資出資比率が49％以下の企業で、販売範囲が全国に渡る場合は資本金1千万元以上という制限があったが、2010年8月19日発布の「外商投資インターネット・自動販売機方式販売項目審査批准管理関連問題の通知」(「商資字［2010］272号」)に基づき、自社のHPで自社の商品を販売する場合、企業の設立は省級商務部門より認可され、ICPライセンスの取得は工業信息化部の許可制から電信管理部門への登記制に変更された。これにより、HP上での自社商品販売のためのライセンス取得のハードルは低くなった。ただし、オークションサイトなどのように、インターネット販売のHPを他企業に提供するような場合には、依然として許可申請が必要である。

8. 不動産サービス

　中国大陸における外国企業・外国人による不動産投資は現在のところ自己使用のみに制限されるが、中国で不動産関連サービスを行う場合、法人設立の上で従事することができる。

　不動産関連事業は主に下記の3つに大別される。
1. 不動産開発経営サービス：都市の土地計画に基づきインフラ建設、不動産建設を行い、不動産開発プロジェクトとして不動産の譲渡、販売、賃貸等を行う。

2. 不動産仲介サービス：不動産関連の法律、政策、情報、技術面のサービスを提供する不動産コンサルティング、不動産の経済価値及び価格を測定・評価する不動産価値鑑定、委託者に対し不動産情報、及び不動産仲介業務等の活動を行う不動産仲介業。
3. 不動産管理サービス
不動産施設に対するメンテナンスや、環境衛生及び安全秩序管理を行う。

【不動産仲介サービス企業の設立要件】

不動産仲介サービス企業を設立するには、《都市不動産仲介サービス管理規定》に基づき、法人として登録登記した上で、県レベル以上の地域の不動産管理部門にて備案登記する。以下の要件を備える必要がある。
・固定の経営場所を有する。
・不動産コンサルティング業務、価値鑑定業務、仲介業務の各有資格者を一定数以上有する。

【鑑定機構／管理サービス機構の資格要件】

また、不動産鑑定機構及び不動産管理サービス機構は資格が1－3級に分かれており、下記資格要件が必要である。

-- **不動産鑑定機構（例：1級資格）**

連続6年以上不動産価値評価業務に従事し、有限責任公司の場合登録資本金額は2百万人民元以上。専任の不動産評価師15名以上。株主の内60％以上且つ3名以上が不動産評価師で、半数は3年以上不動産価値評価業務に従事していること。直近3年の年平均価値評価面積が、50万㎡以上の建物かあるいは30万㎡以上の土地。

-- **不動産管理サービス機構（例：1級資格）**

登録資本5百万人民元以上、不動産管理専門人員、工程、経済、管理、技術専門人員が30名以上、中級以上職称者が20人以上、中級以上職称の工程、財務等専門責任者を有すること。
多層住宅200万㎡、高層住宅100万㎡、独立式住宅15万㎡、オフィス・工場棟

等その他の不動産50万㎡のうち、2種類以上の不動産管理実績を有し、各種不動産管理建築実績面積の比率の合計が100％以上であること。

　新規設立の不動産管理サービス企業は、営業許可証取得の日より30日以内に、所在地の不動産主管部門に会社の登記資料、資本金検証報告、各種専門スタッフの労働契約書等に基づき資質を申請する。

　新規設立時は最低レベルの資質で登録される規定となっている。

9. 印刷・出版企業

　「印刷企業」、「印刷業務」の範囲について、外国企業は、中国内地企業との合弁で中外合資（合作）印刷企業あるいは外国企業出資100％の印刷企業の設立が認められる。

　「印刷業管理条例」に規定される印刷業務の範囲は以下の通りである。
  (1) 出版物の印刷。新聞、季刊、書籍、地図、年賀、図面、カレンダー、画集及び音響映像製品、電子出版物の装丁表紙など。
  (2) 包装装飾印刷品。商標ラベル、広告宣伝品及び製品包装装飾用の紙、金属、プラスチックなどの印刷。
  (3) その他の印刷。文書、資料、図表、チケット、証書、名刺など。

【設立要件】

　最低資本金：出版物を扱う場合1000万人民元相当、その他の印刷業務500万人民元相当。CEPAを通じて香港資本企業が設立する場合、150万人民元出版物の印刷を行う企業は外資出資比率49％までとされている他、中外合弁の場合は中国側より董事長が派遣され、董事メンバーも中国側が多くなければならない。

　その他の要件：800㎡以上の生産経営場所を有する2台以上の、使用10年未満で「淘汰設備製品リスト」に列記されていない、自動オフセット印刷機を保有し、業務の必要に応じた組織機構と人員を備え、主要な人員は省級新聞出版行政部門の発行する「印刷法規訓練合格証書」を取得しなければならないとされている。

【設立手順】

省レベル新聞出版行政部門への申請→新聞出版総局への申請商務部門への設立認可→省レベルの新聞出版部門にて「印刷経営許可証」を申請取得→工商局での登記手続と各政府部門での登記手続。

分公司を設立して同業務に従事することは認められていない。

10. 環境関連サービス事業

外資企業の投資を奨励、許可、禁止する産業リストである「外商投資産業指導目録」には、環境汚染整備技術や、処理施設運営管理等は奨励分類産業に列記されている。

環境関連サービス業種の範囲は国連の業種分類に沿い以下の通りである。
・汚水排泄（水の収集・浄化を含まない）汚水の除去、処理、排泄サービス
・固形廃棄物収集と処理（売買を含まない）サービス
・衛生及び類似のサービス
・大気汚染監測、削減サービス
・騒音監測、削減サービス
・自然及び風景保護サービス
・その他環境保護サービス

この内、汚染整備施設運営に関しては、《環境汚染整備施設運営資質許可管理弁法》及び《環境汚染整備施設運営資質分級分類標準》に基づき、具体的な処理施設の内容に応じ、甲（運営施設の規模を問わない）或は乙（規模及び業務範囲を規定する）の2種類の資質許可を取得することとされている。

省レベルの環境部門で初期審査が行われた後、国家環境保護総局にて再度審査許可が行われる。

【資格要件と申請資料】

法人資格が有り、一定の専門運営人員を有しており、国及び地方の環境標準を満たす1年以上の環境汚染整備施設運営経験を有しているなど。

申請資料として処理検査場の証明、汚染物質事故の予防・処理方案、品質保障体系管理制度、運営実例の紹介等が必要である。

11．会議・展示会サービス

中国において独資、中外合弁或は合作形態により会議と展示会サービス業に従事することが可能である。

【会議・展示サービスの経営範囲】

会議・展示会サービス企業の経営範囲は、中国国内で各種の経済技術関連展示会及び会議を主催、共催すること。また国外にて会議を開催すること。

中国国内で開催することのできる展示会には、国際展覧会・博覧会、民間経済技術に関する展示会や、対外経済貿易商談会、投資貿易（外資利用）、技術輸出、対外経済合作商談会或は交易会等が含まれる。

これらの展示会の開催について、外国側及び中国国内の開催引受者を含む主催者は、展示会計画、組織手配、誘致や財務管理を行い、展示会開催上の民事責任を負わなければならないとされている。

香港やマカオの企業がCEPAを通じて設立された企業については、上記の他、香港、マカオにおける展示会業務に従事することができる他、広東省、上海市、北京市、天津市、重慶市及び浙江、広西、湖南、海南、福建、江西、雲南、貴州及び四川省等の省・自治区において独資、合弁或は合作企業を設立した上で、これらの地域の企業が出展する、国外での展示会業務を行うことができる。

また、香港・マカオ企業はクロスボーダー決済方式で、広東省、上海市、北京市、天津市、重慶市、浙江省、江蘇省及び福建省で展示会を行うことができる。

【設立要件と手続き】

外国投資者は国際博覧会、専門展覧会あるいは国際会議を主催する経歴と業績を有する。資本金額は公司法の規定に基づき3万元である。設立手続きは省級商

務部門に次の資料を提出する。

(1) 申請書
(2) 契約書と定款（合弁の場合）、或は定款のみ（独資の場合）
(3) 投資者の登録登記証明（コピー）、法定代表者の証明（コピー）、董事会メンバー派遣書及び銀行信用証明
(4) 工商行政管理機関が発行した会社名称事前許可通知書（コピー）
(5) 外国投資者が国際博覧会、国際専門展覧会或は国際会議を主催した証明文書

12. 娯楽・文化事業

外資企業に対する娯楽・文化事業への進出は依然としてハードルの高い審査認可状況となっているが、但し、外資導入政策や業種管理の規定が次第に公布されている。

【文化領域】
外国側出資比率49％以下で、演出会場、映画館、演出エージェント、映画技術企業の合弁会社の設立が認められる。

テレビラジオなどの放送あるいは製作会社の設立や、映画製作、新聞雑誌出版、音楽映像製品及び電子出版物の製作、出版、発行及び輸入業務への従事は外資企業には禁止されている。

CEPAによる香港及びマカオ資本の外国企業は以下が認められる。
・独資の演出会場、演芸エージェントの分子機構の設立。
・合弁・合作の演出エージェントの設立。
・出資比率49％以下のインターネット文化経営機構及びオンラインサービス経営場所の設立。
・出資比率70％以下の音楽映像製品卸売合弁企業と、音楽映像製品卸売合作企業の設立。
・独資の映画館新設・改造、国産映画配給会社の設立。

【設立申請認可部門】

　文化部、新聞出版局、ラジオ映画テレビ行政部門による審査認可が行われる。
　中外合作の映画、ドラマ、アニメ製作は、国家ラジオ映画テレビ総局により審査認可される。外商投資の映画館は省レベルの映画行政部門にて認可された後、設立後に、国家ラジオ映画テレビ総局に備案することとされている。

13. インターネット事業会社

　2011年4月1日に施行された《インターネット文化管理暫定規定》（文化部令第51号）に基づき、下記のようなインターネット事業を行う企業の設立が認められる。

・ネット上の音楽、ゲーム、番組、演出、芸術品、アニメーション等を含むインターネット文化製品を、製作、複製、輸入、発行、放送する。
・インターネット、移動通信網を通じてコンピュータ、固定／移動電話、テレビ、ゲーム機等の端末及びインターネットサービス営業場所等で閲覧、使用あるいはダウンロードするなどの活動や展覧・大会等の活動。

【設立要件】

　関連の就業資格8名以上の業務管理人員及び専門技術人員必要な設備、作業場所及び相応の経営管理技術措置を有すること。最低資本金は100万元、オンラインゲームの経営活動を行う場合には1,000万元である。

【審査認可】

　設立予定地の省、自治区、直轄市人民政府の文化行政部門により行われる。
　認可後、《ネット文化経営許可証》が発行され、有効期限3年毎に許可証の更新手続きが必要である。
　また、会社名、サイト名称、ドメイン名、法定代表者、登録住所、経営住所、登録資金、出資構成及び経営範囲を変更する場合は、元の認可部門にて変更手続きを行う必要がある。

第4章
会計・税務

第1節　会計

1．会計制度

　現在、中国では2種類の会計制度が並存している。1993年に「企業会計準則」が制定され、2000年には「企業会計準則」の内容を包括する統一的な規定「企業会計制度」（以下、「旧準則」とする）が制定された。従来はこの旧準則によって会計制度が規定されていたが、2006年に新たな「企業会計準則」（以下、「新準則」とする）が制定された。この際、新準則は上場企業にのみ強制適用となり、その他の企業に対しては適用が奨励されるにとどまったため、新旧準則が並存することになった。
　現行の中国の会計制度の概要は以下の通りである。なお日本企業の現地法人への適用が想定されない小規模企業会計制度や業種別会計制度、連結規定、上場会社に関する規定等については割愛している。

(1) 財務諸表
　財務諸表には以下のものが含まれる。
　1）貸借対照表
　2）損益計算書
　3）キャッシュ・フロー計算書
　4）所有者持分増減変動計算書
　5）注記事項

　新準則が財務諸表の内容として規定するのは上記のみであるが、旧準則ではさらに以下のものも財務諸表の範囲に含めている。新準則では、旧準則で要求されていた「利益処分計算書」は「所有者持分増減変動計算書」に含まれることになり、また付属明細書（資産減損引当金明細表、セグメント別報告書、その他付属明細表）の要求が取り消されたためである。
　6）資産減損引当金明細表

7）利益処分計算書
8）セグメント別報告書
9）その他附属明細表

　財務諸表は年度ごとに作成する必要があり、作成期限は年度末から4ヶ月以内とされている。ただし貸借対照表と損益計算書についてのみは毎月の作成が求められており、作成期限は規定上月末から6日以内であるが、実務的には税務申告書の提出日に合わせ通常翌月15日以内である。

(2) 会計年度
　一律に暦年（1月1日から12月31日）を会計年度とする。決算日を任意に設定することはできない。

(3) 通貨単位
　会計帳簿に記帳する際の通貨単位である記帳本位通貨は原則として人民元であるが、外貨を選択することもできる。ただし財務諸表は必ず人民元により表示する。

(4) 会計監査
　年度の財務諸表について会計士もしくは会計事務所による監査を受けなければならない。

(5) 会計書類の保存期間
　会計帳簿や証憑については15年間、月次の財務諸表については3年間の保存期間が定められている。年度の財務諸表その他の重要な会計書類については保存期間が限定されておらず、永久に保存しなければならない。

(6) 新旧準則の選択
　新準則を選択すると、それ以後旧準則は適用されない。前述の通り新準則の選択が奨励されているが、全面適用はされていない。
　ただし、深圳では例外的に2008年より大・中規模企業に対して新準則が強制

適用となっている。しかし、実際には旧準則の適用を継続している企業が多数存在し、全面適用には至っていない。

2. 会計基準

旧準則は16の項目から構成されている。新準則はこの旧準則16項目を改定したものに新設の22項目を加えた全38項目で構成されており、国際会計基準にほぼ準じる内容となっている。

日本企業の現地法人に影響がある項目は限られている。以下、重要性の高い項目について解説する。

なお、日本では有形固定資産、無形固定資産、投資その他の資産の総称として固定資産という用語が用いられるが、中国の会計では呼称が異なる。「固定資産」が有形固定資産に該当し、「無形資産」には無形固定資産と投資その他の資産の両方が含まれる。

また、日本では「収入」と「支出」はキャッシュ・フローを意味し、損益計算上の「収益」と「費用」とは区別されて用いられているが、中国では損益計算上も「収入」と「支出」が使用される。

(1) 棚卸資産

棚卸資産の評価方法について旧準則では個別法、先入先出法、加重平均法、後入先出法の4種類からの選択適用が認められている。この中から新準則では後入先出法が除外され、残りの3種類から選択することになっている。

評価基準は新旧準則ともに低価法である。期末時には原価と時価を比較していずれか低い方により評価する。時価には正味実現可能価額を用いる。時価の低下により評価替えした際の評価差額については、時価が回復した場合に戻入れを行う。

(2) 固定資産

固定資産は取得時に取得原価により計上する。国際会計基準では選択適用が認められている再評価モデルは新準則においても採用されておらず、減損する場合を除いて事後的な再評価は行わない。

減価償却方法としては定額法、生産高比例法、倍額残高逓減法、級数法の4種類からの選択が認められている。このうち倍額残高逓減法とは、定額法の2倍の償却率により償却を行う方法で、定率法の簡便法である。定率法自体の採用は認められていない。

　新準則では廃棄費用の原価算入が新たに規定されている。固定資産の廃棄時に要する費用を見積り、あらかじめ取得原価に含めなければならない。

(3) 無形資産

　無形資産は取得時に取得原価により計上する。固定資産と同様、新準則においても再評価モデルは採用されていない。

　研究開発費は原則として費用処理であるが、新準則では一定の条件を満たす開発段階の支出については資産計上が認められている。

(4) 資産の減損

　旧準則には「資産の減損」という独立した準則はないが、減損に関する規定は設けられており、新準則の制定によって減損会計が新たに導入されたわけではない。新準則では減損会計の拡充が図られており、具体的には減損の判定の手順や資産グループの概念の導入がこれに該当する。

　棚卸資産や工事契約、繰延税金資産についてはそれぞれの準則の減損に関する規定に従う。その他の資産が「資産の減損」の対象となる。

(5) 収入

　収入は実現主義により認識する。役務提供については進行基準が設けられている。しかし、税務上は発票の発行がなければ収入の計上が認められないことがあるため、会計上も発票の発行を収入の認識の基準としていることが多い。

(6) 工事契約

　上記の役務提供と同様、工事契約についても進行基準が設けられており、工事契約の成果の確実性を適用の要件とする。工事契約の成果が確実に見積ることができない場合には工事契約原価回収基準が適用され、工事原価を回収できる範囲では発生した原価と同額の収入を認識する。工事原価を回収できない場合には原

価のみを認識し、収入は認識しない。

(7) 借入費用
　資産の購入や生産に直接関連付けることができる借入費用は、当該資産の原価に含めなれければならない。この借入費用の資本化の対象となるのは旧準則では固定資産のみであるが、新準則では投資不動産や棚卸資産も対象に含まれる。

(8) 所得税
　税効果会計は旧準則では任意適用であるが、新準則では強制適用される。

a) 繰延法と資産負債法
　税効果を認識する方法には繰延法と資産負債法の2種類がある。繰延法とは会計と税務の間での損益の期間帰属の差異について当該差異に対する税額を当該差異が解消されるまで繰延税金資産または繰延税金負債として繰り延べる方法である。適用税率には期間差異が発生した年度の税率が用いられる。
　一方、資産負債法とは会計上の資産・負債と税務上の資産・負債の金額に差異があり、当該差異の解消時に税金が軽減もしくは増額される場合に当該差異について繰延税金資産もしくは繰延税金負債を認識する方法である。適用税率には一時差異が解消される年度の税率が用いられる。
　両者の実質的な違いは適用税率である。旧準則で税効果会計を任意適用する場合は繰延法と資産負債法のいずれかを選択することができるが、新準則では資産負債法のみが認められている。

b) 一時差異
　会計と税務の間の差異は永久差異と一時差異に分類される。永久差異は永久に解消されない差異であり、例としては交際費や福利費の損金算入限度超過額などが挙げられる。永久差異は税効果の対象とならない。
　一時差異は将来的に解消される差異であり、税効果の対象となる。中国において発生する頻度が高い一時差異としては以下のものが挙げられる。

① 収入・原価

既述したように税務上は発票の発行がなければ営業収入は益金として認められないことがある。そのため、実務上は会計上の収入の認識の基準も税務に合わせて発票の発行としていることが多いが、出荷基準など他の基準を採用している場合には一時差異が発生する。

② 引当金
　減損損失や貸倒引当金繰入額については損金算入が認められていないため、一時差異となる。

③ 減価償却費
　税務上認められている減価償却方法は定額法のみである。生産高比例法などの他の方法を採用している場合には一時差異が発生する。尚、税法上の減価償却は「第4章2節 税務」の企業所得税の項目を参照。

④ 開業準備費用
　開業準備費用の会計上の扱いについては、旧準則では発生時に長期前払費用として資産に計上し、営業開始時に一括して費用処理する。新準則では発生時にそのまま費用処理する。
　税務上、開業準備費用は長期前払費用であると明確には位置づけられておらず、営業開始時に一括して費用処理することも長期前払費用の処理規定に従って償却することのいずれも可能である。会計と税務で処理方法が異なる場合には一時差異が発生する。

⑤ 繰越欠損金
　税務上、繰越欠損金については5年間の繰り越しが認められている。繰越欠損金は一時差異ではないが、税金を軽減する効果があるため一時差異と同様に税効果を認識する。

c) 表示
　差異が1年以内に解消されるか否かにかかわらず、繰延税金資産・負債はすべて旧準則では固定資産・長期負債、新準則では非流動資産・非流動負債に表示さ

れる。
　繰延税金資産と繰延税金負債の両方が計上される場合にも相殺表示は行わず、総額を両建表示する。

(9) 外貨換算
　外貨建取引の記帳本位通貨への換算について、旧準則では取引発生日の為替レートを用いることを原則としているが、期首の為替レートの適用も認めている。新準則では取引発生日の為替レートの適用のみを認めている（ただし合理的な方法により確定した近似値の適用は可能）。
　外貨建貨幣性項目は期末に期末時レートにより換算し、換算差額は損益に計上する。外貨建非貨幣性項目については換算を行わない。

(10) リース
　リース会計に関して旧準則と新準則で大きく異なるのはファイナンス・リースにおける公正価値の評価である。

a) ファイナンス・リースの判定基準
　リースはファイナンス・リースとオペレーティング・リースに分類される。資産の所有権に関連するすべてのリスクと経済的効用が実質的に移転するリースをファイナンス・リースといい、その他のリースをオペレーティング・リースという。
　以下は新準則の判定基準であり、これらのうち少なくとも1つを満たすとファイナンス・リースであると判定される。

① リース期間満了時にリース資産の所有権が借手に移転する。
② リース資産の購入選択権が借手に与えられており、予定されている購入価額が選択権行使日の公正価値よりも十分に低く、将来における当該選択権の行使がリース開始日においてすでに明らかである。
③ リース資産の所有権は移転しないが、リース期間がリース資産の予定使用期間の大部分を占める。
④ リース開始日における借手の最低支払リース料総額の現在価値が同日におけ

るリース資産の公正価値にほぼ相当する。リース開始日における貸手の最低受取リース料総額の現在価値が同日におけるリース資産の公正価値にほぼ相当する。
⑤ リース資産が特殊な性質を有し、大規模な改造がなければ借手しか使用できない。

新準則で改定されたのは上記④の基準である。旧準則では「最低支払リース料総額の現在価値がリース資産の原始帳簿価格の95％以上である」とされており、リース資産の公正価値を評価する必要がなく、また貸手の条件は基準に含まれていない。

b) ファイナンス・リースにおける借手の会計処理

リース資産取得時には、旧準則ではリース開始日におけるリース資産の原始帳簿価格と最低支払リース料総額の現在価値のいずれか低い方の価格を帳簿価格とする。一方、新準則ではここでも公正価値による評価が導入されており、リース開始日におけるリース資産の公正価値と最低支払リース料総額の現在価値のいずれか低い方の価格を帳簿価格とする。

リース資産の減価償却には自己所有の他の固定資産と同一の方法を適用する。耐用年数については、リース期間満了時にリース資産の所有権を取得することが確実である場合にはリース資産の経済的耐用年数を用いる。所有権の獲得が不確実である場合にはリース期間とリース資産の経済的耐用年数のいずれか短い方の期間によって減価償却を行う。

3. 財務諸表

財務諸表の様式は旧準則と新準則で異なる（図2～6参照）。財務諸表の科目名は定められており、任意に設定することはできない。各財務諸表の特徴は以下の通りである。

(1) 貸借対照表

貸借対照表の資産の部は旧準則では「流動資産」、「固定資産」、「無形資産その

他」に分けられるが、新準則では「固定資産」と「無形資産その他」が一括されて「非流動資産」となる。

建物や機械といった固定資産の内訳は注記の明細でのみ開示され、貸借対照表上は開示されないが、土地使用権も固定資産に含まれている。一方、建設仮勘定は固定資産に含まれず独立して表示される。

(2) 損益計算書

損益計算書には経常利益の概念がなく特別損益項目は存在しない。営業活動の内外の区別だけが存在する。

旧準則では主要な営業活動に係る収入と原価のみが総額で表示され、その他の収入と原価は相殺されて純額表示される。新準則ではこのような区別はなくすべて総額表示される。

営業活動に係る費用は販売費用（旧準則では営業費用）管理費用、財務費用の3つに分けられる。財務活動も営業活動の一環であると考えられており、受取利息や支払利息、為替差損益は営業外収入・支出ではなくこの財務費用に計上される。

営業外収入・支出には営業活動とは関係のない固定資産売却損益、補助金収入、減損損失などが計上される。過年度の財務諸表の修正については損益計算書において過年度修正損益は計上せず、貸借対照表の期首剰余金を調整する。

(3) キャッシュ・フロー計算書

キャッシュ・フロー計算書の作成方法には直接法と間接法の2種類がある。直接法は現金収支からキャッシュ・フローを直接求める方法であり、間接法は当期利益に調整項目を加減してキャッシュ・フローを求める方法である。

このうち中国では直接法のみが認められているが、旧準則では補足資料として間接法により作成したキャッシュ・フロー計算書の開示も求められ、実質的に2種類のキャッシュ・フロー計算書を作成しなくてはならない。新準則では補足資料の開示は求められず、直接法によるキャッシュ・フロー計算書のみを作成すればよい。

図1. 貸借対照表（資産）

旧準則		新準則	
資産	20XX年	資産	20XX年
流動資産：		流動資産：	
現預金		現預金	
売掛金		売掛金	
その他未収金		その他未収金	
棚卸資産		棚卸資産	
前払費用		前払費用	
：		：	
流動資産合計		流動資産合計	
固定資産：		非流動資産：	
固定資産原価		固定資産	
減：減価償却累計額		建設仮勘定	
固定資産純価値		無形資産	
減：固定資産減損引当金		長期前払費用	
建設仮勘定		：	
：		繰延税金資産	
固定資産合計		非流動資産合計	
無形資産その他			
無形資産			
長期前払費用			
：			
無形資産合計			
資産総額		資産総額	

図2. 貸借対照表（負債及び所有者持分）

旧準則		新準則	
負債及び所有者持分	20XX年	負債及び所有者持分	20XX年
流動負債：		流動負債：	
短期借入金		短期借入金	
買掛金		買掛金	
未払給与		未払給与	
未払税金		未払税金	
未払費用		未払費用	
：		：	
流動負債合計		流動負債合計	
長期負債：		非流動負債：	
長期借入金		長期借入金	
：		：	
：		繰延税金負債	
		：	
長期負債合計		非流動負債合計	
負債合計		負債合計	
所有者持分：		所有者持分：	
払込資本金		払込資本金	
：		：	
未処分利益		未処分利益	
所有者持分合計		所有者持分合計	
負債及び所有者持分総額		負債及び所有者持分総額	

図3. 損益計算書

旧準則		新準則	
	20XX年		20XX年
一．主要営業収入		一．営業収入	
減：主要営業原価		減：営業原価	
主要営業税金及び付加費用		主要営業税金及び付加費用	
二．主要営業利益		販売費用	
加：その他業務利益		管理費用	
減：営業費用		財務費用	
管理費用		資産減損損失	
財務費用		加：公正価値変動収益	
三．営業利益		投資収益	
加：投資収益		うち、共同経営・合弁企業に係る投資収益	
補助金収入		二．営業利益	
営業外収入		加：営業外収入	
減：営業外支出		減：営業外支出	
四．利益総額		うち、非流動資産処分損	
減：企業所得税		三．利益総額	
五．当期純利益		減：企業所得税	
		四．当期純利益	

図4. キャッシュ・フロー計算書（直接法）

旧準則	
	20XX年
一．営業活動によるキャッシュ・フロー：	
：	
キャッシュ・インフロー小計	
：	
キャッシュ・アウトフロー小計	
営業活動によるキャッシュ・フロー純額	
二．投資活動によるキャッシュ・フロー：	
：	
キャッシュ・インフロー小計	
：	
キャッシュ・アウトフロー小計	
投資活動によるキャッシュ・フロー純額	
三．財務活動によるキャッシュ・フロー：	
：	
キャッシュ・インフロー小計	
：	
キャッシュ・アウトフロー小計	
財務活動によるキャッシュ・フロー純額	
四．現金及び現金同等物に係る換算差額	
五．現金及び現金同等物の増減額	

新準則	
	20XX年
：	
五．現金及び現金同等物の増減額	
加：現金及び現金同等物の期首残高	
六．現金及び現金同等物の期末残高	

図5. キャッシュ・フロー計算書（間接法）

旧準則	
	20XX年
一．純利益から営業活動によるキャッシュ・フローへの調整：	
純利益	
加：資産減損引当金の調整	
固定資産の減価償却費	
無形資産の減価償却費	
：	
営業活動によるキャッシュ・フロー純額	
二．現金収支を伴わない投資及び財務活動：	
債務から資本への振替	
1年以内期限到来の転換社債	
：	
三．現金及び現金同等物の増加状況：	
現金の期末残高	
減：現金の期首残高	
加：現金同等物の期末残高	
減：現金同等物の期首残高	
現金及び現金同等物の増減額	

新準則	

4. 日本における連結

　日本における在外子会社の財務諸表の連結について、従来は所在地国の会計基準により作成した財務諸表を修正なく連結することが容認されていた。しかし「連結財務諸表作成における在外子会社の会計処理に関する当面の取扱い」が発表され、2008年4月1日以降に開始する連結会計年度に係る連結財務諸表からは原則として親会社と子会社の間での会計基準の統一が求められることになった。

　ただし、在外子会社の財務諸表が国際会計基準または米国会計基準に準拠して作成されている場合には当面はそれらを連結決算手続に利用することを認めるとされている。そのため、中国の現地法人の連結に当たっては中国基準により作成した財務諸表を国際会計基準に準拠した財務諸表に組み替えるのが現在の趨勢となっている。

(1) 旧準則

　旧準則と国際会計基準との間には多くの相違点があるため、旧準則を採用している場合には財務諸表を大きく調整する必要がある。新準則は国際会計基準との収斂が図られていることから、旧準則と新準則の相違点がそのまま旧準則と国際会計基準の相違点となると考えて大きく間違いはない。多くの場合、税効果会計と減損会計の適用が最大の調整事項となる。

(2) 新準則

　新準則は国際会計基準と完全には一致しないため、新準則を採用している場合でも調整はやはり必要である。しかし、旧準則を採用している場合に比して調整事項は多くない。

(3) その他

　財務諸表で用いられる科目には諸項目が集約されているため、親会社が求める様式に組み替えるためにはこれらを分解する必要がある。留意点としては、財務費用において受取利息と支払利息が相殺されている点や、未払税金に未払企業所得税以外の税金も含まれている点などが挙げられる。

　また収入の認識基準として発票基準を採用している場合、実際には発票基準が

実現主義と合致していないことが多いため、出荷基準などのより合理的な基準によって収入及び原価を調整することも検討すべきである。

第2節　税務

Ⅰ．税制の概要の概要

(1) 税目

　現行の中国の税収制度では、国税と地方税を合わせ22の税目があり、現在徴収が停止されている3税目以外の19の税目を税務局と税関の管理において徴収している。

　表1は、税目を種別ごと、徴収管理機関別に表したものである。税務機関は、これらの税目以外にも、教育専用資金としての教育附加費など、税金以外の費用も徴収している。中国で事業を行う会社に関わる主要な税目は、企業所得税、個人所得税、増値税、営業税、印紙税、関税が挙げられ、これ以外に、消費税、契税、房産税、城鎮土地使用税、土地増値税などの納税が必要になることもある。以下、主要な税目の内容を簡単に紹介する。

<表1>

種別	国税局	地税局	税関	種別	国税局	地税局	税関
[所得税類]	企業所得税	個人所得税		[特定目的税類]	車両購置税	城建税 煙葉税	
[流通税類]	増値税 消費税	営業税	関税 輸入増値税 輸入消費税			宴席税(停止) 屠殺税(停止) 固定資産投資方 向調節税(停止)	
[資源税類]		資源税 城鎮土地使用税 土地増値税 耕地占用税		[財産行為税類]	証券交易税	房産税 車船税 印紙税 契税	船舶トン税

① 企業所得税

　日本の法人税に相当する税金で、基本税率は25%である。2008年1月1日施行

注）外国企業による出資が25%以上であるもの

の「企業所得税法」を基本法とし、それまで内資企業と外資企業で区分されていた法律が統一された。統一前の外資企業と内資企業に対する基本税率はともに33%であったが、外資企業には種々の優遇税政策が設けられていたため、外資企業の実質的な税負担は内資企業よりも軽減されていた。現在これらの優遇政策は廃止され、一部経過措置となっているもの以外、基本的に内資企業と外資企業の課税の取扱いは同等となっている。

② 個人所得税

日本の所得税に相当する税金で、個人の所得を10種類に区分し、それぞれの所得に対し税額を計算する。そのうち給与所得は3%から45%の累進税率により課税されるが、基礎控除額が少なく所得控除額も殆どないため、日本に比べ税負担が重い。

③ 増値税

日本の消費税に相当する税金で、課税対象は、国内における物品の販売又は加工、修理補修役務の提供及び物品の輸入取引となる。一方、その他の役務の提供や無形資産の譲渡等には増値税ではなく営業税が課税される。基本税率は17%であり、仕入税額控除はインボイス方式を採用している。

④ 営業税

国内における役務（サービス）の提供、無形資産の譲渡及び不動産の販売を課税対象とする税金で、売上額等に税率を乗じて税金を求めるが、増値税のように仕入税額控除の制度はなく、営業税額は売上等を行った者の費用となる。税率は7つのサービス等の課税項目別に定められているが、娯楽業以外は3%若しくは5%である。

⑤ 消費税

課税対象は、国内における特定物品の生産、委託加工または輸入取引であり、物品の販売価格に税率を適用する従価税方式と、物品の販売数量に税率を適用する従量税方式がある。特定物品は、タバコ、酒、化粧品、宝石類、自動車などである。

⑥ 印紙税

中国語では「印花税」というが、日本の印紙税に相当する税金で、売買契約書、賃貸契約書などの商業文書に対し課税され、課税文書の性質により比例税率あるいは定額の税金が課される。

⑦ 関税

物品の輸出入を課税対象とし、その物品の価格或いは数量に税率あるいは単位あたりの基準税額を適用し税額を求める。中国の特別行政区である香港やマカオとの物品の取引も輸出入として関税が課せられる。

(2) 税収の構成

税収の構成につき、中国と日本を比較したものが下記のグラフである。

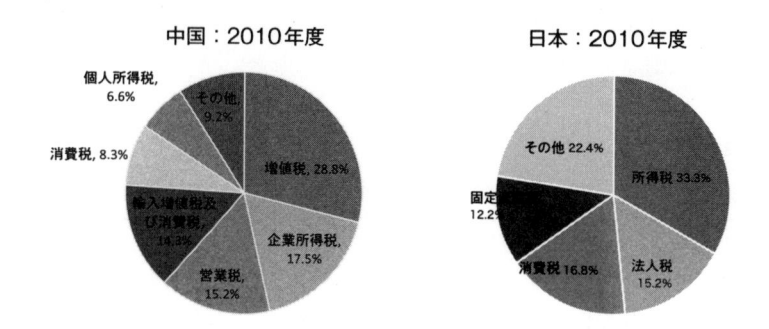

中国：2010年度
- 個人所得税, 6.6%
- その他, 9.2%
- 増値税, 28.8%
- 企業所得税, 17.5%
- 営業税, 15.2%
- 輸入増値税及び消費税, 14.3%
- 消費税, 8.3%

日本：2010年度
- その他 22.4%
- 所得税 33.3%
- 法人税 15.2%
- 消費税 16.8%
- 固定 12.2%

注）日本総務省ホームページ及び中国財政部のホームページに記載されたデータに基づき著者が作成。

日本は所得税類による税収が半分近くを占めるのに対して、中国は流通税類による税収が7割近くを占め、その中でも増値税の占める割合が高いことが特徴である。

また、税収額を比較したのが表2である。2010年度の中国全体の国税と地方税を合わせた税収額は、日本の2010年度予算である71.9兆円を大きく上回り、ここ数年の税収額は対前年度比で20%前後の伸び率となっている。そのうち、上海の税収額は全国の10％程度を占め、華東地域では江蘇省が上海に次ぐ税収規模となっている。

<表2> 2010年度税収額

	中国全体（前年度比）	上海（前年度比）	江蘇省（前年度比）
原通貨額	7.32兆元（123%）	7,395億元（123%）	6,632億元（129%）
円換算額*	90.1兆円	9.10兆円	8.16兆円

*中国国家外貨管理局公布の2010年12月31日中間レートにより換算
　注）中国財政部、上海市国家税務局、上海市地方税務局、江蘇省国家税務局及び江蘇省地方税務局のホームページに記載されたデータに基づき著者が作成。

Ⅱ．企業所得税

　基本となる法律は、2008年1月1日施行の「企業所得税法」と「企業所得税法実施条例」である。それ以前は、外資企業に対しては、「外商投資企業及び外国企業所得税法」が適用され、税率や所得の減免などの各種の優遇措置があったが、現在ではこの法律の失効とともに外資企業に対する優遇措置は、経過措置にあるものを除き原則廃止されている。

1．納税義務者

　納税義務者は、居住企業と非居住企業に区分され、居住企業は全世界所得に対し、非居住企業は限定された所得に対し納税義務を負う。
　居住企業には次の2つがある。
①中国の法律により中国国内に設立された企業など
②外国（地域）の法律により設立されているが、実際の管理機構が中国国内に所在している企業など
　また、非居住企業は、外国（地域）の法律により設立された企業等で、かつ実際の管理機構が中国国内に所在していない企業であるもののうち次の2つの企業等をいう。
①中国国内に機構、場所を設けている企業など
②中国国内に機構、場所を設けていないが、中国国内源泉所得を有する企業など　機構、場所とは、中国国内において生産経営活動に従事する機構、場所を指し、次のものを含む。
　a．管理機構、営業機構、事務機構
　b．工場、農場、天然資源採掘場所

c. 労務の提供場所
d. 建設、据付、組立、修理、探査等の工事作業の場所
e. その他の生産経営活動に従事する機構、場所

　非居住企業が営業代理人に委託して、中国国内において生産経営活動に従事する場合、この営業代理人は非居住企業が中国国内において設けた機構、場所とみなされる。生産経営活動には、企業や個人などに、代理で契約を結ぶこと或いは物品の保管、引渡しなどを行うことを頻繁に委託することが含まれる。

2. 課税所得の範囲
　納税義務者の区分に応じ、課税所得の範囲は次の通りとなる。
（1）居住企業
　中国国内源泉所得と中国国外源泉所得
（2）非居住企業
　中国国内源泉所得。但し、中国国内に機構、場所を設けている企業などは、その機構、場所と実質的な関係を有する中国国外源泉所得についても課税の対象となる。

3. 税率
　基本税率は25%である。
　基本税率以外の税率には軽減税率として次のものがある。
（1）小規模薄利企業
　次の条件に適合する企業の所得には20%の税率が適用される。
　①工業企業は、年度の課税所得が30万元以下、就業人数が100人以下、資産総額は3,000万元以下であること。
　②その他の企業は、年度の課税所得が30万元以下、就業人数が80人以下、資産総額は1,000万元以下であること。
　なお、2011年度は優遇政策として、年度の課税所得が3万元以下の小規模薄利企業については、年度の課税所得の50%に対し20%の税率を適用する。
（2）ハイテク企業
　核心技術となる独自の知的財産権を有する企業で、中国が重点的に支援するハイテク分野に規定された条件を満たす製品（サービス）を提供する企業の所得に

は15%の税率が適用される。

(3) 非居住企業

非居住企業が稼得する中国国内源泉所得に対する源泉企業所得税率は、企業所得税法では20%と規定されているが、企業所得税法実施条例において10%に軽減されている。

非居住企業が稼得する中国国内源泉所得には、配当、利息、賃貸料、使用料、財産の譲渡所得などがある。

4. 課税所得の計算

課税所得額は発生主義の原則に基づき、次の計算式により求められる。

課税所得額＝収入総額－非課税収入－免税収入－各種控除－繰越欠損金

(1) 収入総額

収入総額には次のものが含まれる。

①物品販売収入　②役務提供収入　③財産譲渡収入　④配当などの権益性投資収益　⑤利息収入　⑥賃貸料収入　⑦使用料収入　⑧受贈収入　⑨その他の収入

(2) 非課税収入

非課税収入は次のものである。

①財政交付金　②法に基づき取得し且つ財政管理されている行政事業関連収入政府関連基金　③国務院が規定するその他の非課税収入

(3) 免税収入

免税収入は次のものである。

①国債の利子　②居住企業間の配当などの権益性投資収益　③中国国内に機構・場所を設けている非居住企業が、居住企業から取得する当該機構、場所と関連のある配当などの権益性投資収益　④条件に適合する非営利組織からの収入

(4) 各種控除

収入から控除できる各種控除とは、企業の生産経営活動に関連のある合理的な原価、費用、税金費用及びその他の支出をいう。控除できる費用の限度基準は表3の通りである。この他、実務上頻繁に見られる税務調整事項として、費用等の支払により相手先から取得した領収書が、税務局の認める正規の領収書（中国語で「発票」）でないために、税務上、その費用等を収入から控除できないということがある。

(5) 繰越欠損金

税務上の欠損金は5年間繰越しすることができ、将来の所得と相殺することができる。

<表3>

控除項目	控除限度基準
従業員福利支出	給与総額の14%
労働組合経費	給与総額の2%
従業員教育経費	給与総額の2.5%（超過部分は翌年以降へ繰越可）
接待交際費	発生額の60%か年度売上高の0.5%のいずれか少ない方。
広告費及び業務宣伝費	年度売上高の15%（超過部分は翌年以降へ繰越可）
寄付金支出	年度利益総額の12%

5. 資産の税務処理

資産のうち主要なものの税務上の取り扱いは次の通り。

(1) 有形固定資産

有形固定資産の法定償却方法は定額法で、表4の償却年数により計算した金額が償却限度額となる。

見積残存価額は合理的な金額で設定でき、取得価額の10%といった制限はない。

技術の進歩により製品のモデルチェンジが早い固定資産や、常に振動が強く腐食しやすい状態に置かれている固定資産については、償却年数の短縮あるいは加速度償却を採用できる。

<表4>

種別	最短償却年数
建物、構築物	20年
飛行機、列車、船舶、機器、機械及びその他の生産設備	10年
生産経営に関係する器具、工具、家具等	5年
飛行機、列車、船舶以外の運輸工具（車など）	4年
電子設備（パソコンなど）	3年

(2) 無形資産

　無形資産の法定償却方法は定額法で、償却年数は10年以上である。ただし、出資又は譲受けした無形固定資産については、法律の規定で定められたあるいは契約で約定された償却年数により償却できる。

(3) 長期前払費用

　長期前払費用は、次に記載する固定資産の改修関連支出以外のものは、3年以上の期間で償却する。減価償却を終えた固定資産の改修支出については見積使用可能年数により、リース固定資産の改修支出は契約で約定された残余リース期間により、また、固定資産の大修理支出は使用可能年数により償却する。

　なお、開業費については経営を開始した年度に一次に償却することも、3年以上の期間で償却することもできるが、選択した償却期間は変更できない。

(4) 棚卸資産

　棚卸資産の販売或いは使用時の原価計算方法は、先入先出法、加重平均法、個別評価法のいずれかを用い、みだりに変更してはならない。

6. 申告納税

　企業所得税の納税年度は西暦1月1日から12月31日である。納付すべき税額は、次の計算式で算出した金額である。

　納付すべき税額＝課税所得額×適用税率－減免税額－控除税額

　減免税額には一定の条件を満たす技術譲渡所得に対する税額などがある。また、控除税額には外国税額控除などがある。

　企業所得税の申告及び納税は、予定申告による納税と確定申告による納税により行われる。予定申告は通常四半期ごと（または毎月）に行い、各四半期終了の日から15日以内に申告納付する。確定申告は年度終了後5ヶ月以内に申告を行い、予定納税額との差額を精算する形で納税する。

　予定納税額は、四半期（または毎月）の実際の利益額により計算する。なお、実際の利益額による予定納税が困難な場合は、前年度の課税所得額の四半期（または月）の平均額により納税する。

　支店（分公司）をもつ場合は、次の方法により本店、支店それぞれの所在地で申告納税を行う。なお、その支店が営業活動を行えない非営業性支店の場合は、その支店に申告納税義務はない。

①本店と支店の課税所得を合算 ②課税所得を本店と支店で50:50の比率に等分し税額を計算 ③支店が複数ある場合には、それぞれの支店の負担比率を次の基準で求め、②で計算した支店の税額総額を、各支店の負担比率で分割する。

負担比率＝（当該支店の支店全体における）営業収入の占める割合×0.35＋給与総額の占める割合×0.35＋資産総額の占める割合×0.30

7．源泉徴収

非居住企業が取得する一定の国内源泉所得については、支払者を源泉徴収義務者とする源泉徴収による納税が行われ、源泉徴収義務者が、支払金額から代理控除した日より7日以内に税務機関に納税する。

Ⅲ．増値税

基本となる法律は、2009年1月1日施行の「増値税暫行条例」と「増値税暫行条例実施細則」である。英語ではVAT（Value Added Tax）、つまり付加価値に対して課税される税で、納税者は、仕入税額控除ができる「一般納税者」と仕入税額控除ができない簡易課税方式をとる「小規模納税者」に区分される。

1．納税義務者

中国国内で物品を販売、または加工や修理補修役務を提供する者及び物品を輸入する者が納税義務者となる。

ここで加工とは、委託者が原料及び主要材料を提供し、受託者が委託者の要求に基づき物品を製造かつ加工賃を受領する業務をいう。また、修理補修とは、損傷した物品、機能を喪失した物品を修復し、原状回復、機能回復を行う業務をいう。

2．税率

基本税率は17%。物品の輸出は0%。ただし、次の物品の販売及び輸入は13%である。

穀物、食用植物油、水道、ガス、住民用石炭製品、図書、新聞、雑誌、飼料、化学肥料、農薬、農機、農業用フィルム、国務院の定めるその他の物品

3. 納税額の計算

納税額＝売上増値税額－仕入増値税額

　　　＝税抜売上額×17％－購買あるいは支払時受領の増値税インボイスに記載の仕入税額

4. 納税義務の発生時期
（1）物品の販売
①直接代金受取方式の場合、物品の出荷に関わらず、代金を受領した日、または販売代金請求にかかる証憑を取得した日。

②委託取立と銀行委託回収方式の場合、物品を出荷し代金取立委託手続を完了した日。

③掛売りと分割代金回収方式の場合、契約で定められた代金受領日。書面による契約がない場合、あるいは書面の契約に代金受領日の定めがない場合は、物品出荷の日。

④代金前受け方式の場合、物品出荷の日。但し、生産期間が12ヶ月を超える大型機械設備、船舶、航空機等の物品を販売する場合は、前受金の受領日または書面契約に定められた代金受領日。

⑤その他の納税者に物品の販売を委託する場合、受託者の受託販売精算書を受領した日または全部或いは一部の代金を受領した日。受託販売精算書または代金を受領していない場合、委託販売物品を出荷した日から180日が経過した日。

⑥下記「5．増値税における売上」の「（1）みなし販売」の③から⑤に規定する行為が発生した場合、物品の移送日。

（2）役務の提供
役務の提供と同時に売上額を受領した当日、或いは販売代金請求にかかる証憑を取得した日。

（3）物品の輸入
輸入通関の当日。

5. 増値税における売上
売上に関して留意する点を次に挙げる。

(1) みなし販売

次の行為は物品の販売とみなされる。

①物品を委託販売のため他者へ引き渡す。

②受託販売物品の販売。

③2ヶ所以上の機構（本店、支店、工場など）を有し、統一計算を行う納税者が、物品をある機構から他の機構へ販売用に移送する場合。但し、関連する機構が同一の県（市）にある場合を除く。

④自社製造品、委託加工品を、非課税項目に用いること、集団福利厚生または個人消費に用いること。

⑤自社製造品、委託加工品または購入物品を、投資として提供すること、株主や投資者に配当として分配すること、無償贈与すること。

(2) 混合販売

1つの販売行為が物品の販売等と増値税の非課税役務の提供を含む場合を混合販売行為という。例えば増値税の課税対象である設備の販売と営業税の課税対象である据付サービスを1つの取引として行うようなケースである。混合販売行為について、その企業等が物品の生産、卸売、小売に従事する場合には取引全体を物品の販売とみなし増値税を課税する。その他の企業などが行う混合販売行為は増値税の非課税役務とみなし営業税を課税する。

(3) 兼営

兼営とは、納税者が増値税の課税対象となる業務の他、営業税の課税対象となる役務の提供も行っていることをいう。兼営の場合、納税者は増値税取引の売上額と営業税取引の売上額を区分計算する必要があり、区分計算しない場合には、税務機関によりそれぞれの売上額が査定される。

6. 増値税における仕入

仕入に関して留意する点を次に挙げる。

(1) 増値税インボイス

仕入増値税額を売上増値税額から控除するためには、税務局が厳格に管理しているインボイスを取得している必要がある。インボイスの種類には、増値税専用発票、税関輸入増値税専用納付書、農産品購入発票、農産品販売発票及び物品の購入または販売及び生産経営過程で運輸費用を支払った際に取得する運輸費用精

算証票がある。

(2) 控除期限
　仕入増値税額を控除するためには、取得した増値税インボイスの種類ごとに税務機関において認証手続きなどの一定の手続きが必要となる。手続きの期限は、増値税インボイスの発行日から180日以内であり、期限を超えた場合は仕入増値税額を控除することはできない。

(3) 仕入増値税額
　売上増値税額から控除できる仕入増値税額は、増値税専用発票及び税関輸入増値税専用納付書についてはそれぞれに明記された増値税額、農産品購入発票及び農産品販売発票は、明記された農産品購入価額×控除率（現行13％）の金額を仕入増値税額とし、運輸費用精算証票は運輸費用額×控除率（現行7％）の金額を仕入増値税額とする。

(4) 輸入時の納税額
　物品を輸入する際には、輸入にかかる増値税を税関が代理徴収するが、納税額は次のように計算される。
　課税価格＝関税納税価格＋関税＋消費税
　納付税額＝課税価格×税率

(5) 控除できない仕入増値税額
　次の項目の仕入増値税額は売上増値税額から控除できない。
①増値税非課税項目、増値税免税項目、集団福利厚生または個人消費に用いる物品または課税役務の購入。
②正常でない損失を受けた物品及び関連する課税役務の購入。正常でない損失とは、管理不備による盗難、紛失、陳腐化による損失をいう。
③正常でない損失を受けた仕掛品、完成品に用いた物品または課税役務の購入。
④納税者自ら用いる消費品のうち一定のもの。
⑤上記①から④に規定する物品の運輸費用と免税物品販売のための運輸費用。

7．小規模納税者
　小規模納税者の基準は、物品の生産または課税役務の提供を主に行う納税者は、年間の課税売上高が50万元以下、それ以外の卸売事業者などの納税者は年

間の課税売上高が80万元以下である。
　以下に小規模納税者の特徴を挙げる。
・税率は3%。税抜売上高×3%が納税額となる。
・仕入増値税額の控除ができない。そのため仕入等により支払った仕入増値税額は自社が負担することになる。
・製品輸出時の輸出製品にかかる仕入増値税の還付は受けられない。
・自社で増値税専用発票の発行ができない。ただし、税務局による代理発行は可能。

　2010年3月20日施行の「増値税一般納税者資格認定管理弁法」により、小規模納税者が課税売上高の基準である50万元或いは80万元を超えた場合には、必ず一般納税者資格の申請を行う必要があり、また、課税売上高の基準を超えていなくとも会計帳簿が整備されているなどの条件を満たせば一般納税者資格の申請を行うことができることになっている。ここでいう課税売上高は0%課税である輸出売上高を含み、また年度の課税売上高ではなく連続する12ヶ月間の累計課税売上高のため、年の中途で課税売上高の基準を超えた場合には、適時に一般納税者資格の申請を行う必要がある。

8．申告納税
(1) 申告納税期限
　通常月単位で毎月申告納税を行い、申告及び納税期限は翌月15日までである。ただし地域によっては納税期限が異なることもある。
　輸入の場合の納税期限は、税関が税関輸入増値税専用納付書を発行した日から15日以内である。
(2) 納税地
　その機構の所在地で申告納税を行い、本店と支店が同一の県（市）にない場合には、それぞれの所在地で申告納税を行う。

8．輸出還付
　一般納税者が輸出を行った場合には、輸出製品にかかる仕入増値税の還付の適用を受けることになる。仮に売上のすべてが輸出である場合、輸出製品にかかる仕入増値税額は全額還付されるのが本来であるが、中国では輸出製品ごとに還付

率が0%から17%の間で定められており、還付率が課税率（標準17%）未満の場合は、還付されない金額が生じることになり、その金額は会社のコストとなる仕組みとなっている。還付の対象とならず会社のコストとなる控除還付不能税額は、生産型企業の場合は（輸出FOB価格-免税で購入した原材料価格）×（課税率-還付率）で求め、商業型企業の場合は税抜仕入商品価格×（課税率-還付率）で求める。この還付率は政策的に度々変更されるため、輸出企業にとっては常に留意すべき重要な事項である。

Ⅳ．営業税

基本となる法律は、2009年1月1日施行の「営業税暫行条例」と「営業税暫行条例実施細則」である。増値税は税金の負担者が最終消費者であるのに対し、営業税は役務の提供等を行ない収入を得る者が税金の負担者となる。

1．納税義務者と課税の範囲

中国国内で役務（サービス）の提供、無形資産の譲渡または不動産の販売を行う者が納税義務者となる。役務とは、交通運輸業務、建築業務、金融保険業務、郵便通信業務、文化体育業務、娯楽業務、サービス業務の税目の課税範囲内の役務をいう。

また、中国国内における役務の提供、無形資産の譲渡または不動産の販売とは次のことを指す。
(1) 役務の提供或いは引受けをする者が国内にいること。
(2) 無形資産（土地使用権を含まず）を譲り受ける者が国内にいること。
(3) 譲渡或いは貸付ける土地使用権にかかる土地が国内にあること。
(4) 販売或いは貸付する不動産が国内にあること。

2．源泉徴収義務者

中国国外の法人などで、中国国内に経営機構を設けていない者が、中国国内で役務の提供、無形資産の譲渡または不動産の販売を行った場合には、中国国内の代理人が源泉徴収義務者となる。代理人がいない場合には、役務或いは譲渡を受ける者または購買者が源泉徴収義務者となる。

3. 納税額の計算と税率

納税額＝営業額×税率。税率は、その税目ごとに表5に記載の税率となる。

増値税と異なり、営業税には仕入税額控除の制度はなく、また納税額は納付した者の費用となる。

営業額とは、取引の対価として収受する全ての代金と価格外費用の合計額をいい、価格外費用とは、受領した手数料、代理受領代金、立替金その他の費用のことをいう。ただし、運輸、旅行、建設業者の元請業者の営業額は、請負金額から下請業者に支払った下請代金を控除した残額となる。

4. 納税義務の発生時期

納税義務者が課税役務の提供、無形資産の譲渡または不動産の販売を行い、且つ対価を受領あるいは対価受領に関する証憑を取得した当日が納税義務の発生時期となる。ここで、対価受領に関する証憑を取得した当日は、書面による契約で約定した支払日とし、書面による契約を締結していない場合或いは書面による契約で支払日を約定していない場合は課税行為が完了した当日となる。

ただし、土地使用権の譲渡、不動産の販売、建築業務或いは賃貸借業務の役務の提供につき、前受金を収受する場合は、その前受金を受領した当日が納税義務の発生日となる。

また、源泉徴収義務の発生時期は、納税義務者の営業税の納税義務が発生した日となる。

5. 申告納税

（1）申告納税期限

通常月単位で毎月申告納税を行い、申告及び納税期限は翌月15日までである。但し地域によっては納税期限が異なることもある。

（2）納税地

①役務の提供の場合、納税義務者の所在地が納税地となる。ただし、建築業役務の提供の場合は、役務の提供地が納税地となる。

②無形資産の譲渡の場合、納税義務者の所在地が納税地となる。

③土地使用権の譲渡及び貸付けの場合、その土地の所在地が納税地となる。

④不動産の売却及び貸付けの場合、その土地の所在地が納税地となる。

<表5> 営業税の税目・税率表

税率	税目
3%	交通運輸業務、建築業務、郵便通信業務、文化・体育業務
5%	サービス業務、無形資産の譲渡、不動産の売却、金融保険業務
5%～20%	娯楽業務

Ⅴ．個人所得税

　基本となる法律は、2006年1月1日施行の「個人所得税法」と2008年3月1日施行の「個人所得税法実施条例」である。個人の所得を10種類に分類し、それぞれの所得に対する税額を個別に求める制度となっている。本年、中低所得者の税負担の軽減等を目的として、「個人所得税法」と「個人所得税法実施条例」の一部内容が改正された。ここでは10種類の所得のうち外国人に最も関わりのある給与賃金所得を中心に説明する。

1．所得の種類
　所得の種類は次の10種類と国務院財政部門が課税を定めたその他の所得と規定されている。( ) 内の％はそれぞれの所得に対する税率である。
　賃金給与所得（3～45％）、個人工商業者の生産・経営所得（5～35％）、企業事業単位に対する請負経営・リース請負経営所得（5～35％）、役務報酬所得（20％）、原稿報酬所得（20％）、使用料所得（20％）、利子・配当所得（20％）、財産賃貸所得（20％）、財産譲渡所得（20％）、一時所得（20％）。

2．納税年度
　暦年1月1日から12月31日が1納税年度である。

3．納税義務者と課税所得の範囲
　納税義務者を中国国内における住所の有無と滞在期間により区分し、それぞれの課税所得の範囲を定めている。住所は、戸籍、家庭、経済的利益関係によって中国国内に習慣的に居住することと定義されているが、通常一般の外国人は滞在

期間で納税義務と課税所得の範囲が判断される。中国国内に住所を有する者の課税対象は、中国国内を源泉とする所得と中国国外を源泉とする所得のすべてである。中国国内に住所を有しない者の課税対象は、その滞在期間と所得の源泉地などにより表6のようになる。表6から分かるように、中国国内を源泉とする所得は滞在期間の長短にかかわらず課税されるのが原則であるが、中国滞在期間が90日（日中租税条約では183日）と短い場合は、中国国内を源泉とする所得であっても、中国国内の会社等がその支払いをせず、また負担もしない場合は免税となる。これはいわゆる183日ルールと言われているもので、日本などからの出張者で中国滞在期間が暦年で183日以内の短期滞在者の場合には、中国国内での勤務などから発生した中国国内源泉所得については課税されない。

　これに対し中国国外を源泉とする所得については、滞在期間が1年未満の場合は課税対象外で、1年以上の場合は課税されることになる。ただし、滞在期間が1年以上5年以内の場合は、税務機関の認可を前提に、中国国内の会社等から支払われる所得についてのみ個人所得税を納めることができると規定されている。滞在期間が連続5年超の場合は、日本での不動産賃貸料などの所得なども含め、全世界の所得に対し個人所得税が課せられる。ここで、滞在期間の1年とは暦年で365日滞在することをいうが、1回の出国が30日を超えない或いは累計の出国日数が90日を超えない一時的な出国は365日から除かれず1年としてカウントされる。

<表6>　課税対象所得の範囲

滞在期間	中国国内源泉所得 国内組織支払或いは負担	中国国内源泉所得 国外組織支払かつ負担	中国国外源泉所得 国内組織支払或いは負担	中国国外源泉所得 国外組織支払かつ負担
90日（183日）以内	課税	免税	課税なし	課税なし
90日（183日）超、1年未満	課税	課税	課税なし	課税なし
1年以上、5年以内	課税	課税	課税	実質課税なし
5年超	課税	課税	課税	課税

4．賃金給与所得

　賃金、給与、手当、賞与などは賃金給与所得として累進税率により課税される。

(1) 税額の計算方法

　税込の給与総額から個人所得税額を求める計算方法（個人負担方式）と、手取り額を保証し個人所得税は実質会社が負担するようにするため税引後の手取り額から個人所得税額を求める計算方法（会社負担方式）があり、いずれの方法とも表7の速算表を使用して計算できる。計算方法はそれぞれ次の通り。

　①個人負担方式：個人所得税額＝（税込給与額-基礎控除額）×適用税率-速算控除額
　②会社負担方式：個人所得税額＝（税引手取給与額-基礎控除額-速算控除額）÷（1-適用税率）×適用税率-速算控除額

　基礎控除額は外国人は4,800元、一般の中国人は3,500元である。
　例えば、日本人駐在員の税込給与額が4万元の場合の個人所得税と税引後の給与額は次のように計算する。

　個人所得税額＝（40,000元-4,800元）×30％－2,755元＝7,805元
　税引後給与額＝40,000元-7,805元＝32,195元

　表7速算表の①個人負担方式の欄より、40,000元から4,800元を控除した35,200元の適用税率が30％であることが分かる。
　また、手取給与額を32,195元とした場合の税込給与額と個人所得税額は、次のように求められる。

　税込給与額＝（32,195元-4,800元-2,755元）÷（1-30％）+4,800元＝40,000元
　個人所得税額＝（40,000元-4,800元）×30％－2,755元＝7,805元

　ここで、税込給与額を計算する際に適用した30％の税率は、手取給与額32,195元から基礎控除額4,800元を控除した27,395元をもとに表7速算表の②会社負担方式から求め、個人所得税額を計算する際に適用した30％の税率は、基礎控除額控除後の税込給与額である35,200元をもとに表7速算表の①個人負担方式から求める。

<表7>　個人所得税額速算表

② 個人負担方式（＝税込）	② 会社負担方式（＝手取り）	税率	速算控除額
1,500元以下	1,455元以下	3%	0
1,500元超 4,500元以下	1,455元超 4,155元以下	10%	105
4,500元超 9千元以下	4,155元超 7,755元以下	20%	555
9千元超 3万5千元以下	7,755元超 27,255元以下	25%	1,005
3万5千元超 5万5千元以下	27,255元超 41,255元以下	30%	2,755
5万5千元超 8万元以下	41,255元超 57,505元以下	35%	5,505
8万元超	57,505元超	45%	13,505

（2）免税となる手当

　外国人の場合、合理的な金額の範囲内で、現物支給或いは実費精算方式により取得する住宅手当、食事手当、クリーニング費用は免税とされ、その他、合理的な金額の範囲内の、中国国内外出張手当、帰省費用、語学訓練費、子女教育費、実費精算方式により取得する赴任若しくは帰任時の引越費用は免税となる。

（3）賞与の個人所得税

　賞与については、年間1次的賞与については年に1回のみ優遇的な計算方法により個人所得税を計算することができ、その他の賞与については給与と合算して税額を計算する。年間1次的賞与とは、企業の年間の業績や従業員の年間の功績などに基づき、従業員に年間1回に限り支給される年度末賞与などの賞与をいい、半期賞与、四半期賞与など年間1次的賞与以外の各種賞与などは含まれない。

　年間1次的賞与の個人所得税の計算方法は、賞与額を12ヶ月で割った後の1か月分の賞与額に表7の速算表の税率を適用して求める。仮に年間1次的賞与の金額が12万元の場合の個人所得税額は次のように求める。

　個人所得税額＝（120,000元 - 当月度未消化の基礎控除額）×25%-1,005元
＝28,995元

　当月度未消化の基礎控除額は、当月の給与にかかる個人所得税額を計算する際に基礎控除額を全て使用している場合は0となるため、通常は0となる。賞与額12万元に対し45%でなく12万元÷12=1万元に対する25%の税率を適用できることから税負担は軽減される。

（4）滞在期間別の個人所得税額の計算

　個人所得税額の基本となる計算公式は、（税込給与額-基礎控除額）×適用税率

-速算控除額であるが、具体的な計算公式は、滞在期間よって次のように区分される。なお、短期滞在者の滞在期間は、90日でなく日中租税条約の適用を受ける場合の183日として記載する。

①中国滞在期間が暦年で183日以内（短期滞在者）の場合

　個人所得税額＝（当月中国国内外給与の課税所得額×適用税率-速算控除額）×（当月国内支払給与÷当月中国国内外支払給与総額）×（当月国内勤務日数÷当月日数）

　短期滞在者の場合、中国国内と中国国外の給与の合計額に対する個人所得税のうち、中国国内支払分かつ中国国内勤務日数分につき納税することになり、中国国内の支払給与がない場合には納税額は発生しない。但し、出張ベースでなく当初から1年以上の滞在予定で赴任してきたケースの場合、短期滞在者として取り扱われないことも少なくないため、所轄の税務局に確認するのが望ましい。

　また、短期滞在者であっても、駐在員事務所の代表者や恒久的施設に派遣されたものの給与は、その給与の一部を当該駐在員事務所或いは恒久的施設が負担しているものとみなされるため、短期滞在者の免税規定の条件のうちの一つである、中国国内の機構、場所が負担しないという条件を満たさない。このため、当該駐在員事務所あるいは恒久的施設が負担しているものとされた給与については免税とはならず滞在日数に応じて計算される。

②中国滞在期間が暦年で183日超1年未満の場合

　個人所得税額＝（当月中国国内外給与の課税所得額×適用税率-速算控除額）×（当月国内勤務日数÷当月日数）

　中国国内と中国国外の給与の合計額に対する個人所得税のうち、中国国内勤務日数分につき納税する。

　中国滞在期間が暦年で1年未満の場合、中国国内源泉所得に対して課税され、中国国外源泉所得は課税されない。これに対し、次の③及び④の滞在期間の場合には、中国国外を源泉とする給与所得も課税の対象となる。

③中国滞在期間が1年以上5年以下の場合

　個人所得税額＝（当月中国国内外給与の課税所得額×適用税率-速算控除額）×［1-（当月中国国外支払給与÷当月中国国内外支払給与総額）×（当月中国国外勤務日数÷当月日数）

　中国国内と中国国外の給与の合計額に対する個人所得税のうち、中国国外払い

の中国国外を源泉とする給与以外の部分につき納税する。

中国国外を源泉とする給与を取得する日本本社の職務も兼任する出向者などが、中国国外で勤務する場合はこの公式を適用する。

④中国滞在期間が5年超の場合

個人所得税額＝当月中国国内外給与の課税所得額×適用税率-速算控除額

中国滞在期間が連続5年超の場合には、中国国内及び中国国外を源泉とする全ての給与所得に対し納税する。このほか、中国滞在期間が連続5年超の場合には、日本で収入する不動産賃貸料の所得など、中国国内及び中国国外で発生した全ての所得（いわゆる全世界所得）が課税の対象となり、10種類の所得区分に応じた税率により課税される。

(5) 董事、監事の個人所得税

現地法人の董事（＝取締役）、監事（＝監査役）が董事報酬、監事報酬を取得する場合には、賃金給与所得ではなく、役務報酬所得として20％の税率が適用されることとなっているが、2009年8月に公布された「個人所得税の若干の政策執行問題を明確にする通知（国税発［2009］121号）」により、関連会社を含む会社に雇用されているものが董事或いは監事を兼任する場合は、給与とは別に董事報酬、監事報酬があったとしても、賃金給与所得として課税されることが明確となった。現地法人の董事や監事は、日本本社の役員等が兼任し董事報酬や監事報酬がないケース、或いは現地法人の総経理等が董事や監事を兼任し、総経理等の職務についてのみ給与を取得しているケースが一般的であるため、納税方法は従来と変わらない場合が多いと思われるが、この規定により、日本本社の役員等が兼任するケースで中国滞在日数が暦年183日以内の場合には、短期滞在者の免税の対象となることが明確になったといえる。

(6) 申告納税

源泉徴収義務者である賃金給与を支払う者若しくは納税義務者である個人が、毎月、賃金給与所得に対する納税額を計算し、翌月15日以内に申告及び納税を行う。但し地域によっては申告納税期限が異なることもある。

毎月の申告以外に、年間の所得が12万元以上の者などは、年に1度、翌年の3月末日までに年間の所得につき自己申告を行う必要がある。ただし、これは高額所得者の把握や納税漏れなどを確認するためのものであり、日本の確定申告とは趣旨が異なる。

Ⅵ. 駐在員事務所に対する課税

　中国への進出形態の一つに駐在員事務所（中国語で「外国企業常駐代表機構」）の開設がある。駐在員事務所は、直接的な営業活動は行うことができず、本社のために情報収集、市場調査、連絡業務などの補助的業務を行う組織である。
　そのため駐在員事務所には収益は発生せず、収益に対する課税はされないのが本来であるが、実際にはこれらの補助的業務の範囲を超えて活動している駐在員事務所も存在しており、多くの駐在員事務所が企業所得税と営業税を納税している。
　また、これまで免税とされていた駐在員事務所についても、2010年2月20日公布、2010年1月1日施行の「外国企業常駐代表機構の税収管理暫定弁法（国税発〔2010〕18号）」により、今後の企業所得税の免税申請は受理せず、これまで免税となっていた駐在員事務所も課税の方向で調整を行おうとしている。
　この税収管理暫定弁法により、企業所得税の課税方式は次の3種に区分され、営業税についてもこの収入額に基づいて課税される。

（1）実質所得課税方式
　正確に課税収入と課税所得額を求められる場合は、その課税所得額により企業所得税を納税する。しかし一般的な駐在員事務所は収入が発生しないため、この方式が採れる駐在員事務所は非常に限定されると思われる。

（2）経費課税方式
　経費の支出は正確に測定できるが、収入或いは原価費用は正確に測定できない場合は、次の公式により収入額と企業所得税額を求める。今後開設される駐在員事務所の大部分はこの方式を採用すると思われる。
　収入額＝当期経費支出額÷（1-査定利益率-営業税税率）
　企業所得税額＝収入額×査定利益率×企業所得税率
　なお、査定利益率は15％以上と規定されている。例えば、経費支出額8万元、査定利益率を15％、営業税税率を5％とすると、収入額、企業所得税額、営業税額は次のように計算される。
　収入額＝80,000元÷（1-0.15-0.05）＝100,000元

企業所得税額＝100,000元×15％×25％＝3,750元
営業税額＝100,000元×5％＝5,000元

(3) 収入課税方式

収入は正確に測定できるが、原価費用は正確に測定できない場合は、次の公式により収入額と企業所得税額を求める。

企業所得税額＝収入額×査定利益率×企業所得税率

この方式も収入を正確に測定できることが条件となるため、この方式を採用できる駐在員事務所は非常に限定されると思われる。

この税収管理暫定弁法により、駐在員事務所が企業所得税の免税を享受できることは困難となったが、連絡業務などの補助的業務のみを行う駐在員事務所については、次節（租税条約）で記載している、恒久的施設に含まれないものと税務局に認められた場合には企業所得税は課されない。ただし、実務上、税務局から恒久的施設ではないと認定を受けるのは困難であることが予想される。

Ⅶ. 租税条約

二重課税の回避と脱税を防止することを目的に、日本と中国の間では、「所得に対する租税に関する二重課税の回避及び脱税の防止のための日本国政府と中華人民共和国政府との間の協定」（以下、日中租税条約）が、中国と香港の間では、「所得に対する租税に関する二重課税の回避及び脱税の防止のための内地と香港特別行政区との間の取り決め」（以下、中港租税協定）が締結されており、ここで取り決められている取り扱いは、国内法に優先されるのが原則である。

適用の対象となる税金は、日本は所得税、法人税、住民税、中国は個人所得税、企業所得税、香港は事業所得税、給与所得税、資産所得税であり、日本の消費税、中国の増値税や営業税などの流通税は対象とならない。主要な項目は次の通りである。

(1) 恒久的施設

租税条約では、一方の国の企業の事業所得の利得に対する課税に関して、その企業が他方の国にある恒久的施設を通じてその他方の国において事業を行わなけ

ればその他方の国では課税されない、と規定されている。これが「PEなければ課税せず」といわれているもので、非居住者である日本の企業が中国国内で何らかの活動をする場合には、恒久的施設（PE:Permanent Establishment）に該当するか否かが重要となる。

恒久的施設とは、事業を行う一定の場所であって企業がその事業の全部又は一部を行っている場所のことをいい、日中租税条約では、恒久的施設に含まれるものと含まれないものについて次のものが挙げられている。

①恒久的施設に含まれるもの

事業の管理の場所、支店、事務所、工場、作業場、鉱山、石油又は天然ガスの坑井、採石場その他天然資源を採取する場所、六箇月を超える建築工事現場又は建設、組立工事若しくは据付工事若しくはこれらに関連する監督活動、連続する12ヶ月間に連続或いは累計で6ヶ月を超えるコンサルティング役務活動を行なうこと、従属的な地位にある者を代理人として継続して契約締結や注文取得を行うこと。

②恒久的施設に含まれないもの
- (a) 企業に属する物品又は商品の保管、展示又は引渡しのためにのみ施設を使用すること。
- (b) 企業に属する物品又は商品の在庫を保管、展示又は引渡しのためにのみ保有すること。
- (c) 企業に属する物品または商品の在庫を他の企業による加工のためにのみ保有すること。
- (d) 企業のために、物品若しくは商品を購入しまたは情報を収集することのみを目的として、事業を行う一定の場所を保有すること。
- (e) 企業のために、その他の準備的または補助的な性格の活動を行うことのみを目的として、事業を行う一定の場所を保有すること。

中港租税協定における恒久的施設の規定もほぼ同様の内容であるが、恒久的施設に含まれるものとして挙げられている、「連続する12ヶ月間に連続或いは累計で6ヶ月を超えるコンサルティング役務活動」については、中港租税協定では6ヶ月ではなく183日とされており、ひと月に1日でもコンサルティング役務活動を行えば1ヶ月とカウントされる日中租税条約とは内容が若干異なっている。

(2) 配当

配当に対する源泉税率は、日中租税条約では10%を超えないものとされているのに対し、中港租税協定では、25%以上の持分を直接所有している場合は5%、その他は10%を超えないものとなっている。このため、配当に関しては香港からの投資のほうが日本からの投資に比べ有利といえる。

(3) 利子

利子に対する源泉税率は、日中租税条約では10%を超えないものとされているのに対し、中港租税協定では7%を超えないものとなっている。

(4) 使用料

使用料に対する源泉税率は、日中租税条約では10%を超えないものとされているのに対し、中港租税協定では7%を超えないものとなっている。

ここで使用料とは、文学上、美術上若しくは学術上の著作物の著作権、特許権、商標権、意匠、模型、図面、秘密方式若しくは秘密工程の使用若しくは権利の対価として、産業上、商業上若しくは学術上の設備の使用若しくは使用の権利の対価として、または産業上、商業上若しくは学術上の経験に関する情報の対価として受領するすべての種類の支払金をいう。

(5) 短期滞在者の給与

次の3つの条件を満たす場合には、一方の国の居住者が他方の国における勤労による報酬を得たとしても、他方の国において個人所得税を納税しなくてよいこととなっている。国内法では①の条件は90日であるが日中租税条約では183日とされている。一方の国を日本、他方の国を中国とすると3つの条件は次のようになる。

①中国滞在期間が、暦年で年間183日以内であること。
②報酬が中国国外の雇用主またはこれに代わる者から支払われるものであること。
③報酬が雇用者の中国国内の恒久的施設または固定的施設によって負担されるものでないこと。

中港租税協定においても短期滞在者の給与について同様の規定があるが、①の滞在期間の183日は暦年基準ではなく、継続する12ヶ月のうち、連続或いは累計の滞在期間が183日以内であることと規定されている。

第3節　上海進出に際して会計税務面から留意すべき事項

1. 外高橋保税区の税金補助措置

　外高橋保税区内に登録されている企業については、下記の優遇措置が設けられている。なお、ここでは過去に設立された企業に対する優遇措置は割愛している。

(1) 貿易型企業の場合（2006年1月1日以後設立の場合）
　　増値税……当初2年は総額の15％、その後は総額の7.5％
　　企業所得税……当初2年は総額の24％、その後は総額の12％
(2) 倉庫物流型企業の場合（2006年1月1日以後設立の場合）
　　営業税……1年目は総額の60％、その後2年は総額の30％
　　企業所得税……当初1年は総額の24％、その後2年は総額の12％
　⇒　上記金額が翌年の確定申告以後に補助金として各企業に入金されることとなる。但し、これはあくまでも税務上の還付制度ではなく、外高橋保税区の補助制度であるため、会計処理上も「営業外収入」として処理することとなるので注意が必要である。現行制度は、第十一次5ヵ年計画期間において外高橋保税区管理委員会が定めた補助政策によるものであるが、第十二次5ヵ年計画期間（2011〜2015年）においても同程度の内容にて継続が見込まれている。

2. 会計処理のアウトソース

　上海地域に進出している貿易型企業において、会計処理をアウトソースするケースが多い。その内容について、以下において説明する。

(1) 背景
・最小限のコスト・人員構成とするため
　会計業務において、「会計従事者資格」を有する「出納」・「財務責任者」の2人を設置することが財政局の通知によって要求されている。しかし、貿易型企業

の場合、とくに設立当初は少人数でスタートすることが多く、会計業務にそれだけの人数・コストをかけられないという状況がよく見受けらる。
・アウトソースすることにより、会計業務のブラックボックス化を防ぐ
　また、そもそも会計業務は専門知識の有無が内容の理解度を大きく左右するため、駐在員を置かない、もしくは営業に特化した駐在員が管理者となることも多い現状では会計業務がブラックボックスとなることも多く、会計業務に従事するスタッフの管理をどのように行うのか、牽制機能をどのように持たせるのか、に苦心されている企業が多いのが実状である。
・貿易型企業の会計処理はアウトソースしやすい
　また、製造型企業に比べ、会計処理がパターン化しやすく、アウトソースに適しているという要因もある。

　上記のような背景から、会計処理のアウトソースが普及しているといえる。

(2) 会計処理のアウトソースイメージ

①社内の出納・会計・税務関連業務		②社内の出納・税務関連業務		③アウトソーシング業務
出納・会計関連業務	小口現金管理	出納関連業務	小口現金管理	会計関連業務
	銀行での入出金		銀行での入出金	
	国外取引に関する手続		国外取引に関する手続	
	領収書整理		領収書整理	
	在庫表の作成		在庫表の作成	
	給与明細の作成		給与明細の作成	
	会計ソフトへの入力			会計ソフトへの入力
	税務申告			税務申告
	伝票の装丁			伝票の装丁
	日本向翻訳資料の作成			日本向翻訳資料の作成
	税務担当者からの連絡対応			税務担当者からの連絡対応
税務関連業務	発票の購入	税務関連業務	発票の購入	税務関連業務
	発票の発行		発票の発行	
	発票の認証		発票の認証	
	輸入増値税の還付手続		輸入増値税の還付手続	
	年度監査報告書の作成			年度監査報告書の作成
	企業所得税の確定申告			企業所得税の確定申告
	合同年検			合同年検
	(年間12万元以上)個人所得税の確定申告			(年間12万元以上)個人所得税の確定申告

(①→②＋③：分解)

上記表の見方は、社内の出納・会計・税務関連業務全体を①とした場合に、アウトソース後も依然社内業務として必要な業務②とアウトソース可能な業務③に分かれる形となる。

　上記のとおり、アウトソース後も完全に社内業務が無くなる訳ではないこと、また税務関連業務における発票の管理についても、重要な証拠書類であるため、適正に管理されることが必要である。したがって、専任でなくとも、担当者を決め、適正に運営していく必要があることには変わりはない。

第4節　最新IFRS事情

1．IFRSとは～その歴史と導入された背景～

(1) 国際会計基準（IFRS）とは？

　「IFRS」（= International Financial Reporting Standards）とは、国際的に統一して用いられる会計基準であり、「国際財務報告基準」または「国際会計基準」と訳されている。「IFRS」は会計基準の"世界標準"であり、また当該基準の設定主体はIASB（国際会計基準審議会）という組織が担っている。会計制度に限らず、各国の制度は長い歴史や文化、国民性といったものに根ざしており、"世界標準"にすればいいのか？　という議論はあって然るべきだが、当該議論はここでは割愛している。

　それでは、何故「IFRS」が声高に叫ばれるようになったのだろうか？　ひと言でいえば、下記のような関係である。

企業活動・資本のグローバル化
↓
ステークホルダー（企業の利害関係者）
のグローバルな広がり
↓
統一的に企業活動を図る尺度の
必要性の高まり

端的な例としては、現在東京証券取引所に上場されている株式の売買高は外国人株主が半数占めているといわれている。俗に「外国人売り」とか「外国人買い」といわれるものである。このような環境下で、日本だけが独自の会計基準に拘っていることは出来なくなってきていることも事実である。

(2) 独自路線を歩んでいた日本と米国

現在、主要先進国の間でIFRSを採用していないのは日本と米国のみである。しかし、2015年以降には日本も米国もIFRSへ移行する可能性が高いと考えられている。(2011年6月21日、金融担当大臣は記者会見を行い、IFRSの強制適用時期について、少なくとも2015年3月期についての強制適用は考えておらず、仮に強制適用する場合であってもその決定から5-7年程度の十分な準備期間の設定を行うことを明らかにしている。)

世界の資本市場上位にて採用されている会計基準

米国	米国基準	ドイツ	IFRS
日本	日本基準	香港	IFRS
英国	IFRS	スペイン	IFRS
フランス	IFRS	スイス	IFRS
カナダ	2011年IFRS全面受入れ	豪州	IFRSまたは米国基準

各国におけるIFRSへの移行状況

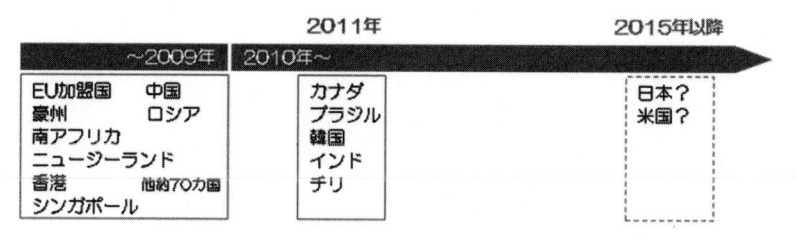

~2009年	2010年~	2011年	2015年以降
EU加盟国　中国 豪州　　　ロシア 南アフリカ ニュージーランド 香港　　他約70カ国 シンガポール		カナダ ブラジル 韓国 インド チリ	日本？ 米国？

FASB・・・米国財務会計基準審議会（米国の会計基準の設定主体）
　　　　　［Financial Accounting Standards Board］
ASBJ・・・企業会計基準委員会（日本の会計基準の設定主体）
　　　　　［Accounting Standards Board of Japan］
IASB・・・国際会計基準審議会（国際会計基準の設定主体）
　　　　　［International Accounting Standards Board］

米国は、2002年に米国基準とIFRSとの差異を減らす「コンバージェンス（収斂）」の方向性を打ち出した（ノーウォーク合意）が、後に「アダプション（適用）」へ方向転換している。

　一方、日本だが、相変わらず動きは遅いものの「東京合意」（2007年）においてコンバージェンスの方向を示し、アダプションについても経団連、金融庁において検討が進められている。そして米国が2011年に行う「強制適用に関する判断」を踏まえて、2012年にも同様の判断を行うことが予定されている。今後のスケジュールに関しては下表を参照。

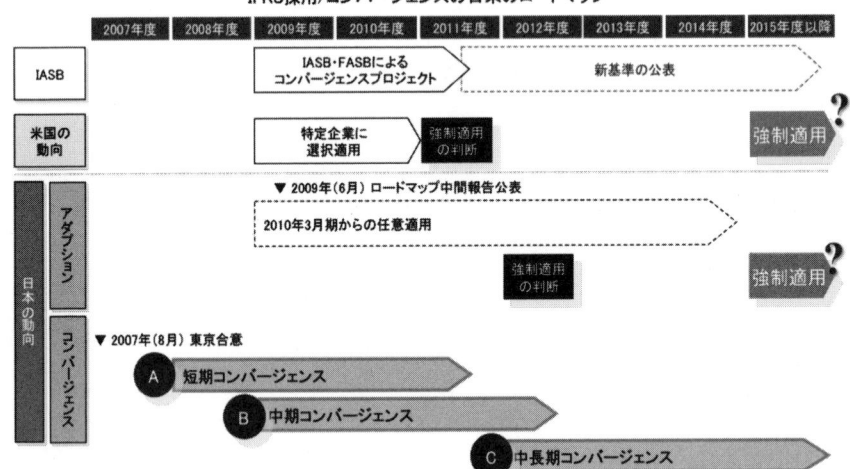

IFRS採用/コンバージェンスの日米のロードマップ

	2007年度	2008年度	2009年度	2010年度	2011年度	2012年度	2013年度	2014年度	2015年度以降
IASB			IASB・FASBによるコンバージェンスプロジェクト			新基準の公表			
米国の動向			特定企業に選択適用		強制適用の判断				強制適用?
日本の動向（アダプション）		▼2009年(6月)ロードマップ中間報告公表	2010年3月期からの任意適用			強制適用の判断			強制適用?
日本の動向（コンバージェンス）	▼2007年(8月)東京合意	A 短期コンバージェンス							
		B 中期コンバージェンス							
					C 中長期コンバージェンス				

＜用語解説＞

● コンバージェンス
・自国基準の開発は継続するが、自国基準とIFRSの差異をなくしていくこと
・「自国固有の問題に対応可能」というメリットがある反面、以下のデメリットがある
　「企業間比較の困難性」
　「ダブルスタンダードによる資金調達の困難性」
　「永久的なIFRS変更への追随」

● アダプション
・IASBで開発したIFRSを採用すること

・以下の検討課題が残されている

　IFRSが適用される財務諸表の範囲（連単統一vs.連単分離）

　IFRSが適用される対象企業の範囲（上場企業vs.非上場企業、任意適用vs.強制適用）

（3）日本における対応状況～コンバージェンス

　欧州委員会（EC）から委任を受けた欧州証券規制当局委員会（CESR）は、2005年に日本の会計基準とIFRSとの同等性に関する技術的評価を完了した。その結果は、全体的に同等性はあるとしながらも25項目については追加開示が必要であり、また1項目については将来の検討課題であるとECに助言した。日本基準がEUで使えなくなる、ひいては世界的に会計基準として適用できなくなるという危惧から、以下のようにコンバージェンスを進めてきた。

表1-1

開示レベル		項目	
A	1	株式報酬（ストックオプション）IFRS第2号	IFRS第2号
	2	少数株主持分・部分時価評価	IFRS第3号
	3	段階的な株式の取得による企業結合の会計処理	IFRS第3号
	4	異常危険準備金	IFRS第4号
	5	工事売上（工事完成基準）IAS第11号	IAS第11号
	6	不良債権および関連する繰延税金資産	IAS第12号 30号
	7	資産除去債務	IAS第16号
	8	従業員退職給付	IAS第19号
	9	在外子会社ののれんの換算	IAS第21号
	10	デリバティブの公正価値開示	IAS第32号
	11	減損損失の戻入れ禁止	IAS第36号
	12	資産廃棄費用引当	IAS第37号
	13	投資不動産	IAS第40号
	14	株式報酬（ストックオプション）	IFRS第2号
	15	株式交換による企業結合の対価の測定日	IFRS第3号
	16	パーチェス法による被買収企業の研究開発プロジェクトの評価	IFRS第3号
	17	負ののれん	IFRS第3号

B	18	後入先出法および評価方法としての原価法	IAS第2号
	19	持分法適用関連会社との会計方針の統一	IAS第28号
	20	資産の減損・割引前キャッシュフローによる判定テスト	IAS第36号
	21	開発費の資産化禁止	IAS第38号
	22	農業会計	IAS第41号
補足財務状況	23	持分プーリング法	IFRS第3号
	24	連結範囲	IAS第27号
	25	連結会社内の会計方針の統一	IAS第27号
将来検討課題		金融商品	IAS第39号

国際財務報告基準……IFRS：International Financial Reporting Standards
国際会計基準……IAS：International Accounting Standards
開示レベルA……すでに日本基準で提供されている開示情報に追加して必要な補完説明

開示レベルB……当該事象または取引を仮にIFRSによって会計処理した場合の影響額の開示。影響額として、発行会社の損益または株主持分に関する差異の総額および税効果考慮後の純額を開示。

補足財務情報……主要財務諸表において表示されている金額を修正することにより、特定項目に関するIFRSとの同等性の欠如を調整することを目的として作成されるプロフォーマ財務諸表。

表1－2

短期コンバージェンス：
2008年度までに下記の会計基準が公表され、2008年度から2010年度にかけてこの基準が適用される。

時期・期日	改正日本基準
2008年度までに改正基準適用済み	ストックオプションの費用化 棚卸資産評価（強制低価法） 会計方針の統一（在外子会社を含む）
2009年4月以降適用開始	従業員退職給付（期末割引率） 金融商品の時価開示 投資不動産の時価開示

| 2010年4月以降
適用開始 | 棚卸資産評価（後入先出法の禁止）
企業結合会計
会計方針の統一（関連会社）
M&Aで取得した仕掛研究開発費の資産計上
資産除去債務 |

中期コンバージェンス：
2011年6月30日までに下記の会計基準が公表される。

時期・期日	改正日本基準
2010年4月以降 適用開始	セグメント情報
2011年4月以降 適用予定	過年度遡及修正 - 会計方針の変更 - 誤謬の修正
2012年度 適用予定	廃止事業の開示 企業結合 - のれんの非償却 - のれんの減損 - 支配獲得時または喪失時の会計処理

中長期コンバージェンス：
2011年6月30日以後に下記の会計基準が公表される。
特に、2011年、2012年に公表が集中すると見込まれる。

時期・期日	改正日本基準
未定 （2011年7月以降）	財務諸表の表示（包括利益計算書、CF表） 収益認識 連結の範囲 無形資産 退職給付 リース 負債と資本の区分 金融商品会計 - 金融商品の4分類 - 公正価値測定 - 金融商品の認識の中止 - ヘッジ会計 - デリバティブ

(4) まとめ

　これまで見てきたように、IFRSの成立の歴史や導入に至る背景はどちらかというとEU主導で進められてきた。これはユーロという人類史上初めての共通通貨の導入に自信を得た欧州共同体が、企業会計の尺度である会計基準も"世界標

準"として獲得したことを意味している。

2．想定インパクト

　企業においては、IFRSの採用によって単に会計処理の方法だけに留まらず、広範囲に影響を及ぼすと想定され、その影響や導入負担の大きさは「J-SOX」以上とも言われている。

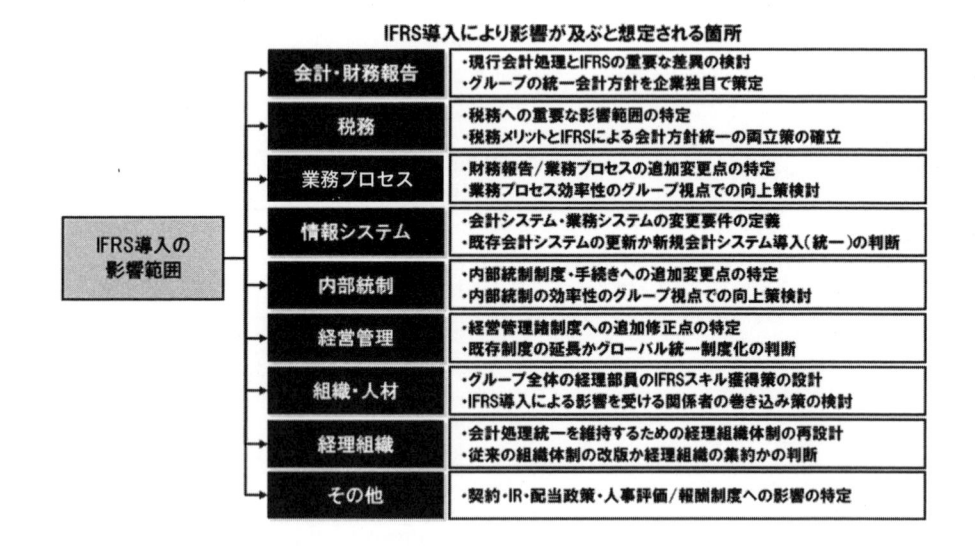

IFRS導入により影響が及ぶと想定される箇所

IFRS導入の影響範囲	項目	内容
	会計・財務報告	・現行会計処理とIFRSの重要な差異の検討 ・グループの統一会計方針を企業独自で策定
	税務	・税務への重要な影響範囲の特定 ・税務メリットとIFRSによる会計方針統一の両立策の確立
	業務プロセス	・財務報告/業務プロセスの追加変更点の特定 ・業務プロセス効率性のグループ視点での向上策検討
	情報システム	・会計システム・業務システムの変更要件の定義 ・既存会計システムの更新か新規会計システム導入(統一)の判断
	内部統制	・内部統制制度・手続きへの追加変更点の特定 ・内部統制の効率性のグループ視点での向上策検討
	経営管理	・経営管理諸制度への追加修正点の特定 ・既存制度の延長かグローバル統一制度化の判断
	組織・人材	・グループ全体の経理部員のIFRSスキル獲得策の設計 ・IFRS導入による影響を受ける関係者の巻き込み策の検討
	経理組織	・会計処理統一を維持するための経理組織体制の再設計 ・従来の組織体制の改版か経理組織の集約かの判断
	その他	・契約・IR・配当政策・人事評価/報酬制度への影響の特定

　具体的な想定インパクトとしては、下記のようなものが考えられる。

● ITおよびデータシステム
　－2つの財務諸表（IFRSおよび日本基準）を作成するだけの能力を有するセキュリティおよび信頼性のあるシステムの必要性
　－開示および表示の内容変更に伴い新たなデータ収集の必要性
　－取引の測定および評価、ならびに取引の認識および認識中止の自動化を促進する機会をもたらす
● 経営者や従業員の報酬プラン
　－利益にリンクした業績評価制度促進の可能性

- IFRS対応人材の不足に伴う主要財務報告関連人材の人件費およびリテンション策の見直し

● 外国為替およびヘッジ活動
  - 基準要件変更に伴い許容されるヘッジ対象およびヘッジ手段の見直しの必要性
  - 金融商品等の認識中止の基準が基本的に相違している

● 法人税等
  - 繰延税金計算への影響
  - 税務戦略への影響

● 財務指標や財務制限条項
  - 公正価値ベース基準から生じる各種財務指標のボラティリティの増大
  - B/S、P/Lの変更から生じる財務制限条項の見直し

● 業務プロセスや内部統制
  - 業務プロセスや内部統制の見直し・変更の必要性、およびそれに伴う制度対応
  - IFRSベースでの会計方針/会計処理マニュアルの策定と保守
  - IFRSベースでの強化された開示内容に対する開示コントロールや手続の見直しの必要性

● IRおよび資本市場
  - IFRSで採用した会計方針の正当性や変更に伴う影響額を従来以上に説明することが必要
  - 財務数値の変化やボラティリティ増大を説明するための戦略的コミュニケーションの必要性

● 管理会計報告
  - 移行期間における変化を明確に理解する必要性、および中長期の戦略計画の見直し
  - 新しい財務指標、資産/負債の認識、認識中止要件、測定/評価基準に基づく予算や財務予測プランの見直しの必要性

● 配当政策
  - 配当政策見直しの必要性

それでは、2015年からIFRSが強制適用（2010年から任意適用も可）になった場合、どのような影響があるだろうか？　主要な取引（会計処理の項目）ごとにそのインパクトをまとめてみた。

表2

会計処理の項目	IFRS	日本基準	相違点の解説	影響を受ける業種
収益認識基準の変更（物品の販売）	検収基準	出荷基準 引渡基準 検収基準等	・IFRSでは、物品の販売について所有に伴う重要なリスクと経済価値の双方が実質的に移転された時点で収益を認識する。 ・日本基準では、実現主義の下で実務的には「出荷基準」、「引渡基準」、「検収基準」等が選択適用されている。	・製造業全般
収益認識基準の変更（ポイント制度など）	収益の繰延	費用計上	例）1000円の買物をしたお客様に100円分のポイントを付与した場合 ・日本基準では、1000円の売上とポイント引当金として100円の費用計上する。 ・IFRSでは、900円の売上しか認められず、100円部分はポイント実行時まで繰延収益とする。	・小売業全般（ポイントカード） ・航空会社（マイレージ） ・通信会社（携帯端末）
会計方針の自発的変更 会計上の見積の変更 過年度の誤謬の修正	過年度財務諸表の修正 将来に向けて修正 過年度財務諸表の修正	影響額の注記 同左 前期損益修正として判明した年度の損益計算書に計上	・日本基準も2011年4月1日以降の開始事業年度からIFRSとほぼ同様の内容で基準が適用予定。	・全業種

項目	IFRS	日本基準	概要	影響を受ける業種
適格資産の借入費用	資産計上	費用計上	・IFRSでは、適格資産の取得等に関する借入費用（支払利息等）は、資産計上。 ・日本基準では、一部の不動産開発を除いて原則として費用処理する。 ＊適格資産とは、意図した使用又は販売が可能となるまでに相当の期間を有する資産。 例）製造プラント、発電設備等	・不動産開発業 ・大型プラントを必要とする企業
無形資産	原価モデル 再評価モデル 開発費は資産計上	原価モデル 開発費は費用計上	・IFRSでは、日本基準にない「再評価モデル」の選択適用が認められている。「再評価モデル」とは、無形資産を公正価値で再評価するモデルである。 ・IFRSでは、開発費のうち一定の要件を満たすものを資産計上するが、日本基準では原則として費用計上。	・製薬会社 ・自動車メーカー
有形固定資産	原価モデル 再評価モデル	原価モデル 実務上は税法基準	・IFRSでは、日本基準にない「再評価モデル」の選択適用が認められている。 ・IFRSでは、減価償却方法、耐用年数、残存価額を毎期見直す必要がある。 ＊減価償却は将来の経済的便益の予測消費パターンを反映する必要がある。	・全業種
引当金	債務性引当金のみ 有給休暇引当金	債務性引当金 非債務性引当金	・IFRSでは非債務性引当金の計上は認められないが、日本基準では認められている。 ＊非債務性引当金・・・例）修繕引当金、特別修繕引当金 ・IFRSでは、来期に繰越される有給休暇引当金を当期の費用として計上することが必要。	・全業種

外貨換算	機能通貨 表示通貨	円貨と外貨	・IFRSでは機能通貨、表示通貨という概念を持つが、日本基準にはそのような概念はない。 ＊機能通貨・・・企業の経営上主たる経済指標となる通貨（例：石油販売企業におけるドル）。 ・表示通貨・・・財務諸表で表示される通貨。	・全業種－海外拠点を有する企業
セグメント情報の開示	マネジメントアプローチ	事業部別等	・IFRSでは、マネジメントアプローチによる事業セグメントの識別、開示を要求している。 ＊経営者の意思決定や業績評価に使用される情報に基づく開示方法である。 ・日本基準も2010年4月1日以降に開始する事業年度より上記方法が採用されている。	・全業種－特に多品種の製造業
連結財務諸表	経済的単一体説	親会社説	・IFRSでは、支配の判断に際して潜在的議決権を考慮するが、日本基準では考慮しない。 ・IFRSでは、連結除外対象は無く全ての子会社を連結するが、日本基準では連結除外規定が存在する。 ・IFRSでは、実務上可能な限り、子会社の決算日は親会社の決算日に合わせる必要がある。	・全業種 例）親会社3月決算 中国子会社12月決算

3. 中国におけるIFRS

（1）日系企業ではすでに2008年度から始まっている

　第4章第1節の「4.日本における連結」においても述べたが、日本における在外子会社の財務諸表の連結について、2008年4月1日以降に開始する連結会計年度に係る連結財務諸表からは原則として親会社と子会社の間で会計基準の統一が求められることとなった。ただし、在外子会社の財務諸表がIFRSまたは米国会計基準に準拠して作成されている場合には当面はそれらを連結決算手続に利用することを認めるとされている。よって、中国の現地法人の連結にあたっては、

NY証券取引所に上場している日本企業の中国現地法人は米国会計基準、それ以外の上場会社の中国現地法人はIFRSに準拠した財務諸表に組み替えているのが現状となっている。すなわち、多くの日本で上場している企業の中国現地法人は、中国基準により作成した財務諸表をIFRSに準拠した財務諸表に組み替えているのである。その理由としては、①グローバルに展開している企業の海外拠点では、IFRSの方が日本基準より認知度が高い。②日本基準自体がIFRSに近づいている、もしくは日本でIFRSが強制適用になる可能性が高い、などが挙げられる。

(2) 中国のIFRS導入状況

第4章第1節の「4.日本における連結」においても述べたが、2006年に新たな「企業会計準則」（以下、「新準則」とする）が制定されている。これは、中国政府（財政部）が「IFRS」へのコンバージェンス戦略を進めたためである。よって、「新準則」は「IFRS」に近いものとなっている。現在も、引き続きコンバージェンスを進めており、中国政府（財政部）は2010年より準則体系の改訂業務を開始し、2011年に完成するよう努めている。なお、CESR（欧州証券規制当局委員会）は、「IFRS」へのコンバージェンス戦略をとる「新準則」の実施状況をモニタリングしており、2011年までに「IFRS」との同等性を判断することを公表している。

このように、中国も日本と同様に「IFRS」の全面適用までは至っておらず、また上場企業以外では、「旧準則」と「新基準」のダブルスタンダードとなっているのが現状である。

いずれにせよ「発票主義」が根強く残る中国の会計実務においては、「新準則」も「IFRS」も十分機能しているとは言えない。この点に関しては、問題は下記の二点に集約されると言える。

－企業会計（＝企業の経済活動）に対する税務当局の無理解
－企業会計＝税務申告目的と思っている会計担当者の認識不足、あるいは会計担当者に対する指導不足

企業会計と税務（＝国家主権）の乖離はどこの国でもあることで、どのような会計基準を採用しようとも乖離は必ず発生する。そのため、会計担当者に企業会計≠税務申告の意識を持たせることが肝要である。

(3)「新準則」と「IFRS」との相違

　前述のように、中国政府は国際会計基準を相当意識した制度改革を行ってきた。この点、経営範囲や財務活動、投資活動を大幅に制限された外資系企業に適用される範囲内においては、両者の差異は実務上ほとんどないと考える。個別の相違点は、下記のとおりである。

　なお、世界四大会計事務所（PwC、KPMG、EY、DTT）は、中国の「新準則」を「国際会計基準に似て非なるもの」と位置づけ、「新準則」に準拠して作成された財務諸表を国際会計基準と同等なものとは認めていない。今後、両者に対する調整が待たれるところである。

表3

	企業会計準則	関連する国際会計基準	両者の相違 （企業会計準則：準則、国際会計基準：基準）
	基本準則	財務諸表の作成と表示に関するフレームワーク	重要な相違はない
	具体準則	国際財務報告基準（IFRSs） 国際会計基準書（IASs）	中華人民共和国企業会計準則
1号	棚卸資産	IAS2号　棚卸資産	①準則では、標準原価と売価還元法がない ②基準では、包装物、消耗品に関する費用化の方法が、個別に規定されていない
2号	長期持分投資	IAS27号　連結および個別財務諸表 IAS28号　関連会社に対する投資 IAS31号　JVに対する持分 IAS39号　金融商の認識および測定	①準則では、個別財務諸表上の関連会社に対して一律に持分法を適用 ②準則では、JVに対して一律に持分法が適用 ③準則では、共同支配下の企業結合により取得した場合の当初測定に関して明確に規定 ④準則では、持分法適用時の会計期間の相違について、例外的な取扱の規定がない ⑤準則では、持分法の処理方法において未実現利益の消去に関する明確な規定がない
3号	投資不動産	IAS40号　投資不動産	①準則では、事後測定は原則は原価モデルであり、公正価値モデルも容認されている ②基準では、公正価値モデルを採用している場合の振替時の処理に若干の相違
4号	固定資産	IAS16号　有形固定資産	①準則では、事後測定において再評価モデルの採用が認められていない②基準では、売却予定の固定資産について、帳簿価額と公正価値のいずれか低い方

5号	生物資産	IAS41号　農業	省略
6号	無形資産	IAS38号　無形資産	①準則では、事後測定において再評価モデルの採用が認められていない ②基準では、売却予定の無形資産について、帳簿価額と公正価値のいずれか低い方
7号	非貨幣資産の交換	IAS16号　有形固定資産 IAS38号　無形資産 IAS40号　投資不動産	基準では、非貨幣資産の交換について独立した規定はないが、両者について重要な差異はない
8号	資産の減損	IAS36号　資産の減損	①準則では、のれんの配分方法について、公正価値または帳簿価額の比率により配分 ②準則では、減損の戻入は認められていない
9号	従業員給与報酬	IAS19号　従業員給付	①準則では、短期有給休暇の引当計上について明確にされていない ②準則では、退職後給付について明確にされていない
10号	企業年金基金	IAS26号　退職給付制度の会計および報告	省略
11号	株式報酬	IFRS2号　株式報酬	①準則では、株式報酬はサービス提供の対価として利用されることが前提 ②準則では、対価として交付される金融商品が自社株のみに限定 ③準則では、株式報酬取引、付与条件変更の取扱いについて規定されていない
12号	債務再編	IAS39号　金融商品の認識と測定	基準には、債務再編について独立した規定はなく、IAS39号の関連規定に従い、処理されるが、両者について重要な差異はない
13号	偶発事象	IAS37号　引当金、偶発債務および資産	準則では、リストラ費用の発生を見積負債として外部に公表することが認識要件の一つになっている
14号	収益	IAS18号　収益	準則では、配当収益の認識基準が規定されていない
15号	工事契約	IAS11号　工事契約	準則では、契約を締結するために発生する関連費用は工事原価ではなく当期損益に計上
16号	政府補助金	IAS20号　政府補助金の会計処理および政府援助の開示	①準則では、資産に関連する政府補助金について、繰延収益として計上する方法のみ ②準則では、上記繰延収益は関連資産の耐用年数で均等に配分することを要求
17号	借入費用	IAS23号　借入費用	①準則では、借入費用の資産化は一定の要件を満たす場合には強制される ②準則では、外貨建て借入金に対する為替差損益は全て資産化の対象とされる ③準則では、資産化の中断期間について連続して3ヶ月を超過する場合と規定されている

18号	企業所得税	IAS12号　法人所得税	準則では、繰延税金資産と繰延税金負債の相殺について規定されていない
19号	外貨換算	IAS21号　外国為替レート変動の影響	①準則では、一定の要件を満たした場合、人民元以外の記帳本位通貨を選択できる ②準則では、所有者持分の換算について取引日レートによることが明記 ③準則では、超インフレ経済下における在外営業活動の財務諸表への換算が明確でない
20号	企業結合	IFRS3号　企業結合	①準則では、共同支配下の企業結合の処理について明確に規定されている ②準則では、非共同支配下の企業結合における原価の配分について、売却目的に区分される非流動資産の認識・測定について規定されていない
21号	リース	IAS17号　リース	①準則では、最低支払リース料総額＝リース期間中の要支払額＋保証される額＋購入選択権の行使に必要な支払額 ②準則では、最低支払リース料総額の現在価値への割引率が入手できない場合リース契約上の利子率を使用する ③準則では、セールス＆リースバックの際の売却価額と帳簿④準則では、オペレーティング・リースにおける貸手に発生し価額の差額は繰延べるた初期費用は発生時に費用処理する
22号	金融商品の認識および測定	IAS39号　金融商品の認識および測定	重要な相違はない
23号	金融資産の移転	IAS39号　金融商品の認識および測定	重要な相違はない
24号	ヘッジ取引	IAS39号　金融商品の認識および測定	重要な相違はない
25号	元請保険契約	IFRS4号　保険契約	省略
26号	再保険契約	IFRS4号　保険契約	省略
27号	石油・天然ガス採掘	IFRS6号　鉱物資産の探査および評価	省略
28号	会計方針、会計上の見積の	IAS8号　会計方針、会計上の見積の変更および誤謬	準則では、過年度の棚卸資産、固定資産の棚卸差益も誤謬に含まれる変更および誤謬の訂正
29号	後発事象	IAS10号　後発事象	重要な相違はない

30号	財務諸表の表示	IAS1号 財務諸表の表示	準則では、売却目的保有に分類された非流動資産を貸借対照表上の資産と区分して表示することは規定されていない
31号	キャッシュ・フロー計算書	IAS7号 キャッシュ・フロー計算書	①準則では、直接法が強制され、間接法を適用した場合は調整項目を注記 ②準則では、短期売買目的で保有する有価証券から生じるれていない ③準則では、受取利息・配当金は投資活動であり、支払利息・配当金は財務活動である ④準則では、企業所得税について、全て営業活動として表示される
32号	中間財務報告書	IAS34号　中間財務報告	①準則では、年度財務諸表と同一の完全な財務諸表を作成しなければならない ②準則では、前年度の財務報告書に親会社の財務諸表が追加して掲載される場合には、当中間財務報告書にも掲載されることが強制される
33号	連結財務諸表	IAS27号 連結および個別財務諸表	①準則では、親会社は例外なく連結財務諸表を作成しなければならない ②準則では、親会社と子会社の会計期間の異なる場合も例外なく会計期間を一致しなければならない ③基準では、共同支配下における連結財務諸表に関して何ら規定されていない
34号	一株当たりの利益	IAS33号 一株当たりの利益	準則では、廃止事業に係る基本的一株当たり利益および希薄化後の一株当たり利益を開示する規定はない
35号	セグメント情報	IAS14号 セグメント別報告	①準則では、複数事業または複数地域で事業を行っている会社は、株式の公開、非公開に拘わらず、セグメント情報はすべて必要とされる ②準則では、複数セグメントで共同使用されている資産の配分に関する規定がない
36号	関連当事者の開示	IAS24号 関連当事者の開示	重要な相違はない
37号	金融商品の表示	IFRS7号 金融商品の開示 IAS32号 金融商品の開示及び表示	重要な相違はない
38号	本準則の初年度適用	IFRS1号　国際財務諸表基準書の初年度適用	重要な相違はない

第5章
移転価格税制

第1節　概要

　中国において移転価格税制の概念が導入されたのは1984年に締結された日中租税条約第9条が最初である。その後国内法としては、1991年に施行された外商投資企業及び外国企業所得税法に規定された。1990年代までは外国からの投資を誘致することが中心であったから、制度は導入しても執行はほとんど行われていなかった。

≪表1≫　中国移転価格税制関連法規

施行時期	法令・通達名	施行日～廃止日
1984年6月	日中租税条約	有効
1991年7月	外商投資企業及び外国企業所得税法 同法実施細則	08年1月1日廃止
1993年1月 1993年8月	租税徴収管理法（2001年5月改正） 同法実施細則（2002年10月改正）	有効
1998年4月	「関連企業間取引税務管理規定（試行）」（国税発［1998］59号）	08年1月1日廃止
2004年9月	関連企業間取引事前確認の実施細則（試行）	08年1月1日廃止
2004年10月	「関連企業間取引税務管理規定（試行）」改正	08年1月1日廃止
2008年1月	企業所得税法 企業所得税法実施条例	有効
2008年1月	企業年度関連者間取引報告表（08年12月公布）	有効
2008年1月	特別納税調整実施弁法（試行）（09年1月公布）	有効
2009年7月	クロスボーダーの関連取引の監視および調査の強化に関する通知（国税函［2009］363号）	有効

　試験的な執行が始まったのは、1998年に公布された「関連企業間取引税務管理規定（試行）」（国税発［1998］59号）以降である。その後、2004年の「関連企業間取引税務管理規定（試行）」の改正以降、本格的な移転価格の執行が始まった。

　2008年1月1日より新しい企業所得税法が施行されたが、企業所得税法改正に伴い「特別納税調整実施弁法（試行）」が公布された。現在では、この「特別納

税調整実施弁法（試行）」が移転価格税制を含む、国際的租税回避行為を規制する基本的な通達となっている。本章では以下「実施弁法」と略す。

第2節　確定申告と移転価格

　すべての企業は決算日後5ヶ月以内(外商投資企業に対しては4月末としているところが多い)に企業所得税の確定申告書を提出しなければならない。移転価格税制に関しては、確定申告書を提出するすべての企業に対し「企業年度関連取引報告表」を添付することを義務付けている（実施弁法第11条）。この表を提出しない企業に対しては、2,000元（約2万4千円）以下または2,000元〜10,000元（約12万円）の科料となる。

　この「企業年度関連取引報告表」とは別に、関連取引高2億元以上など一定要件を満たす企業は「移転価格同時文書」を用意しなければならない。

第3節　企業年度関連者間取引報告表

「企業年度関連者間取引報告表」は、次の9つの表から構成されている。

① 　関連関係表（表一）
② 　関連者間取引総括表（表二）
③ 　仕入販売表（表三）
④ 　役務表（表四）
⑤ 　無形資産表（表五）
⑥ 　固定資産表（表六）
⑦ 　融通資金表（表七）
⑧ 　対外投資情況表（表八）
⑨ 　対外支払金額情況表（表九）

　このうち注意しなければならないのは、関連者間取引総括表（表二）、仕入販売表（表三）、役務表（表四）および対外支払金額情況表（表九）である。
　関連者間取引総括表（表二）には、①今年度規定に基づき同時文書を準備しているか否か、②今年度同時文書の準備を免除されるか、③今年度コストシェアリング契約を締結しているか否か、について「はい」「いいえ」のいずれかをチェックしなければならない。
　また、仕入販売表（表三）、役務表（表四）には移転価格算定方法を記載しなければならない。

第4節　関連者の定義

　関連者は実施弁法第9条で以下の通り8つが規定されている。「企業年度関連者間取引報告表」の中の「関連関係表（表一）」には、A～Hのアルファベットで記入することになる。

A．出資関係
　いずれか一方が他方の持分の25％以上を直接又は間接的に保有する場合、または同一の第三者に25％以上の持分を直接又は間接的に保有される場合。一方の企業が中間者を通して、間接的に他方の持分を保有し、中間者に対する一方の企業の持分比率が25％以上の場合は、他方に対する一方の持分比率は他方に対する中間者の持分比率により計算する。

B．資金貸借関係
　一方の他方（独立の金融機関を除く）からの借入金額が払込資本金の額の50％以上を占める場合、または一方の借入金総額の10％以上が他方（独立の金融機関を除く）の保証を受けている場合。

C．人的支配関係①
　一方の半数以上の高級管理者（董事会メンバー、マネージャーを含む）または少なくとも1名の董事会を支配できる董事会高級メンバーが他方から派遣されている場合、或いは双方の半数以上の高級管理者（董事会メンバー、マネージャーを含む）または少なくとも1名の董事会を支配できる董事会高級メンバーが同一の第三者から派遣されている場合。

D．人的支配関係②
　一方の半数以上の高級管理者（董事会メンバー、マネージャーを含む）が同時に他方の高級管理者（董事会メンバー、マネージャーを含む）を担当する場合、または少なくとも1名の董事会を支配できる董事会高級メンバーが同時に他方の

董事会の高級メンバーを担当する場合。

E. 無形資産を通じた支配関係
　一方の正常な生産経営活動が他方から提供される工業所有権、技術ノウハウ等の特許権に依存している場合。

F. 購買・販売の支配関係
　一方の購買及び販売活動が他方により支配されている場合。

G. 役務提供取引の支配関係
　一方の役務の享受または提供が他方により支配されている場合。

H. その他の支配関係
　一方が他方の生産経営、取引を実質的に支配し、或いはその他の利益上の関係がある場合。本条第1項（上記A）にいう持分比率になっていない場合でも、一方と他方の主な株主が基本的に同じ経済利益を受けている場合及び家族、親族関係などを含む。

第5節　移転価格同時文書

1. 同時文書の作成義務

　実施弁法第15条では、同時文書の作成が免除される企業について規定されているが、反対解釈として作成しなければならない企業は、次のいずれかの企業である。
　①1納税年度の関連仕入、関連販売の合計金額が2億元以上である企業
　②1納税年度のその他の関連取引が4,000万元以上である企業
　また、実施弁法の規定とは別に『クロスボーダーの関連取引の監視および調査の強化に関する通達』（国税函〔2009〕363号）では、上記の金額基準に関係なく、
　③リスク機能限定型企業で損失が生じている場合
同時文書を作成しなければならないとされている。

　製品販売、原材料仕入など棚卸資産取引については2億元の基準で判定し、利息の収受、コミッション、ロイヤルティなど物品の移動を伴わないその他の関連取引については4,000万元の基準で判定することになる。
　注意しなければならないのは、帳簿記載の取引金額だけでは判定できないという点である。来料加工においては、年度通関輸出入金額で計算とあるので、加工製品の輸出通関価格に無償支給原材料の輸入通関額を加算して計算しなければならない。　また、外資持分が50％以上の企業については、国外関連取引だけでなく、国内取引も含めて判定しなければならない。
　リスク機能限定型企業とは、通達では「単一生産（来料加工あるいは進料加工）、小売あるいは受託研究開発等」とされている。

2. 同時文書と延滞利息

　移転価格文書作成の最大のメリットは、移転価格調査時における納税者および

課税当局双方にとってのコストを大幅に削減することにある。OECDガイドインも、納税者が合理的な努力をすべきであることを謳っている。ただし、このような啓蒙だけではなかなか納税者は文書の準備を行わないことから、文書を準備している企業に対しては過少申告加算税を減免するなどの制度上のメリットを与える必要がある。

企業所得税法実施条例第122条、実施弁法第107条（三）では、移転価格調整を受けた場合の加算利息として次のとおり定めている。

- ● 同時文書を提出する企業　→　基準利率で計算
- ● 同時文書を提出しない企業　→　基準金利＋5％で計算。

基準金利とは中国人民銀行の人民元貸付基準金利をいう。当該延滞利息の規定が適用されるのは、2008年1月1日以降発生した取引とされており、2007年以前の年度については適用されない。

中国において移転価格税制の時効は10年とされるため、単利で計算すると金利5％の差異は最大で50％となる。更正税額の50％であるから、相当な金額である。

なお、関連仕入販売金額が2億元以下であるとして同時文書を用意していなかった企業が、移転価格調査の結果、2億元以上とみなされた場合には、「基準金利＋5％」が適用される（図1　同時文書と延滞利息　参照）。

図1　同時文書と延滞利息

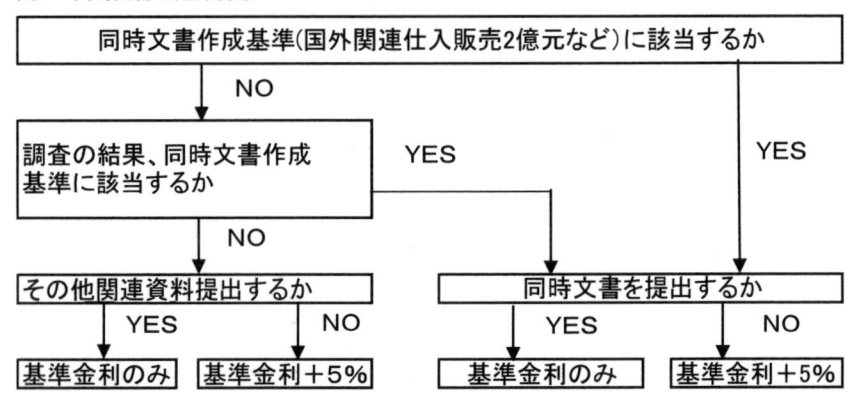

```
          同時文書作成基準(国外関連仕入販売2億元など)に該当するか
                           │
                          NO
                           ↓
    ┌──────────────┐   YES
    │調査の結果、同時文書作成│─────────┐                    YES
    │基準に該当するか      │          │
    └──────────────┘          │
              │                      │
             NO                      │
              ↓                      ↓
    ┌──────────────┐       ┌──────────────┐
    │その他関連資料提出するか│       │同時文書を提出するか  │
    └──────────────┘       └──────────────┘
       YES        NO              YES         NO
        ↓          ↓               ↓           ↓
    基準金利のみ  基準金利＋5％   基準金利のみ  基準金利＋5％
```

3. 同時文書の作成および提出のタイミング

同時文書は、関連取引が発生した年度の翌年の5月31日までに作成しなければならないが、税務局から提出要請があるまでは提出しなくてよい。税務局から提出要請があった場合には、その日から20日以内とされている。したがって、決算日の翌年の6月20日が最も早い提出期限となる（実施弁法第16条）。

一度税務調査を受けた企業に対し、追跡管理という制度があるが、追跡管理期間中の企業は6月20日までに同時文書を提出しなければならない（実施弁法第45条）。また、リスク機能限定型企業で損失が生じている場合には、通達で6月20日までに提出しなければならないとされている（国税函［2009］363号）。

保管期限は納税年度の翌年の6月1日から10年間とされている（実施弁法第20条）。

4. 同時文書の内容

同時文書に記載すべき内容は実施弁法第14条に規定されている。以下順を追って、引用、解説する。

① 組織構成

1. 企業が所属する企業グループの関連する組織構成及び持分構成。
2. 企業の関連関係の年度における変化の状況。
3. 企業と取引を行う関連企業の情報。関連企業の名称、法定代表人、董事、マネージャー等の高級管理者の構成、登録住所及び実際経営住所及び関連個人の名称、国籍、居住地、家族の構成等を含み、企業の関連取引価格の設定に直接的に影響を与える関連者を記載すること。
4. 各関連者に適用される所得税の性質を有する税目、税率及び適用可能な優遇税制。

以上が規定の内容である。関連企業等については、別表「関連関係表（表一）」のフォームがあるので、これと整合するように作成するのが望ましい。

② **生産経営状況**

1. 企業の業務概要。企業の発展変化の概要、業界及びその発展の概要、経営戦略、産業政策及び業界規制等の企業と業界に影響を与える主要な経済及び法律問題、グループ産業チェーン及び企業の位置づけを含む。
2. 企業の主要業務の構成、主要業務収入及びその収入総額に占める割合、主要業務利益及びその利益総額に占める割合。
3. 企業の業界での位置づけ及び関連の市場競争環境の分析。
4. 企業内部の組織構成、企業及びその関連者が関連取引において果たす機能、負担するリスク及び使用する資産等に関わる情報。これらを参照し「企業の機能及びリスク分析表」を記入する。
5. 企業グループの連結財務諸表。企業グループの会計年度の状況に応じて延期準備してもよいが、遅くとも関連取引の発生年度の翌年度の12月31日を超えてはならない。

以上が規定の内容である。「企業の機能及びリスク分析表」は実施弁法附属文書「表書式1」に雛形がある。研究開発、生産、マーケティング、販売と卸売り、管理及びその他サービスの5大分類で合計129項目について被調査企業と関連企業の機能リスクを記入することとなっているが、かなり細かいものとなっている。これを要約する形でまとめるのが望ましい。

③ **関連取引の状況**

1. 関連取引の類型、関与者、時期、金額、決済通貨、取引条件など。
2. 関連取引に採用された貿易方式、年度変化状況及びその理由。
3. 関連取引の業務プロセス。各サイクルの情報フロー、物流及び資金のフロー、非関連取引の業務プロセスとの異同を含む。
4. 関連取引に関わる無形資産及びそれが価格決定に与える影響。
5. 関連取引の関連契約書又は協議書の副本及び履行状況についての説明。
6. 関連取引の価格決定に影響を与える主な経済及び法律の要因に対する分析。
7. 関連取引と非関連取引の収入、原価、費用及び利益の区分状況。直接区分できない場合、合理的な比率で区分し、当該区分比率を確定した理由を説明す

る。これらを参照し「企業年度関連取引財務状況分析表」に記入する。

　以上が規定の内容である。上記の7では「企業年度関連取引財務状況分析表」の記入が求められているが、実施弁法附属文書「表書式2」に雛形がある。この表は非常に重要である。損益計算書を販売先別に国外関連、国内関連、国外非関連、国内非関連の4セグメントに切り分けなければならない。特に問題となるのは、国外関連者向け損益と国内非関連向け損益の比較である。通常、粗利益のベースでは国外関連者向け損益の方が低くなるが、営業費用、管理費用控除後の営業利益段階での比較が重要となる。営業費用、管理費用の適切な按分が重要である。

④ 比較可能性分析
1. 比較可能性分析で考慮すべき要因。取引資産或いは役務の特性、取引当事者の果たす機能、負担するリスク、契約条項、経済環境、経営戦略等を含む。
2. 比較可能企業の果たす機能、負担するリスク及び使用した資産等の関係情報。
3. 比較可能取引の説明。例えば、有形資産の物理的特性、品質及び効用。融資業務の正常利率水準、金額、通貨、期限、担保、融資者の資本信用、返済方式、利息計算方法等。役務の性質及び程度。無形資産の類型、取引の形式、取引によって獲得する無形資産の使用権、無形資産の使用による収益。
4. 比較可能情報の出所、選定条件及び理由。
5. 比較可能データの差異調整及び理由。

　以上が規定の内容である。
　OECDガイドライン2010年度版では、移転価格算定方法の基本三法を優先する規定がなくなり、利益法の重要性が高まっている。このため、比較可能性分析が重視されることになった。中国の企業所得税法、実施弁法はOECDにおける議論を先取りした内容になっている。

⑤ 移転価格算定方法の選択および使用
1. 移転価格算定方法の選択及び理由。利益法を採用する場合、企業グループの

全体利益又は残余利益への貢献を説明すること。
2. 比較可能情報は選択した移転価格算定方法を裏付けているか否か。
3. 比較可能な非関連取引価格或いは利益を確定する過程で用いた仮定及び判断。
4. 合理的な移転価格算定方法を用いて比較可能情報の分析を行った結果、比較可能な非関連取引価格或いは利益を確定し、独立企業間取引原則を遵守したことに対する説明。
5. 採用した移転価格算定方法を裏付けるその他資料。

以上が規定の内容である。

上記のとおり、OECDガイドライン（2010年版）は基本三法（独立価格比準法、再販売価格基準法、原価基準法）と、利益法（取引単位営業利益法、利益分割法）を並列的に位置づけ、納税者がもっとも適切な方法（most appropriate method）を選択することとしている。上記の規定も、OECDガイドラインの趣旨を踏まえたものとなっている。

比較可能性分析の5つの要素については、実施弁法第22条で以下のとおり規定されている。

1. 取引する資産或いは役務の特性。主に有形資産の物理的特性、品質、数量等、役務の性質と範囲、無形資産の類型、取引形式、期限、範囲と予測収益等を含む。
2. 各取引当事者の機能及びリスク。機能には主に研究開発、設計、仕入、加工、組立、製造、在庫管理、販売、アフターサービス、広告、運輸、倉庫保管、融資、財務、会計、法律及び人的資源管理等を含む。機能を比較するとき、企業が機能を果たすために使用する資産の類似性に留意する。リスクには主に研究開発リスク、仕入リスク、生産リスク、販売リスク、マーケティングリスク、管理及び財務リスク等を含む。
3. 契約条項。主に取引対象の具体的事項、取引数量、価格、代金の支払、回収方式及び条件、引渡条件、アフターサービスの範囲と条件、付加役務提供の約定、契約書の内容を変更、修正する権利、契約書の有効期間、契約を修了或いは更新する権利等を含む。

4. 経済環境。主に業界の概要、地域、市場規模、市場の段階、市場占有率、市場競争の程度、消費者の購買力、商品或いは役務の代替可能性、生産要素の価格、運輸コスト、政府規制等を含む。
5. 経営戦略。主にイノベーションと開発戦略、多角化経営戦略、リスク回避戦略、市場占有戦略等を含む。

5. 移転価格算定方法

　企業所得税法実施条例第111条では、移転価格算定方法として①独立価格比準法、②再販売価格基準法、③原価基準法、④取引単位営業利益法、⑤利益分割法及び⑥独立企業間取引の原則に合致するその他の方法、を規定している。これを受けて、実施弁法では各算定方法について規定している。

　上述のとおり、実施弁法の規定はOECDガイドライン（2010年版）と同様に基本三法の優先規定を廃止し、上記6つの方法から最適な方法を選択することとされている。

　以下各算定方法について、実施弁法の規定を引用するが、OECDガイドラインの定義など国際的な慣行と矛盾するものではない。

①　独立価格比準法（実施弁法第23条）

　独立価格比準法は、中国語では『可比非受控価格法』英語のComparable Uncontrolled Price Method の翻訳である。英語の頭文字をとってCUP法と呼ばれることが多い。

　実施弁法第23条の定義は「非関連者間で行われる関連取引と同一又は類似する取引の価格を関連取引の公正取引価格とする方法」となっている。

　具体的な計算は図2のとおりである。A社が関連者であるB社への販売価格を決定するに当たり、同一又は類似する取引（これをCUPと呼ぶ）がある場合には、この価格をもって公正価格とする方法をいう。A社が非関連者であるD社に販売している取引が比較可能取引と認められれば、D社への販売価格150が公正な価格（独立企業間価格）となる。A社の内部取引であることから、内部比較可能価格（内部CUP）と呼ばれる。

図2　独立価格比較法の計算例

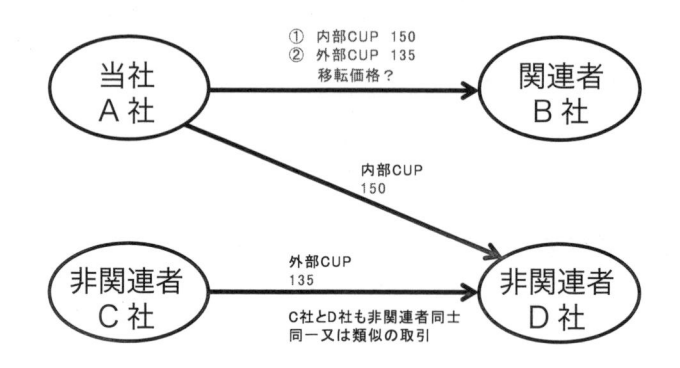

```
                 ① 内部CUP 150
                 ② 外部CUP 135
   当社             移転価格？         関連者
   A社  ─────────────────────────→  B社
     \
      \        内部CUP
       \         150
        \
         \
   非関連者    外部CUP           非関連者
   C社   ─────  135  ─────────→   D社
              C社とD社も非関連者同士
              同一又は類似の取引
```

　A社の取引以外にも、C社がD社に販売している取引があり、C社とD社が非関連者同士である場合、当該取引を比較可能取引とすることもできる。A社の外部取引であることから、外部比較可能価格（外部CUP）と呼ばれる。

　一般的に独立価格比準法の適用に当たっては、比較対象取引の同一性・類似性が求められるため、適用されるケースは限られている。特に、外部CUPについては、納税者がこのような情報を入手することが困難である場合が多い。これに対し、税務当局は調査対象会社以外の会社の情報を知りうる立場にあるため、税務当局がこれを用いることは好ましくないとされている。納税者の知りえない情報であることから、Secret Comparable（秘密の比較可能情報）と呼ばれる。

　中国の実施弁法第37条では「非公開情報資料を用いることもできる」としているため、納税者としては注意が必要である。

　独立価格比準法の適用については、実施弁法の規定を以下引用する。

（実施弁法第23条）
　独立価格比準法は非関連者間で行われる関連取引と同一又は類似する取引の価格を関連取引の公正取引価格とする方法である。
　比較可能性分析においては、特に関連取引と非関連取引の取引する資産又は役務の特性、契約条項及び経済環境における差異を考察しなければならない。それぞれの取引類型には、具体的に以下のような内容を含む。

1. 有形資産の売買又は譲渡
    1. 売買又は譲渡の過程。取引の時期と場所、引渡条件、引渡手続、支払条件、取引数量、アフターサービスの時期と場所等を含む。
    2. 売買又は譲渡の段階。工場出荷段階、卸売段階、小売段階、輸出段階等を含む。
    3. 売買又は譲渡する物品。品名、ブランド、規格、型番号、性能、構造、外形、包装等を含む。
    4. 売買又は譲渡の環境。民族風俗、消費者の嗜好、政局の安定度及び財政、租税、為替政策等を含む。
2. 有形資産の使用
    1. 資産の性能、規格、型番号、構造、類型、減価償却方法。
    2. 使用権を提供する時期、期限、場所。
    3. 資産所有者の資産に対する投資支出、修理費用等。
3. 無形資産の譲渡と使用
    1. 無形資産の類別、用途、適用業界、予測便益。
    2. 無形資産の開発投資、譲渡条件、独占程度、国家の関連法律に保護される程度及び期限、譲受コストと費用、機能及びリスクの状況、代替可能性等。
4. 資金融資。融資の金額、通貨、期限、担保、融資者の資本信用、返済方式、利息計算方法等。
5. 役務提供。業務の性質、技術上の要求、専門化レベル、責任負担、支払条件と方式、直接及び間接原価等。

関連取引と非関連取引に、上記の点において重大な差異がある場合、当該差異が価格に与える影響を合理的に調整しなければならない。合理的な調整ができない場合、本章の規定に基づき、その他の合理的な移転価格算定方法を選択しなければならない。

独立価格比準法はすべての類型の関連取引に適用できる。

② **再販売価格基準法（実施弁法第24条）**

再販売価格基準法は、中国語では『再销售价格法』、英語ではResale Price

Methodといい、英語の頭文字をとってRPMあるいはRP法と呼ばれることが多い。

再販売価格基準法は実施弁法第24条に以下の通り規定されている。

（実施弁法第24条）
　再販売価格基準法は関連者から購入した商品を非関連者に再販売する価格から、比較可能な非関連取引の総利益を控除した後の金額を関連者から購入する商品の公正取引価格とする方法である。その計算式は以下の通りである。

公正取引価格
＝非関連者向け再販売価格×（1－比較可能非関連取引の総利益率）

比較可能な非関連取引の総利益率
$$= \frac{比較可能な非関連取引の総利益}{比較可能な非関連取引の純売上高} \times 100\%$$

　比較可能性分析においては、特に関連取引と非関連取引の機能とリスク及び契約条項における差異及び総利益率に影響を与えるその他の要因を考察しなければならない。具体的には販売、広告及びサービス機能、在庫リスク、機械、設備の価値及び使用年数、無形資産の使用及び価値、卸売或いは小売段階、事業経験、会計処理及び管理効率等を含む。
　関連取引と非関連取引に、上記の点において重大な差異がある場合、当該差異が総利益率に与える影響を合理的に調整しなければならない。合理的な調整ができない場合、本章の規定に基づき、その他の合理的な移転価格算定方法を選択しなければならない。
　再販売価格基準法は通常、再販売者が商品の外形、性能、構造を変更又は商標の変更等の実質的な付加価値加工をせず、簡単な加工或いは単純な売買業務のみを行う場合に適用される。

第5章　移転価格税制

　中国では2004年に外商投資商業領域管理弁法の施行により、外資系企業に対し中国国内における小売業・卸売業の開放が行われた。これらの商業企業においては再販売価格基準法が適用されるケースが増えている。
　具体的な計算例は、図3の通りである。

図3　再販売価格基準法の計算例

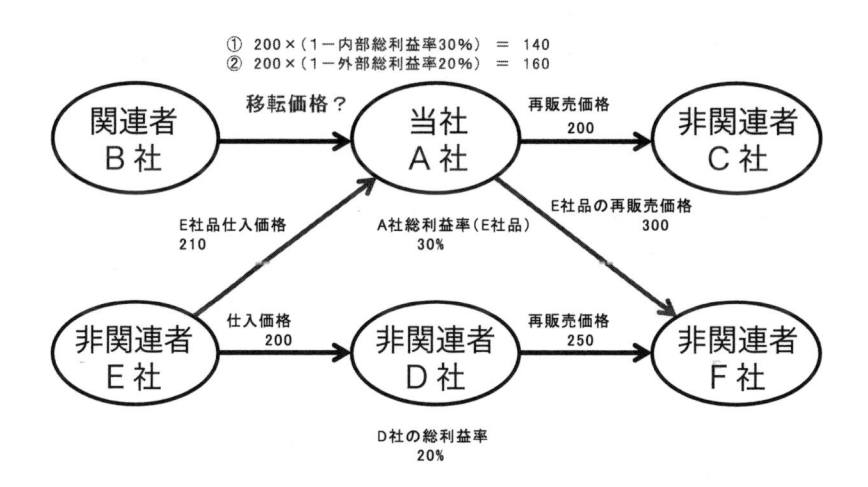

```
① 200×(1−内部総利益率30%) = 140
② 200×(1−外部総利益率20%) = 160
```

```
                移転価格？        再販売価格
  関連者  ─────────→  当社  ─────────→  非関連者
  B社                  A社      200          C社

            E社品仕入価格   A社総利益率(E社品)   E社品の再販売価格
                210            30%                  300
                  ↗                                  ↘
  非関連者  ─────────→  非関連者  ─────────→  非関連者
  E社      仕入価格      D社      再販売価格        F社
            200                    250
                          D社の総利益率
                              20%
```

　比較可能な非関連取引の総利益率には、内部情報から得られる総利益率（内部RPM）と外部情報から入手する総利益率（外部RPM）と2種類ある。
　図3の例によると、まず、A社自身の取引として、非関連者E社から商品を仕入れ、非関連者F社に再販売している取引がある。この場合、E社商品にかかるA社の総利益率は、(300 − 210) ÷ 300 × 100 = 30%と計算される。
　一方、A社の比較対象企業となるD社が、E社から仕入れ、F社へ販売している取引がある。この場合の、D社の総利益率は、(250 − 200) ÷ 250 × 100 = 20%と計算される。
　A社が再販売している価格が200とすると、関連者B社からの仕入れ価格は、次の2つの計算がありうる。
　① 内部の総利益率を比較可能総利益率として用いる場合
　　再販売価格200 ×（1−内部総利益率　30%）＝　140

② 外部の総利益率を用いる場合
再販売価格200×（1－外部総利益率　20％）＝　160

③ 原価基準法（実施弁法第25条）

原価基準法は、中国語では『成本加成法』、英語ではCost Plus Methodという、CP法と呼ばれることが多い。なお、英語の頭文字をとるとCPMとなるが、CPMとはComparable Profit Methodという米国で多く用いられる別の移転価格算定方法を指す。

原価基準法は実施弁法第25条に以下の通り規定されている。

（実施弁法第25条）

　原価基準法は合理的な原価に比較可能な非関連取引の総利益を加えたものを関連取引の公正取引価格とする方法である。その計算式は以下の通りである。

　公正取引価格＝関連取引の合理的原価×（1＋比較可能な非関連取引のマークアップ率）

$$\text{比較可能な非関連取引のマークアップ率} = \frac{\text{比較可能な非関連取引の総利益}}{\text{比較可能な非関連取引の原価}} \times 100\%$$

　比較可能性分析においては、特に関連取引と非関連取引の機能とリスク及び契約条項における差異及びマークアップ率に影響を与えるその他の要因を考察しなければならない。具体的には製造、加工、据付及びテスト機能、市場リスク及び為替リスク、機械、設備の価値及び使用年数、無形資産の使用及び価値、事業経験、会計処理及び管理効率等を含む。
　関連取引と非関連取引に、上記の点において重大な差異がある場合、当該差異がマークアップ率に与える影響を合理的に調整しなければならない。合理的な調整ができない場合、本章の規定に基づき、その他の合理的な移転価

格算定方法を選択しなければならない。
　原価基準法は通常、有形資産の売買、譲渡と使用、役務提供及び資金融通の関連取引に適用される。

　従前、中国の移転価格課税においては原価基準法が適用される場面が多かった。これは中国の外資系企業の誘致が生産型企業を中心としてきたこととの反映であるが、中国国内の情報のみで調整可能であることも理由としてあげられる。
　具体的な計算は図4のとおりである。なお、図4では説明の都合上、仕入価格を原価としているが、製造会社における製造原価と置き換えても同じである。

　比較可能な非関連取引のマークアップ率には、内部情報から得られるマークアップ率（内部マークアップ率）と外部情報から入手するマークアップ率（外部マークアップ率）の2種類ある。

図4　原価基準法の計算法

① 300×（1＋内部マークアップ率30％）＝ 390
② 300×（1＋外部マークアップ率25％）＝ 375

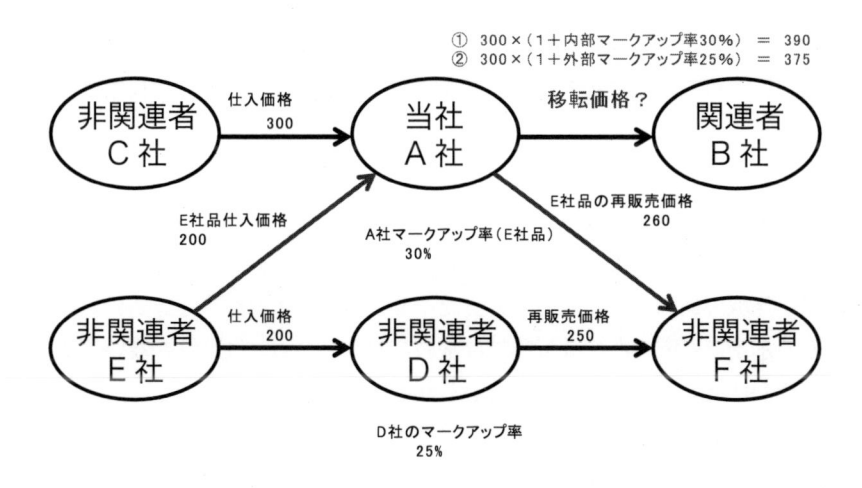

```
非関連者C社 ──仕入価格300──> 当社A社 ──移転価格?──> 関連者B社
                                    │
                              E社品の再販売価格260
                                    │
非関連者E社品仕入価格200             A社マークアップ率（E社品）30％
                                    ↓
非関連者E社 ──仕入価格200──> 非関連者D社 ──再販売価格250──> 非関連者F社
                          D社のマークアップ率25％
```

　図4の例によると、まず、A社自身の取引として、非関連者E社から商品を仕入れ、非関連者F社に再販売している取引がある。この場合、E社商品にかかるA社のマークアップ率は、（260－200）÷200×100＝30％と計算される。
　一方、A社の比較対象企業となるD社が、E社から仕入れ、F社へ販売してい

る取引がある。この場合の、D社のマークアップ率は、(250－200)÷200×100＝25％と計算される（図3の再販売価格基準法では、同じ数値例で総利益率が20％と計算された。分子の「総利益」は同じであるが、分母が総利益率の場合は「売上高」、マークアップ率の場合は「原価」で異なってくる）。

A社の原価が300とすると、関連者B社への販売価格は、次の2つの計算がありうる。

① 内部のマークアップ率を用いる場合
　原価300×（1＋内部マークアップ率　30％）＝　390
② 外部のマークアップ率を用いる場合
　原価300×（1＋外部マークアップ率　25％）＝　375

④ 取引単位営業利益法（実施弁法第26条）

取引単位営業利益法は、中国語では『交易浄利潤法』、英語ではTransaction Net Margin Methodという。英語の頭文字をとって、TNMMと呼ばれることが多い。最近では、日本及び中国を含む世界中で最もよく用いられている方法である。

取引単位営業利益法は、関連者取引から得られる営業利益が、類似した非関連者間取引から得られる営業利益水準と乖離がないことをもって、移転価格の妥当性を検証する方法である。

営業利益は移転価格以外の要因（例えば、経営効率の違い、非経常的な営業費用の発生等）の影響を受けるため、取引単位営業利益法は他の移転価格算定方法に比べて、信頼性に劣るといわれていた。しかしながら、一方において、比較対象企業、比較可能取引などの選定に当たって、他の移転価格算定方法において要求される水準ほど厳格な比較可能性は求められないため、汎用性が高い方法である。これがゆえに、現在最も広く用いられる方法となった。

取引単位営業利益法は実施弁法第26条に以下の通り規定されている。

（実施弁法第26条）
　取引単位営業利益法は比較可能な非関連取引の利益率指標を用いて関連取引の純利益を確定する方法である。利益率指標には、資産収益率、販売利益率、フルコスト・マークアップ率、ベリー比率等の利益率指標を含む。

> 　比較可能性分析においては、特に関連取引と非関連取引の機能とリスク及び経済環境における差異及び営業利益に影響を与えるその他の要因を考察しなければならない。具体的には果たす機能、負担するリスク、使用する資産、業界と市場の状況、経営規模、経済サイクルと製品のライフサイクル、原価、費用、所得と資産の各取引間の配賦、会計処理及び経営管理効率等を含む。
> 　関連取引と非関連取引に上記の点において重大な差異がある場合、当該差異が営業利益に与える影響を合理的に調整しなければならない。合理的な調整ができない場合、本章の規定に基づき、その他合理的な移転価格算定方法を選択しなければならない。
> 　取引単位営業利益法は通常、有形資産の売買、譲渡と使用、無形資産の譲渡と使用、役務提供等の関連取引に適用される。

　利益指標として、フルコスト・プラス・マークアップ率とベリー比率が規定されている。中国における移転価格調査あるいは文書化実務において、製造会社においてはフルコスト・コスト・マークアップ率、販売会社においては売上高営業利益率、ベリー比率が多く用いられている。
　取引単位営業利益法（TNMM）は大きく2種類に分けられる。
①　再販売価格基準法の延長としてのTNMM（売上高営業利益率）
②　原価基準法の延長としてのTNMM（フルコスト・マークアップ率）

　図3　再販売価格基準法の計算例では、売上高に対する総利益率を利益指標として用いていた。総利益率の比較が意味をもつためには、対象となる取引について比較的高い水準が要求される。このような比較対象取引が入手できない場合に、営業利益を比較する方法が、上記①の再販売価格基準法の延長としてのTNMMである。利益指標としては、売上高営業利益率が用いられる他、ベリー比率を用いることも多い。
　図4　原価基準法の計算例では、原価に対する総利益の割合（マークアップ率）を利益指標として用いていた。総利益の比較が意味をもつためには、対象となる取引について比較的高い水準が要求される。このような比較対象取引が入手できない場合に、営業利益を比較する方法が、上記②の原価基準法の延長としての

TNMMである。利益指標としては、総原価（フルコスト）を基準にした営業利益率、フルコスト・マークアップ率が用いられる。フルコスト・マークアップ率は次の算式で表される。

$$\text{フルコスト・マークアップ率} = \frac{\text{営業利益}}{\text{売上原価} + \text{販売費} + \text{管理費}} \times 100\%$$

　ベリー比率であるが、販売会社に用いられる利益指標である。売上高営業利益率を利益指標とすると、機能・リスクは類似していても、取り扱い製品の金額の多寡により大きく変動する。販売会社の得る総利益は、販売会社の活動原価である営業費用との関連が高いとし、次の計算式で表される。

$$\text{ベリー比率} = \frac{\text{総利益}}{\text{営業費用}}$$

⑤　利益分割法（実施弁法第27条）

　利益分割法は、中国語では『利潤分割法』、英語では Profit Split Method といい、PS法と呼ばれることが多い。利益分割法のうち、残余利益分割法は、中国語では『剰余利潤分割法』、英語では Residual Profit Split Method で、英語の頭文字で RPSM と呼ばれることが多い。
　利益分割法は実施弁法第27条に以下の通り規定されている。

（実施弁法第27条）
　利益分割法は企業とその関連者の関連取引の合算利益に対する貢献に基づき、各自に配分されるべき利益額を算出する方法である。利益分割法には一般利益分割法と残余利益分割法がある。
　一般利益分割法は関連取引の各当事者が果たす機能、負担するリスク及び使用する資産に基づき、各自が取得すべき利益を確定する方法である。
　残余利益分割法は関連取引の各当事者の合算利益から、各当事者に配分す

> る通常の利益を控除した残額を残余利益として、各当事者の残余利益に対する貢献度に基づき配分する方法である。
> 　比較可能性分析においては、特に取引の各当事者の果たす機能、負担するリスク及び使用する資産、原価、費用、所得と資産の各取引間の配賦、会計処理、取引の各当事者の残余利益に対する貢献度を確定する際に使用する情報及び前提条件の信頼性等を考察しなければならない。
> 　利益分割法は通常、関連取引の統合の程度が高く、且つ各当事者の取引結果を単独で評価することが難しい場合に適用される。

　上記規定の通り、一般利益分割法と残余利益分割法を規定している。ここで一般利益分割法とは、貢献度利益分割法あるいは比較利益分割法を指していると思われる。

　取引単位営業利益法を導入する前に、日本では多く用いられた方法であるが、最近では少なくなっている。利益分割法を用いる場合、日本本社の財務データなどを相手国当局に提供し、説明しなければならないが、時間がかかるケースが多い。中国との取引ではあまり用いられていないと思われる。

⑥　その他の方法

　企業所得税法実施条例第111条では、上記の5つの他に「その他独立企業間原則に合致する方法」が規定されているが、実施弁法に特段の規定はない。

　確定申告の際に提出する「企業年度関連者間取引報告表」の説明書きには、移転価格算定方法として、「その他の方法」を選択した場合には、「備考欄において、使用する具体的な方法について説明する。」とされている。

第6節　移転価格調査

1. 特別納税調整実施弁法後の移転価格調査

　特別納税調整実施弁法の施行により、条件を満たす企業は「同時文書」を作成することが義務付けられた。「同時文書」の内容は、実施弁法施行以前において、調査の過程で納税者が提出を求められた資料と重複している。
　実施弁法施行後においては、税務局が事前に同時文書の内容を調査し、移転価格に問題ありと思われる企業を重点的に調査することになる。

2. 移転価格調査の流れ

　移転価格調査のプロセスについては、次ページの「図5　実施弁法に規定されている移転価格調査の流れ」を参照されたい。図の左半分は納税者が準備しなければならない資料・手続き、図の右半分には税務当局が準備する資料・手続きを記載している。
　なお、実施弁法施行以前もそうであったように、調査の過程が必ずしも法令どおりに行われない可能性があるので留意する必要がある。

　納税者の申告段階を含めると調査の過程は次の7段階に分けることができる。
1. 申告納税段階
2. 机上調査段階
3. 現場調査段階
4. 関連資料の作成・提出
5. 調査結論段階
6. 更正決定段階
7. 追跡管理段階

第５章　移転価格税制

図5　実施弁法規定による移転価格調査の流れ

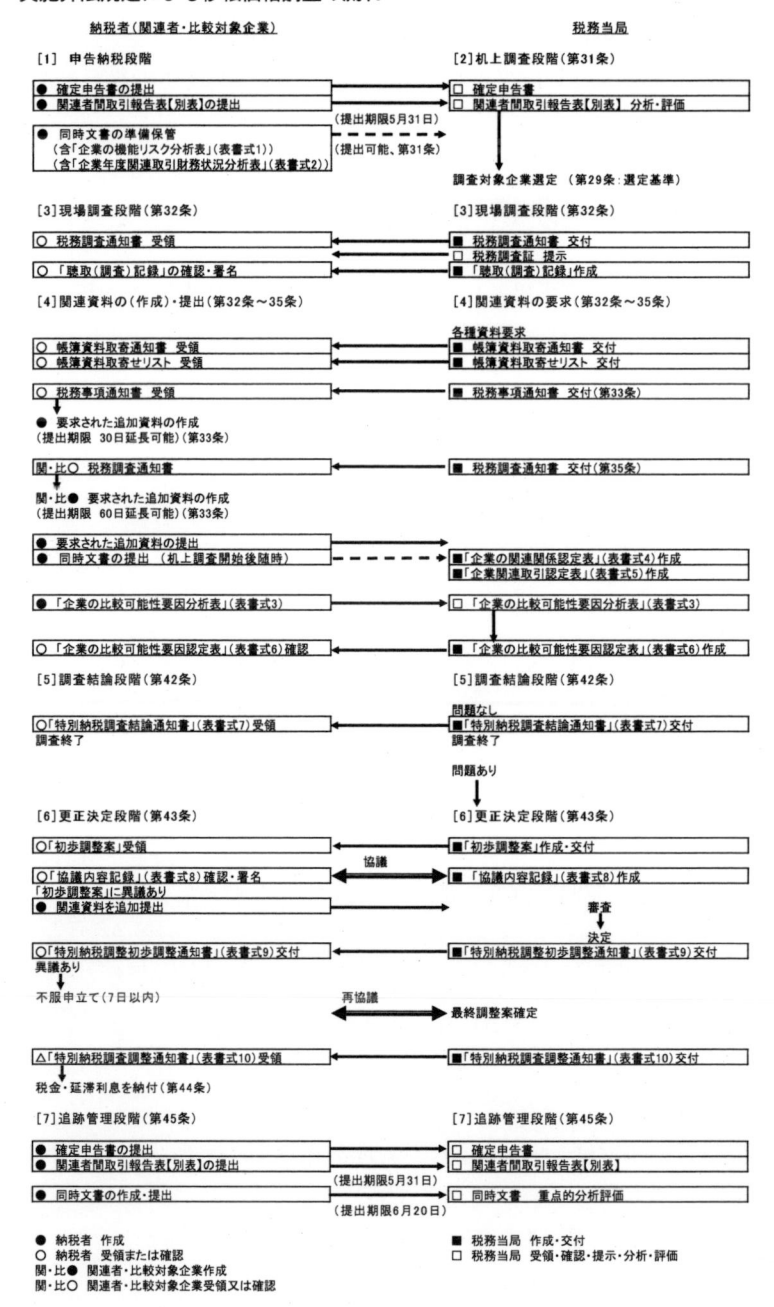

納税者（関連者・比較対象企業）	税務当局
[1] 申告納税段階	[2] 机上調査段階（第31条）
● 確定申告書の提出 ● 関連者間取引報告表【別表】の提出	□ 確定申告書 □ 関連者間取引報告表【別表】分析・評価
（提出期限5月31日）	
● 同時文書の準備保管 　（含「企業の機能リスク分析表」（表書式1）） 　（含「企業年度関連取引財務状況分析表」（表書式2））	
（提出可能、第31条）	
	調査対象企業選定　（第29条：選定基準）
[3] 現場調査段階（第32条）	[3] 現場調査段階（第32条）
○ 税務調査通知書　受領	■ 税務調査通知書　交付 □ 税務検査証　提示
○ 「聴取（調査）記録」の確認・署名	■ 「聴取（調査）記録」作成
[4] 関連資料の（作成）・提出（第32条～35条）	[4] 関連資料の要求（第32条～35条）
	各種資料要求
○ 帳簿資料取寄通知書　受領 ○ 帳簿資料取寄せリスト　受領	■ 帳簿資料取寄通知書　交付 ■ 帳簿資料取寄せリスト　交付
○ 税務事項通知書　受領	■ 税務事項通知書　交付（第33条）
● 要求された追加資料の作成 （提出期限　30日延長可能）（第33条）	
関・比○　税務調査通知書	■ 税務調査通知書　交付（第35条）
関・比●　要求された追加資料の作成 （提出期限　60日延長可能）（第33条）	
● 要求された追加資料の提出 ● 同時文書の提出　（机上調査開始後随時）	■「企業の関連関係認定表」（表書式4）作成 ■「企業関連取引認定表」（表書式5）作成
●「企業の比較可能性要因分析表」（表書式3）	□「企業の比較可能性要因分析表」（表書式3）
○「企業の比較可能性要因認定表」（表書式6）確認	■「企業の比較可能性要因認定表」（表書式6）作成
[5] 調査結論段階（第42条）	[5] 調査結論段階（第42条）
	問題なし
○「特別納税調査結論通知書」（表書式7）受領 調査終了	■「特別納税調査結論通知書」（表書式7）交付 調査終了
	問題あり
[6] 更正決定段階（第43条）	[6] 更正決定段階（第43条）
○「初歩調整案」受領	■「初歩調整案」作成・交付
○「協議内容記録」（表書式8）確認・署名	■「協議内容記録」（表書式8）作成
「初歩調整案」に異議あり ● 関連資料を追加提出	
	審査 決定
○「特別納税調整初歩調整通知書」（表書式9）交付	■「特別納税調整初歩調整通知書」（表書式9）交付
異議あり 不服申立て（7日以内）	再協議　　最終調整案確定
△「特別納税調査調整通知書」（表書式10）受領 税金・延滞利息を納付（第44条）	■「特別納税調査調整通知書」（表書式10）交付
[7] 追跡管理段階（第45条）	[7] 追跡管理段階（第45条）
● 確定申告書の提出 ● 関連者間取引報告表【別表】の提出	□ 確定申告書 □ 関連者間取引報告表【別表】
（提出期限5月31日）	
● 同時文書の作成・提出	□ 同時文書　重点的分析評価
（提出期限6月20日）	

● 納税者　作成
○ 納税者　受領または確認
関・比●　関連者・比較対象企業作成
関・比○　関連者・比較対象企業受領又は確認

■ 税務当局　作成・交付
□ 税務当局　受領・確認・提示・分析・評価

① **申告納税段階**

5月末までに確定申告書とともに、関連取引報告表の提出。

5月末までに移転価格同時文書を準備。この段階で同時文書の提出を求められる場合もある。

② **机上調査段階－　重点調査対象企業**

税務当局は納税者から提出された資料などを分析し、調査対象とすべき企業を選定する。実施弁法第29条では移転価格調査の重点対象企業を以下の通り規定している。

> **（実施弁法第29条）**
> 移転価格調査は以下のような企業を重点的に選定する。
> 1. 関連取引金額が大きい、或いは取引類型が多い企業。
> 2. 長期的に欠損がある企業、僅少な利益しかない企業或いは利益の変動が激しい企業。
> 3. 同業の利益水準より低い企業。
> 4. 利益水準が負担する機能及びリスクと明らかに対応しない企業。
> 5. タックス・ヘイブンにある関連者と取引がある企業。
> 6. 規定に従って関連申告を行わない、或いは同時文書を準備していない企業。
> 7. その他独立企業間取引の原則に明らかに違反した企業。

なお、実施弁法には規定されていないが、密告による調査も少なくない。租税徴収管理法第13条では、告発者に対し褒賞を与える旨規定している。

③ **現場調査段階**

実施弁法第32条では、現場調査について規定しているが、納税者に関する部分は以下のとおりである。

現場調査の人員は2名以上とする。
1. 『税務調査通知書』が交付される。

2. 現場調査は2名以上の人員で行われ、調査担当者は『税務検査証』を提示しなければならない。
3. 当事者にインタビューするときに、専任者が『インタビュー（調査）記録』に記録し、事実通りに状況を説明しない場合の法律責任について当事者に知らせなければならない。『インタビュー（調査）記録』は当事者が確認しなければならない。
4. 実地検査の過程で発見した問題、状況については、調査員が『インタビュー（調査）記録』に記入する。『インタビュー（調査）記録』は2名以上の調査員が署名し、必要に応じて調査対象企業が確認し、調査対象企業が拒否する場合には、2名以上の調査員が署名し保管することができる。

　現場調査における納税者側の対応として重要なことは、税務当局と見解が相違する場合には、納税者側の主張を明らかにし、これを議事録（『インタビュー調査記録』）に記録させることである。この点があいまいであると、事後の救済手段である不服申し立て、相互協議による解決がうまく行かないことになる。

④　関連資料の提出
1　被調査会社の資料提出
　納税者側の資料提出には、移転価格同時文書以外の資料も含まれる。税務当局が資料を請求する場合には『税務事項通知書』により書面で行われる。（実施弁法第33条）
　企業は『税務事項通知書』が規定する期限までに関連資料を提出しなければならない。特別な状況により期限までに提出できない場合、税務機関に書面で延長申請を提出し、承認を受けた後、提出を延期することができるが、延長期間は最長30日までとする。税務機関は企業の期限延長申請を受け取った日から15日以内に書面で回答しなければならず、期限を過ぎても書面で回答しない場合は、税務機関は企業の期限延長申請に同意したものとみなす。

2　被調査会社の関連会社および比較対象企業の資料提出
　実施弁法では調査対象となっている企業だけでなく、その関連者および比較対象企業についても資料提出義務を規定している。移転価格調査において関連者と

比較対象企業を調査、証拠を取り寄せる場合、税務機関は企業に対して『税務調査通知書』を交付し、調査、証拠の取寄せを行わなければならない（第35条）。

　企業の関連者及び比較対象企業は税務機関と約定した期限までに関連資料を提出しなければならない。約定する期限は通常60日を超えてはならない（第33条）。

⑤　調査結論段階（更正を受けない場合）

　調査した結果、企業の関連取引が独立企業間取引の原則に合致する場合、税務機関は移転価格調査の結論を出し、企業に『特別納税調査結論通知書』を交付しなければならない（実施弁法第42条）、と規定している。実施弁法の付属文書（表書式7）として雛形も公表されている。

⑥　更正決定段階

　更正決定を受ける場合の手続きについて、実施弁法第43条では以下のとおり規定している。重要な部分について、下線・強調をしているので留意されたい。

（実施弁法第43条）

　調査した結果、企業の関連取引が独立企業間取引の原則に合致しておらず、課税収入又は所得額が少なくなっている場合、税務機関は以下の手続に従って移転価格納税調整を行わなければならない。

（一）　計算、論証と比較分析に基づき、特別納税調査の<u>初歩調整案</u>を定める。

（二）　初歩調整案により、企業と協議する。税務機関と企業双方は主たる協議人を指定し、調査員が『<u>協議内容記録</u>』を作成し、<u>双方の主たる協議人が署名して確認する</u>。企業が署名を拒否した場合には、調査員2名以上が署名し保管する。

（三）　企業は初歩調整案について異議がある場合、<u>税務機関が規定する期限までに追加で関連資料を提出しなければならない</u>。税務機関は資料を受け取った後、十分に審査し、適時に審議決定をしなければならない。

(四) 審議決定に基づき、企業に『特別納税調査初歩調整通知書』を交付する。企業は初歩調整意見に対して異議がある場合、通知書を受け取った日から7日以内に書面を提出しなければならない。税務機関は企業の意見を受け取った後、再び協議、審議を行う。企業が期限を過ぎても異議を提出しない場合、初歩調整意見に同意したものとみなす。

(五) 最終調整案を確定し、企業に『特別納税調査調整通知書』を交付する。

① 「初歩調整法案」は必ず出される

　中国の移転価格調査において留意しなければならないのは、税務当局が自らのポジションを明確にせず、納税者にのみ資料を提出させ、それに基づき納税させるように仕向ける場合がある。また、税務当局側の課税根拠があいまいなまま、金額の交渉に持ち込まれる場合がしばしばある。納税者が資料を提出し、ある程度議論を行った段階においても『初歩調整方案』が税務局から提示されない場合には、これを提示するよう求めるべきである。「『初歩調整方案』なければ課税なし」と納税者も強い態度で臨むべきである。

② 不服がある限り異議を記録に残す

　現場調査の段階、『初歩調整方案』が提出される段階など、納税者に反論の機会が与えられているのであるから、明確に『No』の意思を表明することが必要である。そしてそれを会議の議事録に記録する、あるいは納税者が文書にして提出するなど『書面による反対表明』が重要である。『特別納税調査調整通知書』が提出された後、7日以内に書面で異議を唱えないと、同意とみなされてしまうので、必ず書面で異議を表明しなければならない。

③ 不服申し立て、相互協議を行う場合も納税する

　最終決定に至ると『特別納税調査調整通知書』が提示される。納税者はこれに従って、定められた期限までに更正税額を納税しなければならない。

⑦ 追跡管理段階

　中国の移転価格課税においては、追跡管理という独特の制度がある。実施弁法第45条で規定されているが、その補充通知として「移転価格の追跡管理を強化することに関する関連問題の通知」（国税函［2009］188号）が公布されている。

【国税函［2009］188号】

一、　2008年1月1日以降に終結した移転価格調整事案について、税務機関は企業が調整を受けた最後の年度の翌年から起算して5年間の追跡管理を実施しなければならない。

二、　追跡管理期間内において、（中略）2009年度およびそれ以降の年度の移転価格調整については、企業は追跡管理年度の翌年の6月20日までに年度の同時文書を提出しなければならない。（後略）

三、　各地の税務機関は健全な移転価格追跡管理監督体制を確立し、追跡管理年度において事前確認の交渉・締結を申請する企業に対しては、事前確認を正式に締結する以前においては、税務機関は<u>移転価格調整方案を厳格に準拠し、企業の関連取引の追跡管理を実施し、企業利益の流出を防止し税額が適時に徴収されなければならない</u>。

　例えば、2001年〜2010年度の期間について移転価格の更正を受けた場合、2011年〜2015年が追跡管理期間となる。当初の更正が「調整後売上高＝原価＋5％」であったとすると、追跡管理期間で総原価に対するマークアップ率が5％を下回った年度は、その差額に相当する税額を追加納税しなければならないとする規定である。

　中国国内法の規定であるため、従わざるを得ないが、事後の相互協議などにそなえるため、同時文書において納税者の見解を表明し、<u>追跡管理という制度に異議を表明すること</u>が重要である。

3. 受託製造業者等の問題

実施弁法第39条では、受託製造業者について、以下の規定をおいている。

> 【実施弁法第39条】
> 　関連者の注文書に従って加工製造を行い、経営の意思決定、製品の研究開発、販売等の機能を担わない企業は、意思決定の誤り、操業度の不足、製品の滞留等を原因とするリスク及び<u>損失も負うべきではなく、通常一定の利益率を維持しなければならない</u>。欠損が発生している企業に対しては、税務機関は経済分析を行った上で、適切な比較対象価格或いは比較対象企業を選定し、企業の利益水準を確定しなければならない。

中国に設立された製造会社の経済分析を行う場合、中国の製造子会社をリスク・機能が限定された受託製造業者（Contract Manufacturer）として位置づけて論証することが多い。このような実務を基に当該通知を公布したと思われるが、いかなる理由でも赤字は認められないと考える調査官は多い。調査官はこの規定をたてに、いかなる企業もリスク・機能限定型の企業であると位置づけ、赤字があればこれを否認し、すぐに課税しようとする傾向が顕著になっている。納税者としては、自社の機能・リスクを説明し、赤字の原因が移転価格以外の要因に基づくことを論理的に説明する努力をしなければならない。

国税函［2009］363号においては、製造業だけでなく、小売業、受託研究開発企業もリスク限定型企業として位置づけているので、損失が発生した場合には同様の問題が生じる。

第7節　救済手段

　移転価格課税を受けた場合の救済手段としては、国内法に基づく不服申し立てなどの手続きと、租税条約による相互協議の手続きの2通りある。移転価格課税を受けた場合には、相互協議による解決が望ましいと思われる。

1. 中国国内法に基づく手続き

　税収徴収管理法第88条では以下のとおり規定している。

> 【税収徴収管理法第88条】
> 1. 納税者、源泉徴収義務者、納税担保人との間に納税上の争いが生じた場合には、まず税務機関の納税決定に従い税金および延滞金の納付、源泉徴収・代理徴収納付を行う、あるいは相当の担保の提供を行い、その後、法に従い行政再審査を申請することができる。行政再審査の決定に対し不服がある場合は、人民法院に提訴することができる。

　まずは行政手続きとしての不服申立（再審査）を経て、それでも不服の場合は人民法院（裁判所）に提訴することができるとされる。中国における不服申立、裁判の有効性には疑問がもたれており、利用されるケースはほとんどないと思われる。

2. 相互協議による解決

　相互協議とは、納税者が租税条約の規定に適合しない課税を受け、又は受けると認められる場合において、その条約に適合しない課税を排除するため、条約締結国の税務当局間で解決を図るための協議手続である。日本が締結している租税条約すべてに、相互協議に関する規定が置かれている。日中租税条約においては第25条に相互協議の規定がある。

相互協議の目的は、納税者に対する国際的二重課税の排除にある。納税者から相互協議の申し立てがあった場合には、国税庁と相手国の課税庁は相互協議を行う義務がある。しかしながら、両当局による「合意」まで義務付けたものではないため、場合によっては、協議が合意に至らなかったというケースが生じることもありうる。

　なお、相互協議には移転価格課税事案の事後的処理としての相互協議と、移転価格事前確認（APA）の相互協議があるが、APAについては後述する。

3．相互協議申立のタイミング

　日中租税条約第25条は相互協議の規定をおいている。

　「いずれか一方のまたは双方の締約国の措置によりこの協定の規定に適合しない課税を受けたとまたは受けることになると認める者は、（中略）自己が国民である締約国の権限のある当局に対して、申立てをすることができる。当該申立ては、この協定に適合しない課税に係る当該措置の最初の通知の日から3年以内に、しなければならない。」

　課税処分を受けてから3年以内に申し立てるというのは、日中租税条約に限らず日本が締結したほとんどすべての条約が3年以内としている。

　当該条約を読むと課税処分を受ける前であっても「受けることになると認める者」は相互協議の申立てができるとされている。筆者を初め中国で実務を経験しているものは、中国における税の還付の難しさを少なからず経験している。これは移転価格課税に限らず、企業所得税や増値税など一般の税務において、法が予定している当然の「税の還付」でさえ、スムーズに行われないことが多い。したがって、移転価格事案においてもいったん納税してしまうと、還付（移転価格事案では相互協議での合意に基づく対応的調整）が受けられないのではないかという懸念がある。そのために、中国においては諸外国以上に課税処分前に回避する努力が重要である。課税処分前に相互協議の申立てを行うこと、あるいは、相互協議を申し立てる旨を調査官に訴えかけることにより課税処分を回避ないし遅延する効果はある。

4. 対応的調整

　対応的調整とは、相手国で移転価格課税を受け、相互協議によって合意が成立したときは、当該合意に基づく所得金額をその分だけ日本で減額し、それに見合う税額減少相当分を還付するという制度である。

　具体的な数値例で説明する。

　図1は移転価格課税を受ける前の状況である。中国子会社が原価10,000円の製品を日本本社に14,000円で販売、日本本社はこれを20,000円で販売すると、中国子会社の利益は4,000円、日本本社の利益は6,000円となる。

　中国の企業所得税率25％、日本の法人税率（実効税率）40％とすると、中国で1,000円、日本で2,400円、合計3,400円の税金を日中両国でそれぞれ納付することになる。

　図2は中国で移転価格課税を受けた場合の状況である。中国子会社から日本本社への販売価格（移転価格）は14,000円であったが、中国税務当局がこれを低すぎるとして、16,000円が適正価格として更正した場合である。中国側での所得増加分2,000円に対し、中国側で2,000円×25％＝500円を追加納税しなければならない。

　このとき中国側で移転価格課税を受けても、日本側ではもともとの売上原価14,000円を基準に納税した2,400円はそのままである。このままの状況では中国側で追加納税した500円に対応する所得2,000円部分については、日本と中国でダブルカウントになっている。これが移転価格課税における二重課税である。

　図3は日本の国税庁と中国の国家税務総局が協議を行い、日本側が譲歩し中国の主張する移転価格16,000円を認めた場合である。中国側は当初の納税額1,000円と追加納税額500円を納付したままで完了となる。一方、日本側においては当初売上原価14,000円を基準に所得を6,000円としていたが、売上原価が16,000円へと増加したことから、所得は2,000円だけ減少することになる。当初の納税額は課税所得6,000円を基準としていたが、相互協議の合意に基づき4,000円を基準に計算を修正することになる。結果として、当初の納税額が2,000円×40％＝800円分払いすぎたことになるため、日本側で800円還付される。

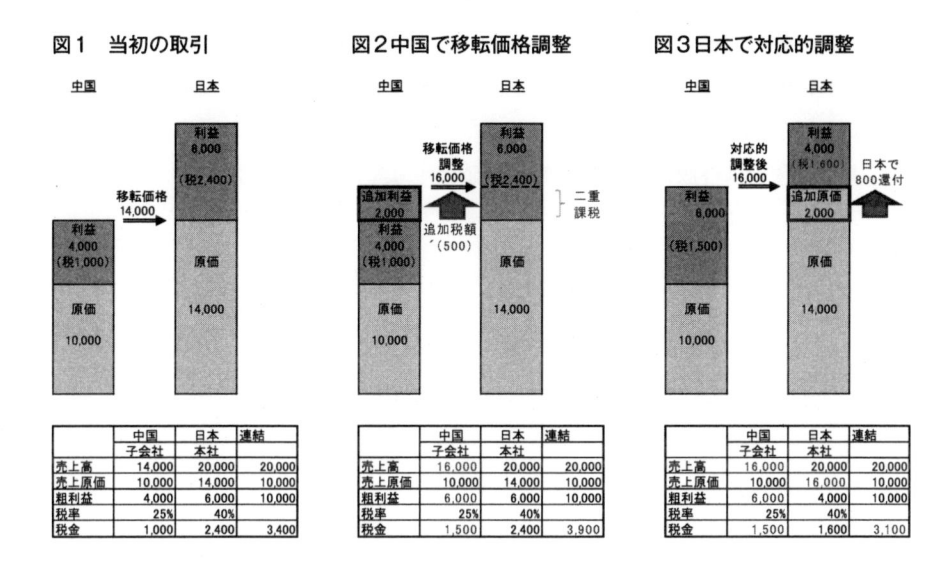

図1 当初の取引　　図2 中国で移転価格調整　　図3 日本で対応的調整

これが対応的調整である。中国で納付した税金が日本で還付されるのである。

5. 中国国内法に規定される相互協議・対応的調整

実施弁法第99条、第100条では、相互協議申立開始申請書に関する規定がある。

> **（実施弁法第99条）**
> 租税条約を締結している国家（地区）の関連者の移転価格の対応的調整について、企業は国家税務総局、管轄税務機関に同時に書面で申請を提出し、『相互協議手続開始申請書』を提出し、企業又は関連者の移転価格調整の通知書のコピー等の資料を提出しなければならない。
>
> **（実施弁法第100条）**
> 企業は企業又は関連者が移転価格調整通知書を受け取った日から3年以内に対応的調整の申請を提出しなければならない。3年を超える場合、税務機関はこれを受理しない。

第100条の規定は、中国が各国と締結した租税条約との関連で3年以内として

おり、わが国と同様である。なお、対応的調整の申請とは相互協議の申請と考えられるが、中国において日本企業の子会社が移転価格課税を受けた場合には、中国側での相互協議申請は不要とされていた。素直に解釈すれば、新実施弁法の施行により、今後は外商投資企業も相互協議の申立てが必要になると考えられる。

第8節　事前確認（APA）

　事前確認とは、移転価格算定方法について、納税者と税務当局の間で取引開始より事前に合意することにより、移転価格課税リスクを回避する手続きである。事前確認制度は1987年にわが国が世界で始めて導入した制度であるが、現在では各国で広く用いられている。

　事前確認は英語ではAdvance Price ArrangementまたはAdvance Price Agreementといい、APAという略語で呼ばれることが多い。

　事前確認にはひとつの国において納税者と税務当局が合意するものと、二国間で納税者、税務当局が合意するものの2種類ある。前者をユニラテラルAPA（ユニAPAと略す）、後者をバイラテラルAPA（バイAPAと略す）と呼ぶ。さらに三カ国以上の国家間によるAPAをマルチラテラルAPA（マルチAPAと略す）という。

1．中国の事前確認

　中国における事前確認は1998年の国税発［1998］059号の第48条で初めて規定され、2004年の国税発［2004］118号が公布されるまでに、約130件のAPAが締結されたがすべてがユニラテラルAPAである。中国にとって初めてのバイラテラルAPAは、2005年4月に日本との間で締結されている

　中国国家税務総局は2009年度までのAPAの状況について、2010年度にはじめて公表した。表2、表3のとおり、ユニAPAが累計で41件締結されているがこのうち23件はすでに期間満了で現在有効なものは18件である。

　バイAPAについては、累計で12件が締結済みである。現在処理中のバイAPA事案は受理申請すみのものが13件、受理前のものが25件、合計38件ある。この件数が、国税庁APAレポートの繰越件数380件（APAのみだと305件）に相当する。日本の国税庁と中国国家税務総局を単純比較すれば、国税庁は約10倍の案件を抱えていることになる。

　中国のAPAレポートも相手国別、取引類型別、移転価格算定方法別、手続期

間等について公表している。相手国で見ると、APA締結済み12件のうち、日本を含むアジアが9件、米国が1件、ヨーロッパが2件となっている。

表2　中国APAの年度別実績

	ユニAPA	バイAPA	マルチAPA	合計
2005年度	13	1	0	14
2006年度	10	0	0	10
2007年度	7	3	0	10
2008年度	6	1	0	7
2009年度	5	7	0	12
合計	41	12	0	53

表3　手続き段階別内訳（2009年12月31日）

状況		ユニAPA	バイAPA	合計
受理前	申請意向	0	20	20
	予備会談	26	5	31
申請受理	審査評価	0	5	5
	協議	2	8	10
	小計	2	13	15
締結APA	合意・署名待ち	0	1	1
	監督管理	18	11	29
	APA期間満了	23	1	24
	小計	41	13	54
総計		69	51	120

2. 事前確認申請要件

実施弁法第48条は、事前確認の条件について以下の通り定めている。

> （実施弁法第48条）
> 　事前確認は通常以下の条件をすべて満たした企業に適用される。
> （一）　年度関連取引金額が4000万元以上。

> (二) 法律により関連申告義務を履行している。
> (三) 規定に基づいて同時文書を準備、保存、提供している企業。

　上記のとおり、事前確認を申請するためには同時文書を作成していなければならない。同時文書の作成義務は、関連仕入、販売金額が2億元以上の企業に課されているが、2億元未満であっても、将来、事前確認を申請する計画がある企業は、同時文書を準備しておく必要がある。

3. 事前確認の期間とロールバック

　実施弁法第49条では、APA対象期間を「3年から5年」に延長するとともに、以下の通りロールバックを認めている。

> （実施弁法第49条）
> 　事前確認は企業が正式な書面申請を提出した年度の翌年度以降3年から5年の連続年度における関連取引に適用される。
> 　事前確認の交渉、締結は企業が正式な事前確認申請を書面で提出した年度或いはそれ以前の年度の関連取引に対する税務機関の移転価格調査調整に影響を与えるものではない。
> 　申請年度或いはそれ以前の年度の関連取引が、事前確認の適用年度と同じ或いは類似する場合、企業が申請し、税務機関の承認を得た上で、事前確認により確定された価格算定原則と計算方法を申請年度或いはそれ以前の年度の関連取引の評価及び調整に適用することができる。

　従前の「関連取引企業間取引事前確認の実施細則（試行）」ではAPA対象期間を申請年度の「翌年度以降2年から4年の連続年度」としている。APA期間については、日本の3年、米国の3年など諸外国の制度を参考に改定したものと思われる。
　第49条後段の規定は、APAの内容を過年度に遡及適用することを意味する。これをロールバックと呼んでいる。従前の規定では、申請年度についてのみ認めるという規定であったが、実施弁法施行以降は申請年度だけでなくそれ以前の年

度も認められることとなった。

4. 事前確認の実施手続

　事前確認の実施手続は、① 予備会談（事前相談）、② 正式申請、③ 審査・評価、④ 協議、⑤ APA締結、⑥実施の監督、の6段階がある。
　それぞれの段階について、処理期間の定めがあり、予備会談からAPA締結までは概ね1年はかかると考えた方がよい。特に、中国の事前確認においては予備会談のハードルが高く、これに時間を要するケースが多い。

図7　予備会談からAPA締結まで

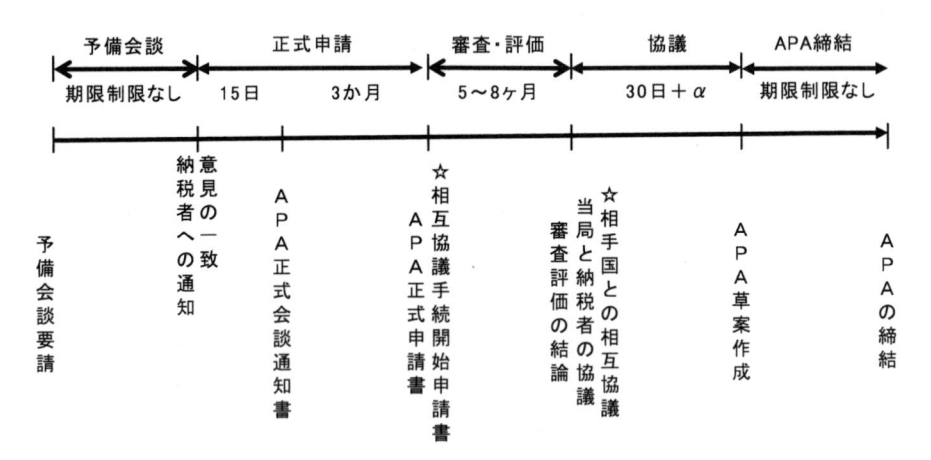

予備会談	正式申請	審査・評価	協議	APA締結
期限制限なし	15日　3か月	5〜8ヶ月	30日＋α	期限制限なし
予備会談要請	意見の一致納税者への通知 / APA正式会談通知書	☆相互協議手続開始申請書 / ☆APA正式申請書	☆相手国との相互協議 当局と納税者の協議 審査評価の結論	APA草案作成	APAの締結

☆は二国間APAに関する手続き

① 予備会談（事前相談）

　中国のAPA手続の特徴は、予備会談が非常に重要であるという点にある。この予備会談は、わが国の事前相談に相当するものであるが、わが国の事前相談が納税者の任意であるのに対し、中国では必ず予備会談を経なければならない。従前の規定である「関連企業間取引事前確認の実施細則」の下では、この予備会談において、納税者がAPAを締結するに足る能力を有しているか否かを税務当局が判断することとなっており、ここでかなりの手続が必要になっていた。極論すれば、この予備会談において基本的な事項はすべて決めてしまうようなところがあり、「事前相談」というような生易しいものではない。

　予備会談において納税者が準備しなければならない資料は、実施弁法第50条で以下の通り規定されている。

（実施弁法第50条）（抄）
1. 確認の適用年度。
2. 確認に関わる関連者及び関連取引。
3. 企業の過年度の生産経営状況。
4. 確認に関わる各関連者の機能とリスクの説明。
5. 確認で確定された方法を用いて過年度の移転価格問題を解決するか否か。
6. その他の説明が必要な状況。

　バイラテラルAPAの場合は上記に加え、以下が加わる。

7. 租税条約の締結相手国の税務当局に対して提出する予備会談申請の状況。
8. 確認に関わる関連者の過年度の生産経営状況及び関連取引の状況。
9. 租税条約の締結相手の税務当局に対して提出する事前確認で採用を予定する価格算定原則及び計算方法。

---

② 正式申請

　予備会談において納税者、税務当局双方が合意すると、合意した日から15日以内に『APA正式会談通知書』（表書式12）が税務当局から納税者に通知される

（実施弁法第50条）。納税者はこの通知を受け取ってから、3ヶ月以内に『事前確認正式申請書』（表書式14）を提出しなければならない（実施弁法第51条）。3ヶ月という期限は従前と同様である。

APAの正式申請書に記載すべき事項は、実施弁法第51条で以下の通り規定されている。

【実施弁法第51条（一）】（抄）APA正式申請書記載事項

1. 関連するグループの組織、会社の内部組織、関連関係、関連取引の状況。
2. 企業の直近3年間の財務諸表、製品の機能及び資産（無形資産及び有形資産を含む）に関する資料。
3. 確認に関わる関連取引の種類及び納税年度。
4. 関連者間の機能及びリスクの分担状況。分担の根拠となる機構、人員、費用、資産等を含む。
5. 事前確認に適用する価格算定原則及び計算方法、並びに当該原則及び方法を裏付ける機能リスク分析、比較可能性分析及び前提条件等。
6. 市場状況の説明。業界の発展趨勢及び競争環境を含む。
7. 確認対象期間となる年度の経営規模、経営業績予測及び経営計画等
8. 確認に関わる関連取引、経営計画、及び利益水準等に関する財務情報
9. 二重課税等の問題が生じるか否か
10. 国内及び国外の関連法律、租税条約等に関わる問題

バイAPAまたはマルチAPAを申請する場合には、『事前確認正式申請書』とともに『相互協議手続開始申請書』を提出しなければならない。

③ 審査・評価

税務当局による審査・評価の期間は、企業の『事前確認正式申請書』を受理した日から5ヶ月以内とされている。特別な事情により延長が必要な場合には、最長3ヶ月間の延長が認められている。期間の延長が必要な場合には、『事前確認審査延期通知書』（表書式17）が納税者に交付されることとなっている。

審査・評価の項目については実施弁法第52条で以下のとおり規定されている。

（実施弁法第52条）（抄）
　税務機関は主に以下の内容を審査及び評価しなければならない。
（一）過去の経営状況。企業の経営計画、発展趨勢、経営範囲等に関する文書資料を分析、評価し、フィージビリティスタディ、投資予（決）算、董事会決議等を重点的に審査する。経営業績を反映する情報及び資料（例えば財務諸表、監査報告書等）を総合的に分析する。
（二）機能及びリスクの状況。企業と関連者の供給、生産、輸送、販売等の各段階及び無形資産の研究、開発等におけるそれぞれの分担、果たす機能及び在庫、与信、為替、市場等に関して負担するリスクを分析、評価する。
（三）比較可能情報。企業の提出した国内、国外の比較可能価格情報を分析、評価し、比較可能企業と申請企業の実質的な差異を説明し、調整を行う。比較可能取引或いは経営活動の合理性を確認できない場合は、適用する価格算定原則及び計算方法が審査対象である関連取引及び経営の現状を公正に反映し、かつ財務及び経営等の資料により立証されていることを証明するために、企業が提出する追加資料を明確にしなければならない。
（四）前提条件。業界の利益獲得能力及び企業の生産経営に対する影響要因及び影響度合を分析、評価して、事前確認に適用する前提条件を合理的に決定する。
（五）価格算定原則及び計算方法。企業が事前確認に適用する価格算定原則及び計算方法が過去、現在及び将来年度の関連取引に運用されているか否か、どのように現実に運用されているか、また関連する財務、経営資料からみて、法律、法規の規定に合致しているかを分析、評価する。
（六）予測される独立企業間価格或いは利益レンジ。確定した比較可能価格、利益率、比較可能企業の取引等をさらに審査、評価し、税務機関と企業が受入可能な価格或いは利益レンジを算定する。

④ **協議**

　ユニAPAの場合には、審査・評価の結論が出された日から30日以内に企業と協議することとされている。企業との協議で合意が成立すると、「事前確認契約書」の草案と審査評価報告書を一緒に国家税務総局へ報告し、承認を得なければならないとされている。

　実施弁法第53条では、事前確認契約書の草案に規定すべき条項として次のとおり規定している。

【実施弁法第53条】（抄）

　事前確認契約書の草案には、以下の内容を含めなければならない。
（一）　関連者の名称、住所等の基本情報
（二）　協議に関わる関連取引及び適用年度
（三）　協議で選定した比較可能価格或いは取引、価格算定原則及び計算方法、予測される経営結果等
（四）　価格算定方法の運用及び計算の基礎に関連する専門用語の定義
（五）　前提条件
（六）　年度報告、記録の保管、前提条件の変動通知等の企業の義務
（七）　確認の法的効力、文書資料等の情報の機密保持
（八）　相互責任条項
（九）　確認の修正
（十）　争議の解決方法及び手段
（十一）発効日
（十二）附則

　バイAPAの場合には、国家税務総局が相手国と相互協議を行い、合意した場合は、協議覚書に基づいて事前確認契約書の草案を作成するとされている。

⑤ **事前確認の締結**

　ユニラテラル場合、事前確認の締結は、税務当局と納税者双方の法定代表者が事前確認の契約書に署名することになる。

　バイラテラルの場合には、『二国間（多国間）事前確認実施協議書』を締結す

⑥ 実施の監督

　事前確認の実施期間内において、「納税者は納税年度終了後5ヶ月以内に、事前確認の実施状況に関する年度報告を税務機関に提出しなければならない。」とされている。

　事前確認に影響を与える実質的な変化が生じた場合、企業は変化が生じた後30日以内に、税務機関に書面で報告し、税務機関は企業の書面による報告を受け取った日から60日以内に審査及び処理（修正または中止を含む）を行わなければならない、とされている。

5．コストシェアリング契約（費用分担契約）

　2008年1月1日施行の新企業所得税法では、第41条第2項でコストシェアリング契約に関する条項が初めて規定され、これを受けて実施弁法第7章　コストシェアリング契約の管理として、第64条～第75条に規定がおかれている。

　中国でのコストシェアリング契約に関しては、これまでのところほとんど実務の進展はないので、解説を割愛する。

6．特別納税調整実施弁法におけるその他の規定

　特別納税調整実施弁法では、移転価格税制のほか、過少資本税制、外国子会社合算課税（タックス・ヘイブン対策税制）、一般的租税回避行為防止に関する規定がある。いずれも実務の進展はないので、解説を割愛する。

第6章
最新
内部統制構築実務

1. 制度上の背景

　日本において、2006年6月に金融商品取引法が成立し、日本の上場会社においては2008年4月1日から開始する事業年度から連結グループとして内部統制を整備・運用する必要が生じた。それから2年以上が経過し、中国における子会社の内部統制構築実務についても事例がある程度蓄積された状況となってきている。
　内部統制自体の説明は他の専門書籍に譲るとし、本書では中国現地法人における内部統制構築実務についてできるだけ具体例を織り込みながら説明したい。

2. 内部統制構築対象となる中国現地法人

　中国現地法人でJ-SOXに基づく内部統制構築が必要といっても、上場会社のすべての中国現地法人が対象になるわけではない。その対象について整理したい。

① 全社統制及び決算・財務報告プロセス統制の構築対象

　全社統制及び決算・財務報告プロセス統制の構築については、その基本理念の必要性や構築の容易性から、多くの中国現地法人がその対象となっている。具体的には、連結売上高で全体の95％に入らないような連結子会社は全社的な内部統制の評価範囲としないことができる旨、「財務報告に係る内部統制の評価及び監査に関する実施基準」（平成23年3月30日付、以下、内部統制実施基準という）に例示されている。

② 業務プロセス統制

　業務プロセス統制については、その詳細さ及び構築の困難性から、構築対象となる中国現地法人を絞ることが可能である。具体的には、全社統制の評価が良好であれば、連結売上高で全体の概ね2/3程度に入る連結子会社を業務プロセス統制構築対象とする旨が内部統制実施基準に例示されている。

3. 中国現地法人における内部統制ニーズの変化

　中国現地法人における内部統制構築は、上述の法令による強制、または内部統

制実施基準の構築評価範囲の例示に基づき、「致し方なく」進められるという意識が当初は高かった。J-SOXに基づく内部統制構築は、日本親会社においてもかなりの労力とコスト、従業員からの抵抗を伴っているにもかかわらず、これをさらに中国現地法人まで展開することは、なるべく避けたいという認識が多かったと思われる。実際に、同じ売上高規模の子会社が日本、アメリカ、中国にそれぞれあった場合、内部統制構築対象とする子会社は、日本、アメリカ、中国の順とするよう、監査法人と協議する事例もあったと聞く。その背景としては、日本と中国の文化、言語の違いはもちろん、中国においてJ-SOXに基づく内部統制が監査を通る程度に構築できるのかどうかという不安から、なるべく中国子会社を避けたいという認識があったように思われる。

一方で、最近は逆に中国現地法人に対して積極的に内部統制に基づく管理を導入する傾向も出てきている。確かに日本人にとって中国人は理解しがたい面があるが、それを避けるのではなく、積極的に規程の文書化、ルールの周知、その運用評価を行うことによって、いままで不可解であった中国現地法人を理解し統括する手段として、内部統制を構築するのである。

特に近年は、単なる生産拠点としての中国現地法人から、中国市場への進出拠点という機能へ脱却し、連結グループの中でも重要性と期待が高まってきている。「中国現地法人の経営状況や統制が不明」では、連結グループとしての収益に与える影響が大きくなる場合、内部統制及び連結財務諸表の精度も不安定となるおそれがある。そのため、本腰を入れて中国人と向き合い、内部統制の構築を推進するニーズが少なからず高まってきている。最近においては、従来の「法令で決められているから致し方なく」から、「戦略的かつ実効性のある内部統制構築」が求められてきていると言える。

4. よくある論点

以下、中国現地法人における内部統制構築に際して、実務上問題となる論点とその対策を説明する。

① プロジェクト・チームの設置

　中国現地法人においてプロジェクト・チームを設置し、内部統制の中心チームとする事例が多い。確かに、内部統制構築推進の責任部門として、また進捗管理部門としてのプロジェクト・チームの設置は有効と考えられる。

　しかしながら、どのようなメンバーをプロジェクト・チームに設定するのかについては、J-SOXの知識や経験のない中国現地法人においては特に重要な論点となる。

　考えられるケースとしては、下記のとおりである。

(1) 少人数による内部統制プロジェクトの遂行

　まず一つ目に、中国現地法人において、各部門から優秀な人材を選抜し、日本人経営層が中心となって内部統制構築をリードするというチーム構成が考えられる。確かにプロジェクト開始時点においては、内部統制に関する論点認識共有や議論の収束について少人数の方がスムーズに進む。しかしながら、この方法ではプロジェクトの後半、すなわち規程や業務フローに準拠した各部門担当者の業務の遂行、内部統制監査への対応時点において、まとまりがつかなくなるリスクが高い。

　プロジェクト・メンバーのみによって策定された規程類や業務フローを、購買、倉庫、生産管理、営業といった各部門担当者に押し付けるような体制では、規程類の運用の段階において反発を招きやすい。特に中国においては、個人主義の傾向が日本よりも強いため、「会社が決めたルールよりも、自分が決めたルールの方が優れている（又は実行しやすい）」という考えの下、各担当者が独自の方法でオペレーションを行うことも頻発する。このような運用状況では、監査の場面において「会社が整備した規程類と実際の運用が異なる」ことが判明し、統制がとれていないという結論になりかねない。

(2) 多人数による内部統制プロジェクトの遂行

　二番目に、内部統制構築に必要な規程類や業務フローの作成業務を各部門に分散し、その後に統合するという方法が考えられる。この方法は、規程類を作成することのみならず、中国現地法人の各部門リーダーの養成や教育も意図していることが多い。

この方法の欠点としては、内部統制の理解や業務フロー等フォーマットの作成方法について統一性がなくなり、作成される資料が発散する。上述の「(1) 少人数による内部統制プロジェクトの遂行」では、規程類の運用段階において実際の運用が発散するリスクがあるのに対して、この多人数により遂行する方法においては規程類や業務フロー等が作成される段階、すなわち整備の段階でフォーマットが発散するリスクが高い。

　また、中国現地法人の場合、購買、倉庫、生産管理、営業といった各部門のリーダーといっても実際の帳票や証憑の作成業務は部下の担当者に任せっきりで、実際の業務がどのようになされているかについて理解、把握されていないケースも多々ある。そのような場合、各部門リーダーは部下に業務フローなどの作成を丸投げし、さらにフォーマットの発散や、担当者間の連携が資料上に反映されにくくなる場合もある。

　このような状況では、監査の場面において「規程類や業務フロー等に基づく有効な監査手続を設定しにくい」ことになり、ましてや日本親会社の監査法人への説明などできない状況になりがちである。

(3) コア・メンバーを中心とした多人数参画による内部統制プロジェクトの遂行

　上述の (1) 及び (2) の欠点を解消するための方法が、この3番目の方法である。まず、内部統制構築にあたり、各部門からコア・メンバーを選定するも、コア・メンバーのみによって規程類や業務フロー等を作成するのではなく、購買、倉庫、生産管理、営業といった各部門担当者にヒアリングや協議を行いながら、多人数の合意・納得の上で各種規程類を策定する。

　この方法における役割分担は次のとおりである。

(a) コア・メンバー

　内部統制構築プロジェクトの中心となり、また責任部門となる。必要となる規程類や業務フロー、業務記述書、リスク・コントロール・マトリクス（以下、RCMという）といった膨大な資料は、このコア・メンバーが中心となって作成する。また、下記 (b) で示す各部門リーダー及び担当者と綿密なコミュニケーションをとり、各担当者が合意しうる規程類を策定するというホスピタリティが求められる。例えば、同じ購買部門内であっても、担当者により業務の実施方法が異なる場合、業務の内容に応じて丹念にヒアリングと協議を行う必要がある。

さらに、日本親会社と中国現地法人現場担当者とのコミュニケーションを円滑にするためには、日本語と中国語の語学能力も求められる。

(b) 各部門リーダー及び担当者
　コア・メンバーが作成する規程類の作成に協力する。具体的には、現状業務の流れの説明、改善点に関する協議への参画、改善後業務フローのチェックと運用可能性にかかる合意を行う。各部門リーダーは、現場担当者の主たる業務を勘案しながら、コア・メンバーを中心とする内部統制構築プロジェクトに担当者を参画させなければならない。

(c) 経営層
　プロジェクトの遂行によって、内部牽制や承認証跡の不足、また部門間連携の不足といった問題点が発見されることがある。これらについては経営層が指導性を発揮し、追加人材の雇用、社内部門間の役割分担の整理、或いは取引先への要望交渉といった役割を担う必要がある。

　この方法における成功のカギは、コア・メンバーがどれだけ労力を払い、ホスピタリティの精神を持って各部門担当者に接し、丹念なコミュニケーション合意しうる規程類を策定できるかにかかっている。コア・メンバーが努力し綿密な資料作成に労力を払えば、その状況を見ている現場担当者はコア・メンバーの提示する改善策案を受け入れる傾向がある。
　しかし、この方法の欠点としては、このようなコア・メンバーになりうる人材が社内に乏しいということである。また、コア・メンバーに値する人材がいたとしても、その人物は生産や営業といった直接業務の重要なポジションに就いていることがほとんどであり、兼任で業務負荷の高い内部統制構築プロジェクトのコア・メンバーに就任することは不可能であるケースが多い。
　この欠点に対応する方法としては、外部から該当する人材を招聘する方法と、中国現地法人における内部統制構築経験豊富なコンサルティング会社にコア・メンバーの役割を委託する方法が挙げられる。短期間集中で内部統制構築を遂行する場合は、監査法人への対応も含めて経験豊かなコンサルティング会社に委託する方法が推奨される。

② 使用言語

中国現地法人において、規程類や業務フローの策定において常に論点となるのが、日本語と中国語の問題である。内部統制の構築及び運用に際しては、日本親会社の内部統制管理チーム、中国現地法人の経営層（多くは日本人）、各部門リーダー及び現場担当者（多くは中国人）、内部監査人（多くは日本親会社から派遣）、中国現地法人の監査法人、日本親会社の監査法人が参画する。これら参画者の認識を共有するためには、日本語と中国語の両方で規程類等資料を作成する必要がある。そのためには、規程類等資料の作成には、翻訳に要する人員及び期間を予め計画に盛り込まなければならない。

③ 全社的な内部統制

全社的な内部統制（以下、全社統制という）については、内部統制実施基準においていわゆる42項目のチェック項目例が示されている。多くの場合、当該チェック項目をリスト化し、中国現地法人に対しても整備と運用のチェックを行っている。

図1：全社的な内部統制にかかるチェックリスト（内部統制実施基準の例示より）

項目番号	チェック内容
	統制環境
1	経営者は、信頼性のある財務報告を重視し、財務報告に係る内部統制の役割を含め、財務報告の基本方針を明確にしているか。
2	適切な経営理念や倫理規程に基づき、社内の制度が設計・運用され、原則を逸脱した行動が発見された場合には、適切に是正が行なわれるようになっているか。
3	経営者は、適切な会計処理の原則を選択し、会計上の見積り等を決定する際の客観的な実施過程を保持しているか。
4	取締役会及び監査役又は監査委員会は、財務報告とその内部統制に関し経営者を適切に監督・監視する責任を理解し、実行しているか。
5	監査役又は監査委員会は内部監査人及び監査人と適切な連携を図っているか。
6	経営者は、問題があっても指摘しにくいなどの組織構造や慣行があると認められる事実が存在する場合に、適切な改善を図っているか。
7	経営者は、企業内の個々の職能（生産、販売、情報、会計等）および活動単位に対して、適切な役割分担を定めているか。

8	経営者は、信頼性のある財務報告の作成を支えるのに必要な能力を識別し、所要の能力を有する人材を確保・配置しているか。
9	信頼性のある財務報告の作成に必要とされる能力の内容は、定期的に見直され常に適切なものとなっているか。
10	責任の割当てと権限の委任がすべての従業員に対して明確になされているか。
11	従業員等に対する権限と責任の委任は、無制限ではなく、適切な範囲に限定されているか。
12	経営者は、従業員等に職務の遂行に必要となる手段や訓練等を提供し、従業員等の能力を引き出すことを支援しているか。
13	従業員等の勤務評価は、公平で適切なものとなっているか。
	リスクの評価と対応
14	信頼性のある財務報告の作成のため、適切な階層の経営者、管理者を関与させる有効なリスク評価の仕組みが存在しているか。
15	リスクを識別する作業において、企業の内外の諸要因および該当要因が信頼性のある財務報告の作成に及ぼす影響が適切に考慮されているか。
16	経営者は、組織の変更やITの開発など、信頼性のある財務報告の作成に重要な影響を及ぼす可能性のある変化が発生する都度、リスクを再評価する仕組みを設定し、適切な対応を図っているか。
17	経営者は、不正に関するリスクを検討する際に、単に不正に関する表面的な事実だけではなく、不正を犯させるに至る動機、原因、背景等を踏まえ、適切にリスク評価し、対応しているか。
	統制活動
18	信頼性のある財務報告の作成に対するリスクに対処して、これを十分に軽減する統制活動を確保するための方針として手続を定めているか。
19	経営者は、信頼性のある財務報告の作成に関し、職務の分掌を明確化し、権限や職責を担当者に適切に分担させているか。
20	統制活動に係る責任と説明義務を、リスクが存在する業務単位または業務プロセスの管理者に適切に帰属させているか。
21	全社的な職務規程や、個々の業務手順を適切に作成しているか。
22	統制活動は、業務全体にわたって誠実に実施されているか。
23	統制活動を実施することにより検出された誤謬等は適切に調査され、必要な対応が取られているか。
24	統制活動は、その実行状況を踏まえて、その妥当性が定期的に検証され、必要な改善が行なわれているか。
	情報と伝達
25	信頼性のある財務報告の作成に関する経営者の方針や指示が、企業内のすべての者、特に財務報告の作成に関連する者に適切に伝達される体制が整備されているか。

26		会計及び財務に関する情報が、関連する業務プロセスから適切に情報システムに伝達され、適切に利用可能となるような体制が整備されているか。
27		内部統制に関する重要な情報が円滑に経営者および組織内の適切な管理者に伝達される体制が整備されているか。
28		経営者、取締役会、監査役または監査委員会およびその他の関係者の間で、情報が適切に伝達・共有されているか。
29		内部通報の仕組みなど、通常の報告経路から独立した伝達経路が利用できるように設定されているか。
30		内部統制に関する企業外部からの情報を適切に利用し、経営者、取締役会、監査役又は監査役会に適切に伝達する仕組みとなっているか。
	モニタリング	
31		日常的モニタリングが、企業の業務活動に適切に組み込まれているか。
32		経営者は、独立的評価の範囲と頻度を、リスクの重要性、内部統制の重要性および日常的モニタリングの有効性に応じて適切に調整しているか。
33		モニタリングの実施責任者には、業務遂行を行うに足る十分な知識や能力を有する者が指名されているか。
34		経営者は、モニタリングの結果を適時に受領し、適切な検討を行なっているか。
35		企業の内外から伝達された内部統制に関する重要な情報は適切に検討され、必要な是正措置が取られているか。
36		モニタリングによって得られた内部統制の不備に関する情報は、当該実施過程に係る上位の管理者ならびに当該実施過程および関連する内部統制を管理し是正措置を実施すべき地位にある者に適切に報告されているか。
37		内部統制に係る重要な欠陥等に関する情報は、経営者、取締役会、監査役または監査委員会に適切に伝達されているか。
	ITへの対応	
38		経営者は、ITに関する適切な戦略、計画等を定めているか。
39		経営者は、内部統制を整備する際に、IT環境を適切に理解し、これを踏まえて方針を明確に示しているか。
40		経営者は、信頼性のある財務報告の作成という目的の達成に対するリスクを低減するため、手作業およびITを用いた統制の利用領域について、適切に判断しているか。
41		ITを用いて統制活動を整備する際には、ITを利用することにより生じる新たなリスクが考慮されているか。
42		経営者は、ITに係る全般統制およびITに係る業務処理統制についての方針および手続を適切に定めているか。

（1）全社統制チェックリストのカスタマイズ

「内部統制報告制度に関する事例集」（金融庁総務企画局、平成23年3月）事例1-2によると、監査人と協議のうえ、事業拠点の重要度に応じて、全社統制の評価項目を調整できる旨が示されている。日本親会社においては連結子会社も含めて統括する必要があるのに比較して、中国現地法人に期待される役割は通常限定される。したがって、中国現地法人の実状に応じて、全社統制のチェック項目を減少させることが可能であると考えられる。

以下、チェックリストの各項目のうち、どの項目を減少できるかについては、例えば経営理念や倫理規程（項目2）については、中国現地法人独自のものを策定する必要はなく、連結グループ全体のものを各連結子会社に周知している事例が多い。だとすれば、経営理念や倫理規程の整備に関する評価項目は中国現地法人にとって不要と言える（但し周知徹底などの運用に関する評価項目は必要になる）。同様に、リスク管理規程やコンプライアンス規程（項目14）についても、連結グループ全体で管理を行う場合は、中国現地法人独自の整備は不要であると考えられる。

また、モニタリングにおける内部監査に関する項目（項目32～37）については、日本親会社の内部監査室が主体としての機能を担う場合は、中国現地法人における整備と運用は必要ない。内部監査に協力する体制を中国現地法人にて備えれば足りると考えられる。

（2）不足規程類の充足

上述（1）により項目を絞った全社統制チェックリストに基づき、現状の中国現地法人のチェックを行った場合、どうしても不足している規程類が発見される。後に控える内部統制監査にPASSするためには、これらについて何らかの充足が必要となる。以下においては、充足する必要がある規程類の例示及びその充足方法について説明する。

図2：全社統制規程類の例示

No.	規程類名称	日本本社と共有	既存資料を利用	中文への翻訳	現地法人用にカスタマイズ＋翻訳
1	財務会計規程				○
2	企業理念			○	
3	コンプライアンス規程			○	
4	内部通報規程				○
5	就業規則		○		
6	職務権限規程				○
7	監事規程				○
8	董事会規程		○		
9	リスク管理規程	○			
10	組織規程			○	
11	組織図		○		
12	職務分掌規程				○
13	人事考課制度				○
14	内部監査規程	○			
15	IT関連規程			○	

　図2は、全社統制チェックリストに基づきチェックを行った場合に、中国現地法人に求められる規程類をリストアップし、右側にその充足方法を示したものである。以下、それぞれについて説明する。

(2-1) 財務会計規程

　財務会計規程（日本では「経理規程」といわれることが多いが、中国語の「経理」はマネージャーの意味であるため、誤解を避けるよう「財務会計規程」と示す）は、財務諸表の適正性を確保するために必須である。監査法人による内部統制監査に際しても徴求される。

　中国現地法人では、独自に財務会計規程を策定している場合がある。特に上海地区においては、会社設立申請段階で財務会計規程が整備されていることが要件とされていることもあり、財務会計規程が策定されている場合が多い。ここで問題になるのが、日本本社が策定した経理規程と中国現地法人が策定した財務会計規程との間に乖離があることである。日本本社は日本会計基準に基づき連結会計方針を意図して経理規程を策定しているのに対し、中国現地法人は中国の会計基

準や税法に基づき財務会計規程を策定しているため、特に会計方針について乖離しているケースが多い。

2008年5月に公表された「連結財務諸表作成における在外子会社の会計処理に関する当面の取扱い」(企業会計基準委員会 実務対応報告第18号)」によれば、中国を含む在外子会社の財務諸表は、原則として日本会計基準、米国会計基準又は国際会計基準に準拠して修正した上で連結財務諸表に組み入れる必要があり、そのような修正を日本本社の経理部が集中して行うことができない場合は、できるだけ中国現地法人側で日本親会社の会計基準に準拠して日常の会計処理及び決算を行うことが望ましい。

この場合、日本本社が意図する経理規程と、中国現地法人の財務会計規程の融合が必要となる。方法としては、日本親会社が策定した経理規程をもとに、中国の会計基準及び税法に適合するよう、カスタマイズすることになる。主なカスタマイズ項目は次のとおりである。

① 棚卸資産及び固定資産の減損会計
中国では、将来キャッシュフローに基づく減損会計を未だ採用していない企業が多い。そのため、減損会計の会計処理について中国現地法人の財務会計規程に盛り込み、日本基準との整合性を確保する必要がある。
② 税効果会計
中国では、税効果会計を未だ採用していない企業が多い。そのため、税効果会計の会計処理について中国現地法人の財務会計規程に盛り込み、日本基準との整合性を確保する必要がある。
③ 増値税・営業税の会計処理
増値税・営業税とは、日本でいう消費税に相当する付加価値税である。中国独自の発票制度に関する取扱いや会計処理に関する記載を中国現地法人の財務会計規程に盛り込む必要がある。
④ 帳簿の保存期間
中国では、政府(財政局)により、会計帳簿の保存期間が定められている(国家書類保管局の会計書類管理方法の公告に関する通知)。これによると会計伝票や原始証憑類については15年間保存することとなっている。

日本の税法に基づく帳簿保存期間よりも長期間保存する必要がある。
⑤ 有価証券評価基準
　　中国の製造会社や貿易会社では、原則として有価証券投資を行うことが認められていない。そのため、商品売買有価証券、満期保有目的有価証券やその他有価証券の区分や評価等に関する規定は、財務会計規程上不要と言える。

(2-2) 企業理念

　上述したとおり、企業理念は日本親会社のものを準用できる。従業員に周知するためには、中国語への翻訳が必要となるが、既に中国語で会議室や工場内に掲示している中国現地法人も多い。

(2-3) コンプライアンス規程

　企業理念と同様に、日本親会社のものを準用できる場合が多い。コンプライアンス規程を中国語に翻訳し、新入社員研修において配布し説明している企業も多い。

(2-4) 内部通報規程

　これも中国現地法人独自で策定する必要はなく、日本親会社で利用しているものを中国語に翻訳し、従業員に周知することにより対応できる。一点のみ、内部通報の窓口が日本親会社では実効性に欠けるため、中国現地法人の総経理や総経理室を窓口として設定する。

(2-5) 就業規則

　就業規則については、J-SOXの要請以前に中国現地法人独自で設定しているケースが多い。広大な中国の各地から集まる従業員の就業を管理するためには、詳細な勤怠規定や罰則等を事前に定め、周知させる必要があるためである。日本国内で策定される就業規則よりも詳細な内容となる傾向があるため、これについては中国現地法人独自で定めた就業規則を利用することがスムーズであると思われる。

(2-6) 職務権限規程

　これは中国現地法人独自で設定する必要がある。通常、中国現地法人の役職や権限は、日本親会社のものと比較して規模や段階が少なくなっているため、それに応じて職務権限を設定する必要がある。決算書の承認や購買決裁、人事採用決裁権限等の項目については、日本親会社の職務権限規程上の項目を参考とし、これらが中国現地法人のどの役職の権限に帰属するかについて、幹部と協議しながら決定することになる。

(2-7) 監事規程

　日本では通常監査役会が設けられ、3人以上の会議体を前提として監査役会規程が策定されているが、中国現地法人の場合は1名の監事が任命されている事例が多い。また、中国現地法人の監事は日本親会社の監査役が兼務している等、中国の文化や中国語に不案内な場合が多く、自らが主体となって会計監査や業務監査を行う能力に乏しいという実態がある。そのため、中国現地法人の監事規程には、中国会社法上で規定されている最低限の機能とし、内部監査室との連携や中国現地法人の会計師事務所との連携について規定することが実態に即すと考えられる。

(2-8) 董事会規程

　中国現地法人の董事は日本の取締役に相当し、董事会は取締役会に相当する。しかしながら、董事は日本の取締役が兼任している事例も多くあり、董事が定期的に中国現地法人に集結し、実効性のある董事会を開催することが困難な場合もある。中国現地法人における董事会規程は、上述の監事規程と同様、中国会社法で規定されている最低限の機能とし、実際には日本から派遣された日本人経営層による管理及び日本親会社への報告・連絡・相談で代替することが実態に即すと考えられる。

(2-9) リスク管理規程

　コンプライアンス規程と同様、日本親会社の規程をそのまま中国現地法人に準用することが可能である。また、日本親会社においてリスク管理の対象を、連結子会社まで含めている場合は、中国現地法人独自でのリスク管理規程は不要であ

るとも考えられる。

(2-10) 組織規程

　組織の変革や部門の追加、昇格についての意思決定権限やプロセスを規定するための組織規程は、日本親会社のものを準用できる。ただし、中国現地法人の意思決定会議体の実態に即した簡易なものとする必要があり、また、董事会や日本親会社への報告・承認を要する事例もある。

(2-11) 組織図

　組織図については、J-SOXの要請以前に中国現地法人独自で策定している事例が多い。特に製造業においては従業員数が多くなる傾向があるため、組織の体系を整理する必要があるためと思われる。組織図については、中国現地法人の実状に応じた独自のものを策定し、適時に更新することが望ましい。

(2-12) 職務分掌規程

　上記（2-6）の職務権限規程とは別途、各部門や担当者の職能を示した職務分掌規程を策定しているケースがある。これらについては、各部門リーダー及び部門内担当者の協議により、職務分掌を明確にする。

(2-13) 人事考課制度

　人事考課制度は、経理部門や人事部門といった間接部門担当者や製造部、購買部といった直接部門リーダーを対象にした考課制度を設けている事例が多い。製造現場のワーカーについては、入退職が多く、また人数が膨大な場合は厳密な人事評価制度を整備・運用していないケースが多い。一般に、中国では自己評価と上司評価の乖離が大きく、画一的に人事考課制度を取り入れるとかえって円滑な業務推進が阻害される可能性がある。実状に即した考課対象範囲の設定が現実的であると思われる。

(2-14) 内部監査規程

　J-SOX体系において、中国現地法人独自で内部監査室を設置している企業は少ない。多くの場合、日本親会社の内部監査室が中国現地法人に出向き、内部監査

を実施した上、日本の監査法人への報告、協議を行っている。この場合、中国現地法人独自の内部監査規程は必要ない。ただし、中国現地法人側では、日本親会社の内部監査の受入、不備指摘に対する社内対策記録作成及び内部監査室への報告手続き等が必要になるため、連結グループで各子会社の内部監査への対応を通達等で文書化する必要はあると思われる。

(2-15) IT関連規程

　日本親会社のIT関連規程をそのまま中国現地法人に適用することに、中国の法令上の制約はない。しかしながら、中国現地法人のITシステム環境は日本親会社のそれよりレベルが低い場合が多い。その場合は、日本親会社のITシステム規程を簡素化する必要がある。特に、ITシステムの利用範囲がパッケージの一般会計システムに限定されているような場合は、システム業者から納品された操作マニュアル等の既存資料を利用し、過度に複雑なIT関連規程を防ぐことが可能と考えられる。

④　決算・財務報告プロセス

　決算・財務報告に係る業務プロセスのうち、全社的な観点で評価することが適切と考えられるものについては、全社的な内部統制に準じてすべての事業拠点について全社的な観点で評価することとなるが、それ以外の決算・財務報告プロセスについては、それ自体を固有の業務プロセスとして評価することとなる（内部統制実施基準Ⅱ3.(3)④ニb）。日本親会社においては、個別決算と連結決算の見地から決算・財務報告プロセスを整備・運用することになるが、中国現地法人では、子会社（日本親会社からみて孫会社）を有している事例が少ないため、主に個別決算の見地から決算・財務報告プロセスを整備・運用することになる。

(1) 経理規程

　上述の全社統制において整備・運用されるものと同じである。

(2) 財務部門内での役割分担

　全社統制において部門間の職務分掌規程が策定されるが、加えて財務部門内の各担当者の役割分担を定めておくことが望ましい。決算作業においては会計処理

の網羅性が要点となるため、全ての作業をリストアップして各担当者に分担させるという書面を策定することが望まれる。

(3) 決算作業スケジュール

中国においては月次の決算作業期間が概ね翌月10日までとなる。その理由は、増値税及び営業税の税務申告を毎月実施する必要があり、その期限が実務上、翌月10日までとされているためである（月初に法定祝日がある場合は期限が延長される）。税務申告書には月次の貸借対照表及び損益計算書を添付する必要があるので、12月末の年度決算においても翌月10日までに一通りの決算手続を完了する必要がある（但し、年度の確定税務申告は翌年5月が期限とされる）。

決算手続に際しては、財務部門内のみならず、倉庫部門や生産部門、営業部門等からデータ資料を入手する必要があり、これら資料のリストアップ並びに入手期限を明確にし、各部門に周知することが望まれる。加えて、財務部門内の役割分担に沿った決算作業スケジュールを設定することが望ましい。

(4) 人員体制

一般的な決算・財務報告プロセスに係るチェックリストによると、財務部門担当者の適格性や能力が満たされていることが要求される。何をもって財務部門担当者の適格性とするかは議論のあるところであるが、中国においては企業の財務会計に従事する担当者には会計員証（中文：上岗证）という国家財政部管轄の資格が要求されている。会計員証には入門、初級、中級、高級といったランクがあり、それぞれ資格取得のための国家試験が開催されている。中国では、会計員証をもって財務部門担当者の適格性があるともいえる。なお、会計員証資格保持のためには、定期的に税務局等が開催する研修会に参画する必要もある。

(5) 引当金等に係るRCM

棚卸資産減損引当金、固定資産減損引当金、貸倒引当金、賞与引当金、税効果会計の計算に関しては、リスク・コントロール・マトリクス（以下、RCMという）を中国現地法人においても策定し、計算過程とコントロール手続を明確にすることが要求される場合がある。

日本の会計基準による、将来キャッシュフローに基づく資産減損額の計算や、

売掛金の回収可能性の判断、繰延税金資産の回収可能性の判断については、一般的な中国現地法人の会計担当者は理解していない場合が多い。この場合は日本本社の引当金等にかかるRCMを提示し、各項目の説明、中国現地法人に当てはめた場合のカスタマイズを期中の段階で行っておく必要がある。特に、将来キャッシュフローの算定や将来のタックス・プランニングについては、将来の経営計画が必要になる。経営計画は中国現地法人の経営層管轄であることが多く、会計担当者レベルでは関知していない企業が多い。引当金等のRCM策定に際しては、会計担当者のみならず、経営層も含めた協議が必要になる。

(6) 決算整理仕訳

中国現地法人における主な決算整理仕訳としては、減価償却費、為替差損益、未払・未収計算、原価計算関連仕訳、賞与引当金、税金関連等である。日本国内会社と比較して、有価証券評価や退職給付引当金、デリバティブ会計といった複雑な項目が少ないため、比較的簡潔な決算整理仕訳となる。その場合でも、前期の決算整理項目と比較し、決算整理仕訳の洩れがないことを確認するための比較一覧表を作成することが望ましい。

(7) 会計師事務所との協議

日本では外部監査の主体を、ほとんどの場合「監査法人」と呼称しているが、中国語では「会計師事務所」という名称となる。日本と同様に国家資格を有する公認会計士（中文：注冊会計師）が中国現地法人に来訪し、帳簿の閲覧や棚卸資産の実査等の監査手続を行い、財務諸表の適正性に関する意見表明を行う。

日本の外部監査と異なるところは、監査報告書添付の財務諸表を会計師事務所が作成することが挙げられる。そのため、会計士事務所が会社と協議せずに自らの判断で監査調整仕訳を財務諸表に反映させる、又は監査調整仕訳が会社の財務部門担当者に認識されていないといった問題点も発生することがある。

日系現地法人の場合、日本本社に対して決算予想や予算実績対比分析を決算前に報告することがある。会計士事務所が勝手に財務諸表数値の調整を行うことは、たとえ監査調整仕訳が正しいとしても避けたい事象である。対策として、会計士事務所とは会社に来訪している時点からコミュニケーションを図り、随時に意見交換できるよう、協議の機会を設けることが望ましい。

(8) 連結パッケージ入力マニュアル

　中国現地法人における決算・財務報告プロセスの重要な論点として、連結パッケージへの入力が挙げられる。いかに中国現地法人において適正な財務諸表を作成したとしても、連結パッケージへの入力が誤っていれば、連結財務諸表も誤ってしまう。また、日本本社の経理部においては、昨今の決算早期化を背景として、すべての子会社の決算書を詳細にチェックする時間も労力も限られている。したがって、中国現地法人において適正な連結パッケージへの入力及びチェックが完了した後、適時に日本親会社に送信することが期待される。

(8-1) 連結パッケージ

　日本本社において、連結決算ソフトウェアを利用している場合、連結パッケージの内容は各子会社共通となる。また、日本の連結財務諸表勘定科目や注記事項、有価証券報告書作成に必要なデータ項目に基づいて連結パッケージ入力項目が設定されているため、特に中国現地法人側では一見どのようなデータが要求されているのかがわかりにくいことがある。例として、勘定科目で言えば退職給付引当金（中国では自己都合退職に際しても退職金を支給しないことが通常である）、税効果会計における永久差異と一時差異（税効果会計の知識がない担当者には理解されない）、セグメント情報（中国ではセグメント情報の注記は不要）、固定資産投資による増加生産能力等の項目である。

　そのため、連結パッケージのみを中国現地法人に提示するのではなく、各項目の意味やデータ収集方法の説明を加えることが望ましい。

(8-2) 勘定科目対比表

　連結パッケージ・マニュアルを策定する際に常に論点となるのが、日本の連結財務諸表上の勘定科目と、中国現地法人の個別財務諸表上勘定科目の紐付けである。日本及び中国双方の会計担当者が各勘定科目の意味について共通認識をもつためには、日中間の勘定科目対比表を作成することが有効である。以下、勘定科目対比表を作成する場合のポイントを説明する。

　一点目は、中国では公表用財務諸表上の勘定科目（中文：一級科目）が法令通達で定められているということである（中国企業会計準則−応用指南）。したがって、日本のように勘定科目を追加、削除できない。そのため、中国現地法人

の個別財務諸表の勘定科目を日本の連結財務諸表勘定科目に変更するのではなく、組み替えるという作業が必要になる。

二点目に、日本と中国の損益計算書上の勘定科目体系が異なる。日本の連結損益計算書では、上から売上高、売上原価、販売費及び一般管理費、営業外損益、特別損益の順であるが、中国の損益計算書では、売上高、売上原価、主要業務税金及び附加、営業費用、管理費用、財務費用、営業外収支の順である。

このうち、主要業務税金及び附加とは、会社が負担する営業税や地方政府が徴収する教育費附加費用等であるが、日本の連結財務諸表では販売費及び一般管理費に組み替えられるものと思われる。

財務費用は受取・支払利息等の金融収支の他、為替差損益、銀行に支払った手数料から構成される。内容に応じて日本勘定科目の営業外損益又は一般管理費に組み替えることになる。

三点目に、中国の損益計算書上には特別損益項目がない。多額の貸倒損失や減損損失、過年度に計上した引当金の戻入益等については、管理費用の内訳として計上される。したがって、これら項目が発生した場合は、連結パッケージ上の特別損益項目に計上していただく旨、中国現地法人の会計担当者に周知する必要がある。

四点目に、中国の損益計算書の特徴として、売上原価や営業費用、管理費用の内訳を記載する必要がない。そのため、日本の連結損益計算書上において、製造経費の内訳や販管費の内訳を記載、或いは注記する場合は、中国現地法人側では損益計算書ではなく、残高試算表に基づき連結パッケージに入力することになる。上述のとおり、中国では公表用財務諸表の勘定科目については法令通達で定められているが、その内訳明細科目については会計担当者の裁量に任せられている。そのため、明細内訳科目が取引先別や社内担当者の人名勘定となっていたり、また勘定科目名称のみでは内容が明確でない場合もある。この状況では日本本社の要求する連結パッケージ上の勘定科目に円滑に入力できない他、担当者が変わると入力項目の継続性が保てないという弊害が生じやすい。対応策としては、期中の段階で日本本社の連結財務諸表作成担当者が中国現地法人に赴き、明細科目の内容のヒアリング及び整理の指示を行った上で、勘定科目の対比表を作成しておく必要がある。ちなみに、良くある事例を挙げると、日本語の勘定科目で「法定福利費」と「福利厚生費」の区別がそのままでは中国人担当者には理解

されない。中国語で「福利費」というと会社の忘年会費用や社員旅行費用を意味する。勘定科目対比表上に、日本語の「法定福利費」は中国語で言うところの「四金（社会保険料）」であり、「福利厚生費」は中国語の「福利費」であることを明確に整理する必要がある。

⑤ 業務プロセス統制

　上述の全社統制、決算・財務報告プロセスよりも、整備・運用・評価にかなり労力を費やすのが業務プロセス統制である。一般に、業務プロセス統制の構築まで要求される中国現地法人は、規模が大きい。そのため、財務会計部門のみならず、購買部門、倉庫部門、販売部門、生産管理部門まで巻き込み、いわゆる3点セット（業務フロー、業務記述書、RCM）の整備と運用、その評価を行うためには、多くの時間と労力を費やし、また部門を越えた担当者間の連携が必要になる。

　個人主義の傾向が強い中国の文化圏においては、個人間のみならず部門間を越えた連携を行いながら、3点セットを整備・運用していくことは、日本よりもさらに困難を伴う。

(1) プロジェクト体制

　前述の4①「プロジェクト・チームの設定」でも記載したとおり、業務プロセス統制の構築には、コア・メンバーを中心として多数の各部門実務担当者が参画する必要がある。3点セットの作成は、コア・メンバーが担当し、フォーマットの統一及び各部門間の連携を記述していく。各部門実務担当者は、コア・メンバーが作成した資料を確認し、実際の業務との整合性及び要改善点に対する合意を行っていく。

(2) プロジェクトの進め方

　多人数が参画し、また評価の期限も設定される業務プロセス統制の構築を進めるためには、まず計画が必要となる。計画では各フェーズを設定し、進捗のマイルストーンとする。以下、望ましいフェーズについて説明する。

図3：業務プロセス統制構築の各プロジェクト・フェーズ

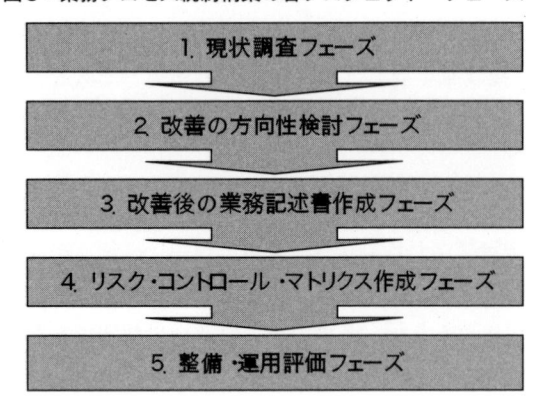

1. 現状調査フェーズ
2. 改善の方向性検討フェーズ
3. 改善後の業務記述書作成フェーズ
4. リスク・コントロール・マトリクス作成フェーズ
5. 整備・運用評価フェーズ

① 現状調査フェーズ

　まず、現状の業務プロセスがどうなっているのかについて、現状の業務フローを作成し、可視化を行う。このフェーズでは、現状の業務の流れを把握することに徹し、改善の指示は次の改善の方向性検討フェーズで実施する。

　このフェーズのゴールとしては、各業務プロセス（購買管理プロセス、在庫管理プロセス、販売管理プロセス等）の現状の業務フローが明確になっており、また具体的な問題点、つまり要改善事項が明確になっていることである。

② 改善の方向性検討フェーズ

　現状調査フェーズで明確となった問題点に対しどのように改善するかを、経営層、関連する部門長及び担当者と協議し意思決定を行うフェーズである。一般的に、業務の変更が現場担当者の抵抗を受けることは、中国でも日本でも同様である。「なぜ、変革しなければならないのか」「どう変革するのか」「そのために担当者が負担する業務負荷は何なのか？」を議論し、経営層と現場担当者の共通認識を形成する。

　このフェーズのゴールとしては、現状の業務フローに対する改善の方向性（組織改革、業務改革、システム改革）が明確となり、経営層の意思も踏まえて各部門長及び担当者に周知されていることである。

③　改善後の業務記述書作成フェーズ

　改善の方向性検討フェーズで合意した改善方案に基づき、担当者が行う具体的な作業を業務フロー、業務記述書の資料に落とし込む。①現状調査フェーズで作成した現状業務フローに上書きする方法で修正する。改善の必要がない部分については、現状の業務をできるだけ尊重し修正しないことによって、現場担当者の混乱リスクを低減する。また、ウォークスルーにより改善後の業務フローの記載内容が正しいかどうかもこのフェーズで確認する。

　このフェーズのゴールとしては、改善の方向性に基づき、各担当者がいつ何を実施すべきかについて、業務フロー及び業務記述書の形式で明確になっていること、及び実務担当者が業務フロー及び業務記述書の内容を理解し、運用について合意していることである。

④　RCM作成フェーズ

　改善後の業務フロー及び業務記述書に沿って、リスク・ポイントを洗い出し、当該リスクに対応するコントロールをリスク・コントロール・マトリクス（RCM）に記載する。

　ここで注意すべきことは、RCMに記載するコントロールは業務フロー及び記述書に基づいている必要がある。業務フロー等に記載している以外の事項をコントロールとして記載してはならない。そのため、上述の現状調査フェーズからRCMに記載すべきリスクとコントロールを意識して、問題点の洗い出しと改善方案の協議を行う必要がある。

　このフェーズのゴールとしては、プロジェクト対象の各業務について、リスクが洗い出され、改善後の業務フロー及び記述書と整合するコントロールの内容が明確に文書化されていることである。

　なお、リスクの洗い出しについては、実務上、監査法人やコンサルティング会社が提供する雛形に基づき、自社にカスタマイズしている事例が多い。理論的には、会計仕訳につながるアクションが誤るリスクをリストアップすることになる。

　以下に例を示す。

〈購買管理プロセス〉

リスクの例	対応する会計勘定科目
原材料が入庫したにもかかわらず、記録がなされないリスク	棚卸資産（原材料） 買掛金
不良品を検収入庫してしまうリスク	
原材料の入庫データ（数量×単価）を誤って記帳してしまうリスク	
原材料の入庫データの入力時期が遅れるリスク	
仕入先へ返品したにもかかわらず、記録がなされないリスク	
承認がなく原材料の発注が行われるリスク	
買掛金を誤って支払うリスク	買掛金 現金預金
買掛金の支払い手続が洩れるリスク	
二重に買掛金を支払うリスク	
承認無く買掛金が支払われるリスク	

〈在庫管理プロセス〉

リスクの例	対応する会計勘定科目
原材料を出庫したにもかかわらず、記録がなされないリスク	棚卸資産（原材料） 原材料費 製造原価
原材料の出庫データ（数量×単価）を誤って記帳してしまうリスク	
原材料の出庫データの入力時期が遅れるリスク	
生産指示に基づかない原材料の出庫がなされるリスク	
製品が完成したにもかかわらず、記録がなされないリスク	棚卸資産（完成品） 製造原価
完成品の入庫データ（数量×単価）を誤って記帳してしまうリスク	
完成品の入庫データの入力時期が遅れるリスク	
製品を出庫したにもかかわらず、記録がなされないリスク	棚卸資産（完成品） 売上原価
製品の出庫データ（数量×単価）を誤って記帳してしまうリスク	
顧客からの返品を受け入れたにもかかわらず、記録がなされないリスク	
承認のない製品出庫がなされるリスク	

実地棚卸のカウント数量を誤って記録するリスク	棚卸資産（原材料、仕掛品、完成品） 棚卸差損益
実地棚卸のカウントが洩れるリスク	
棚卸差異の分析を誤るリスク	
棚卸差異が会計仕訳に適切に反映されないリスク	

〈販売管理プロセス〉

リスクの例	対応する会計勘定科目
売上金額（単価×数量）を誤って記録するリスク	売掛金 売上高
売上の計上が洩れるリスク	
架空売上が計上されるリスク	
売上計上時期を誤るリスク	
返品、値引きを受け入れたにもかかわらず、記録がなされないリスク	
売掛金回収金額を誤って記録するリスク	現金預金 売掛金
売掛金を回収したにもかかわらず、記録が洩れるリスク	
売掛金の入金時期を誤って記録するリスク	

　これら設定されたリスクに対して、改善後の業務フロー及び記述書に記載されている作業内容をコントロールとしてRCM上に記載する。

⑤　整備・運用状況評価フェーズ

　業務フロー、業務記述書及びRCMの3点セットが整備され、また各担当者による運用がなされた後、内部監査人による評価が行われる。通常、中国現地法人独自でJ-SOX体系における内部監査室を設置することは困難であるため、日本本社の内部監査室担当者が中国現地法人まで出向き、評価手続を実施することになる。

　このフェーズのゴールとしては、財務諸表作成に必要なコントロール手続を評価するための手続が明確になっていること、業務プロセスの整備・運用状況に対する評価手続が実施され、その結果が文書（調書）で明確になっていること、発見された不備に対する改善の方向性が明確になっていることである。

内部監査の主体としては、上述のとおり日本本社の内部監査室担当者が主であるが、中国現地法人における帳票や証憑は中国語で記載されている。そのため、自社の内部統制や内部監査室の評価手続の意図を理解しうる通訳担当者が必要になる。また、証憑のサンプリング評価にあたっては、イレギュラーな事情により必ずしもRCMに記載されているコントロールと一致しないケースもある。内部監査人は、適切な通訳を通じて状況の理解及び妥当性の評価、不備の指摘を行う必要があるが、通常かなりの困難を伴う。ともすれば中国人の主張に流され、中途半端な評価手続の実施で日本帰国の飛行機に乗らざるを得ない状況も発生する。そのような状況を回避するために、中国現地法人の実務を熟知した外部のコンサルティング会社を利用することが薦められる。

　サンプリングの取得に際しては、監査法人が提示するマニュアル上、日々複数回実施される業務については25件、週次の業務については5件等サンプル件数が定められている。また、厳密には無作為抽出サンプリングの手法をとる必要があり、サンプリング対象となる証憑を特定した根拠も調書に記載する必要がある。

　母集団データの入手、調査対象サンプルの特定、サンプル・コピーの収集、コントロールとの整合性及び妥当性の評価を行うためには、内部監査人による往査までに準備が必要である。事例としては、内部監査人の来訪までに、中国現地法人側でサンプル・コピーの収集までを行っている事例もある。また、評価手続まで事前に現地法人側で実施し、イレギュラー事項に係るヒアリング調査まで概ね実施しているケースもある。内部監査人としては、監査期間が限られ、頻繁に中国現地法人を訪問することもコスト的に困難であるから、中国現地法人側における相当程度の内部監査人への協力が要請されることが通常である。

⑥　ITシステム統制
1）中国のITシステムの背景
　中国においても、すべて手作業で会計処理と財務諸表作成を行っているという企業はほとんどない。何らかのITシステムを用いて全般統制又は業務処理統制

を行っていることが通常である。

　小規模な企業であれば、いわゆる一般会計モジュールのみを購入し、会計伝票の起票、試算表の作成及び財務諸表の作成を行っている。一般会計モジュールとしては、用友、金蝶が中国における会計ソフトの2大ブランドである。

　また、一般会計モジュールに加えて、業務統制モジュールを導入する事例も増えてきている。用友、金蝶といったシステム・ブランドにおいては、購買管理、在庫管理、販売管理といったモジュールを追加することによって、最終的にはERPとして機能するシステムも販売している。

　中国現地法人に期待される機能がローテク製品の生産工場という機能のみであった時期は、高価なITシステム投資は不要と考えられてきた。しかしながら、中国市場への販売戦略や、一層のコスト削減のための分析が必要となってきた近年では、高度なITシステムを導入し、これらに基づく経営分析と判断を行うニーズが高まってきたと言える。また、日欧米のシステム会社も中国企業をターゲットとしたシステム販促活動を充実させてきており、中国現地法人のニーズを取り込んだITシステムを提供している。

2) 全社的な内部統制から求められる要件

　J-SOX体系において、全社的な内部統制から一般的に求められる要件としては、下記の事項が挙げられる。

　これらは、全社的な内部統制におけるチェックリストから導かれる項目である。

No.	項目	内容
1	IT利用リスクの取りまとめ	新たにITシステムを導入することによって発生する可能性のあるリスク（例えば、データの毀損による業務の停止、自動連携による既存システムの障害等）を取りまとめ、リスクに対する対策を検討し文書化する。
2	IT利用方針及び手続の文書化	ITシステムの利用に係る方針や手続をITシステム規程として文書化する。ITシステム規程は関連する従業員に周知させ、適切なITシステムの運用を促す。
3	システム導入領域の検討	会社内全体の手作業とITシステム導入領域を把握し、今後ITシステムを導入すべき業務領域及びその理由、導入による費用節減効果又は収益拡大効果を取りまとめ、経営層に提出する。

| 4 | ITシステム予算案の作成 | 必要と判断されるITシステム導入に係る予算案を策定し、経営層に提出する。 |
| 5 | ITシステム監査への対応 | 日本親会社のIT部門や内部監査室が実施するITシステム監査を受け入れる主体となり、ITシステムに係る整備と運用の状況を説明する。 |

1. IT利用リスクの取りまとめ

　新たにITシステムを導入することによって発生する可能性のあるリスク（例えば、データの毀損による業務の停止、自動連携による既存システムの障害等）を取りまとめ、リスクに対する対策を検討し文書化する。

　多くの中国現地法人では、システム会社が販売するパッケージ・ソフトウェアを利用している。自社開発を行う人材、また自社開発ソフトウェアの運用を確保する継続的なメンテナンス能力を自社で保有することは効率的でなく、またリスクも伴う。そのため、他社への導入実績が多く、信頼できるブランドのパッケージ・ソフトウェアを導入することが進められる。

　そのため、IT利用リスクといっても多くの場合、自社でシステムのプログラムの開発や追加を失敗するリスクはないが、例えば用友の一般会計モジュールと富士通の在庫管理モジュールを自動連携させるといった、ブランドの異なるモジュールを連携させる場合は、その連携の実現可能性や運用の安定性にかかるリスクを認識し文書で取りまとめる必要がある。しかしながら、そのようなリスクを認識し、対策を取りまとめる能力のある人材が中国現地法人に乏しい場合が多い。その場合は、外部のシステム会社に委託し、ITシステム会社の担当者とのIT利用リスクに関する協議議事録を記録するといった文書化が必要となる。

2. IT利用方針及び手続の文書化

　ITシステムの利用に係る方針や手続をITシステム規程として文書化する。ITシステム規程は関連する従業員に周知させ、適切なITシステムの運用を促す。

　中国においても、仕事に不要なソフトウェアを貸与パソコンにインストールしたり、業務時間中に不要なウェブ・サイトを閲覧したりする者がいる。また、業務データの漏洩や不正アクセス防止、ウイルス対策の必要

性をユーザーに認識させることが重要である。

　システムを利用するすべての従業員に、ITシステム利用に係る規則を周知させるために、IT利用方針やITシステム管理規程を設ける必要がある。これら規程は、通常日本本社のITシステム管理規程の内、全般統制に係る規定をそのまま中国語訳して中国現地法人に導入し、適用することができる。

3.　システム導入領域の検討

　会社内全体の手作業とITシステム導入領域を把握し、今後ITシステムを導入すべき業務領域及びその理由、導入による費用節減効果又は収益拡大効果を取りまとめ、経営層に提出する。

　日本よりも中国の場合は人件費が安いため、ITシステムの導入が必ずしも費用節減効果を生むとは限らない。ともすれば、ITシステムを導入することなく人海戦術でエクセル等のアプリケーションを利用したデータ処理を行った方が安価な場合もある。しかしながら、最近の中国現地法人のニーズは情報の正確性向上と一元管理された経営判断に資するデータの確保である。この観点からは、手作業によるデータ処理よりも、ITシステムを利用によるデータの精度向上や分析スピード向上が重視される。中国現地法人の経営者は、自社や日本本社のニーズに基づき、ITシステム導入領域を判断し、予算と関連させて導入計画を構築する必要がある。

4.　ITシステム予算案の作成

　特に製造業においては、日本においても中国においてもコスト削減が重要な命題となっている。いくらITシステムのニーズがあるとしても、無制限にITシステム投資を行う予算があるわけではない。そのため、ニーズに基づいたITシステム導入に係る予算を検討する体制が必要となる。

　大規模な企業ではIT部署を設け、ITシステム予算案を策定させることが可能であるが、一般的な中国現地法人では、予算は日本人経営層が握っていることが多い。そのため、部下に中国内のITシステム会社から合い見積りを入手するよう指示するものの、予算組み作業自体は日本人経営層が自ら行い、日本本社と協議する事例が多い。

5. ITシステム監査への対応

　　日本親会社のIT部門や内部監査室が実施するITシステム監査を受け入れる主体となり、ITシステムに係る整備と運用の状況を説明する。

　　中国現地法人において、財務データに関連する何らかのITシステムを利用している場合は、その信頼性や運用の安定性を確認するための監査が行われる。監査の主体は、日本本社の内部監査室が多く、日本本社のIT部門担当者が同行する場合もある。前述の業務プロセス統制と同様、中国現地法人におけるITシステムの実際の運用は中国人が主体となって行われることが多いため、中国現地法人側で日本本社の内部監査室に適切な説明を行いうる体制と準備が必要になる。

3) IT全般統制から求められる要件

　上記の「全社的な内部統制から求められる要件」は、主に経営層が主体となって対処する要件であるが、より具体的なITシステム環境を確保するための要件としては、以下のものが挙げられる。

No.	項目	内容
1	システムの変更承認記録の作成及び保管	システム（ハードウェア、ソフトウェア含む）の追加・削除・変更にあたっては、その理由、効果、金額、合い見積りの状況等を記載した申請書を作成し、決裁権限規程に準拠した承認の証跡を保管する。
2	システム変更内容の社内周知	システムを追加・削除・変更する場合は、事前及び事後において関連各部門担当者に追加・削除・変更の内容を周知する。
3	システム障害管理	システムに不具合が生じた場合は、日時、障害内容、解消方法、今後の課題、関連者への連絡等をシステム障害管理簿に記録する。
4	特権アカウントの管理	システム運用における特権アカウントはIT部門内の限定された人員のみが利用できることとし、各部門から特権アカウントの利用を要請された場合は、その内容、理由、各部門上席者の承認サインを特権アカウント申請書に記録する。
5	各部門パスワードの管理	ITシステム運用に際しての利用パスワード、承認パスワードの一覧表を作成し、各部門管理者に定期的に通知する。新任者や退任者が発生した場合は、人事部門と連携の上適時にパスワードの設定を変更し、各部門管理者に通知し承認サインをパスワード変更申請書に記録する。

6	ドメインの管理	メールアドレスの一覧表を作成する。人事部門と連携し、新入社員や退職社員が発生した都度、ドメインを整理する。
7	サーバー室の管理	サーバー室の入退室を制限し、必要な担当者のみがサーバー室に入退室できるようにする。入退室にあたっては、入退室記録簿に入室者、入室日時、体質日時を記録する。
8	ハードウェア構成図の作成及び更新	会社全体のハードウェア構成図を作成する。ハードウェアの追加・削除・変更が生じた際は、適時にハードウェア構成図を更新する。
9	ソフトウェア構成図の作成及び更新	会社全体のソフトウェア構成図を作成する。ソフトウェアの追加・削除・変更が生じた際は、適時にソフトウェア構成図を更新する。
10	データ・バックアップの実施	システム・データのバックアップを定期的に行う。バックアップに際しては、バックアップ手順書に基づき実施し、実施した日時、データ内容等を記録する。
11	外部委託先の管理	ITシステムの運用又はメンテナンスを一部外部業者に委託する場合は、外部委託先との連絡窓口となる。
12	ウイルス・ソフトウェアの更新管理	各クライアント端末にインストールされているウイルス対策ソフトウェアの更新状況をモニターし、長期間更新されていないクライアント端末がある場合は、適時に担当者に連絡し、更新を促す。
13	セキュリティ研修の実施	情報漏えいやウィルス感染に関する知識を研修会の形式で各従業員に周知する。

1. システムの変更承認記録の作成及び保管

 システム(ハードウェア、ソフトウェア含む)の追加・削除・変更にあたっては、その理由、効果、金額、合い見積りの状況等を記載した申請書を作成し、決裁権限規程に準拠した承認の証跡を保管する。

 中国現地法人の場合、システムの導入、追加、変更などに際しては、日本人経営層が日本本社と協議の上意思決定を行う場合が多い。そのため、中国現地法人内においてはIT部門からの稟議決裁のプロセスが文書として作成されず、保管もされていない場合も少なからずある。適切なITシステム変更手続の観点からは、その手続プロセスと承認過程を記録として保管する必要がある。

2. システム変更内容の社内通知

 システムを追加・削除・変更する場合は、事前及び事後において関連各

部門担当者に追加・削除・変更の内容を周知する。

　中国現地法人では部門間の情報連携が不十分な場合が比較的多く、IT部門においてもその傾向がある。IT部門や特定部門の都合でシステムの変更を行った場合に、その内容や注意事項が事前及び事後に関連担当者に周知されておらず、気がつくと一部の担当者の業務に障害が生じているという状況もあり得る。ITシステム管理規程等において、システム変更内容の社内通知のあり方について規定しておくことが望ましい。

3. システム障害管理

　システムに不具合が生じた場合は、日時、障害内容、解消方法、今後の課題、関連者への連絡等をシステム障害管理簿に記録する。

　ITシステム担当者が1～2名程度の中国現地法人においては、社内ユーザーからの障害クレームへの対応に精一杯で、その内容、解消方法、今後の課題等を記録として残していない場合が多い。しかしながら、システム障害対応には短期的な対応方法と長期的な対応方法がある。システム障害記録を累積することによって、企業としての長期的な対応方法を検討し、将来のシステム改善方針と予算検討につなげる必要がある。

4. 特権アカウントの管理

　システム運用における特権アカウントはIT部門内の限定された人員のみが利用できることとし、各部門から特権アカウントの利用を要請された場合は、その内容、理由、各部門上席者の承認サインを特権アカウント申請書に記録する。

　例えば、倉庫担当者は原材料の出庫量を1,000個としてシステムに入力したが、後日誤りであったことが判明したため、IT部門担当者の特権アカウントを利用して出庫量800個に修正して欲しい旨の要請があった場合、ITシステム担当者は安易に修正することなく、その理由、部門上席者の承認サインの有無を検討の上、修正オペレーションを行い記録する必要がある。また、システム・データを自由に変更しうる特権アカウントは厳密にパスワード管理され、限定された人員のみが一定の承認の下で使用しなければならない。

5. 各部門パスワードの管理

　　ITシステム運用に際しての利用パスワード、承認パスワードの一覧表を作成し、各部門管理者に定期的に通知する。新任者や退任者が発生した場合は、人事部門と連携の上適時にパスワードの設定を変更し、各部門管理者に通知し承認サインをパスワード変更申請書に記録する。

　　ITシステムでは、入力権限、承認権限、参照権限といった各種権限がパスワード管理によって体系化されている。これらの権限を誰が保有しているのかを一覧表の形式で明確にし、また新任者や退任者発生に伴う変更が生じた場合に、適時に権限パスワードの変更を行いうる体制を構築しておく必要がある。

6. ドメインの管理

　　メールアドレスの一覧表を作成する。人事部門と連携し、新人社員や退職社員が発生した都度、ドメインを整理する。

7. サーバー室の管理

　　サーバー室の入退室を制限し、必要な担当者のみがサーバー室に入退室できるようにする。入退室にあたっては、入退室記録簿に入室者、入室日時、退室日時を記録する。

　　中国現地法人において、ITシステムのニーズが高まってきた反面、従来においてはITサーバーの厳密な管理が軽視されてきたケースも多い。そのため、サーバー室が設けられていなかったり、一般の事務室の一角にサーバーを設置しているだけという状態も少なからずある。サーバー破壊による業務停止のリスクを避けるため、サーバー室の設置や温度管理はもちろん、入退室管理規定を設け従業員に周知することによって、ITシステムの重要性に関する意識の変革を行う必要がある。

8. ハードウェア構成図の作成及び更新

　　会社全体のハードウェア構成図を作成する。ハードウェアの追加・削除・変更が生じた際は、適時にハードウェア構成図を更新する。

　　中国現地法人の創業期においては、自社で専門のITシステム担当者を

雇用することは稀である。その場合、ITシステム会社の提案に基づき、サーバーやクライアント端末を導入するが、どのような体系で導入したのかについては予算の範囲内でITシステム会社主導で進められ、結果として自社のハードウェア構成は担当したITシステム会社に聞かなければわからないという事例もある。また、自社で独自にパソコンを購入して利用している場合は、ITシステム会社は把握しかねることから、一層会社全体のハードウェア構成はわかりにくくなる。

　会社全体のハードウェア構成図を作成し、追加、削除、変更が生じた場合は常にIT部門に連絡がなされる体制を構築する必要がある。

9. ソフトウェア構成図の作成及び更新

　会社全体のソフトウェア構成図を作成する。ソフトウェアの追加・削除・変更が生じた際は、適時にソフトウェア構成図を更新する。

　上述のハードウェア構成図と同様に、IT部門が把握しないソフトウェアの購入及びインストールがなされないよう、統一的な管理が必要である。

10. データ・バックアップの実施

　システム・データのバックアップを定期的に行う。バックアップに際しては、バックアップ手順書に基づき実施し、実施した日時、データ内容等を記録する。

　サーバーの種類によっては、3日に1度など、自動でデータのバックアップ処理を実施するものもある。しかしながら、その記録（ログ）をアウトプットし、実際にバックアップ処理がなされたかどうかの確認まで行っていないケースもある。

　システムを高度に利用する場合、システム内のデータは会社の重要な財産であり、その喪失は日常業務に多大な悪影響を及ぼしかねないため、規程に基づき適時にシステム・データのバックアップ処理を行うとともに、その記録を残す必要がある。

11. 外部委託先の管理

　ITシステムの運用又はメンテナンスを一部外部業者に委託する場合は、

自社に外部委託先との連絡窓口を設置する。
　企業規模の関係から、システム・データの管理やサーバーの保管、メンテナンスを外部のシステム会社に委託するケースもある。その場合でもITシステム会社の概要、保管状況及びメンテナンス手続を事前に確認し、必要な場合に外部委託先と連携を取れる担当者を明確にしておく必要がある。

12. ウイルス・ソフトウェアの更新管理
　　各クライアント端末にインストールされているウィルス対策ソフトウェアの更新状況をモニターし、長期間更新されていないクライアント端末がある場合は、適時に担当者に連絡し、更新を促す。

13. セキュリティ研修の実施
　　情報漏えいやウィルス感染に関する知識を研修会の形式で各従業員に周知する。
　　中国現地法人では、従業員個人で購入したパソコンを会社のサーバーに接続し業務を行うといった事例も多く見られる。そのような行為が危険であること、また業務用のパソコンがウイルスに感染しないための対策などを、研修会の開催により周知徹底する必要がある。また、研修会を開催した日時や参加者名を記録しておくことが望ましい。

4）IT業務処理統制
　IT業務処理統制に係る評価や監査を実施している中国現地法人は非常に少ないと思われる。その理由は、テスト・データ法のような作業負荷や能力を要求される担当者が非常に少ないこと、また前述のとおりシステム運用上のリスクを避けるため、自社開発ではなく実績のあるパッケージソフトウェアを利用するケースが多いためと思われる。
　内部統制実施基準上も、「販売されているパッケージ・ソフトウェアをそのまま利用するような比較的簡易なシステムを有する企業の場合には、ITに係る全般統制に重点を置く必要があることに留意する」（Ⅲ4（2）②ロ）と記載されている。

⑦　監査法人による内部統制監査対応

　日本の金融商品取引法に基づく内部統制に係る制度上、最終的には日本親会社の監査法人による内部統制監査にかかる意見表明をもって中国現地法人の内部統制構築も完結する。

　日本国内と海外を含む子会社が多数ある場合には、それぞれの重要性を勘案して監査法人の公認会計士が計画的に子会社を訪問して監査を実施する。但し全ての子会社を毎年訪問することは費用的にも時間的にも困難であることから、日本親会社の監査法人が自ら海外子会社に赴くのではなく、現地法人の監査法人（中国では会計師事務所という）に監査指示書を提示し、その回答を会計師事務所から受け取るという方法を取る場合も多い。

　日本の監査法人から中国の会計師事務所に対する監査指示書の内容としては、会計師事務所の監査責任者名、担当者名、監査スケジュール、監査報酬といった基本的な質問項目の他、内部統制監査に関しては、全社的な内部統制、決算・財務報告プロセス、各業務プロセス、IT統制のそれぞれの適正性に関する監査意見表明が求められる。加えて、会社における内部統制上の不備が発見された場合は、その内容、財務諸表に与える影響、経営者への報告の有無、財務諸表監査における監査手続の充足内容等の報告が求められる。すなわち、日本親会社の監査法人が中国現地法人を訪問しない場合でも、中国現地の会計師事務所が日本の監査法人の代わりとなって同等レベルの内部統制監査手続を行うことが要求される。したがって、中国現地法人の会計師事務所に対しては、J-SOXの体系及び被監査会社の内部統制の状況の把握のみならず、日本の監査法人が要求する内部統制監査のレベルを理解し、監査手続を実施し、その報告を行う能力が求められる。中国内の全ての会計師事務所がこれら要求に応える能力を有するわけではないので、中国現地法人の会計師事務所を選定する場合には留意が必要である。

第7章
人事・労務

第1節　労務に関する法体系

　日系自動車部品工場でのストライキ、台湾系OEMメーカーでの労働者による自殺の連鎖と就業環境に対する疑いの目と、2010年は中国の労務リスクを考えることとなる事例が多く発生した。労働コストの面ではまだまだ魅力のある中国であるが、給与以外の労務費用や特有の労務リスクを理解しないことには、せっかくの中国進出が頓挫することにもなりかねない。
　本章では、実際の現地法人運営で遭遇する労務事例について、対応する法律や対応策等をご紹介する。
　コンサルタント現場においてお客様と現地法人経営に関して話をする限りでは、経営者が労務問題に頭を悩ませる時間は間違いなく増えていると感じられる。また、実際の労働争議発生件数からも、この傾向を窺い知ることができる。

中国労働争議仲裁機関の処理案件

	2004年	2005年	2006年	2007年	2008年	2009年	2010年
件数	26.0万	31.4万	44.7万	50.0万	96.4万	87.0万	128.7万
増加率	15.0%	20.8%	42.4%	11.6%	92.8%	-9.8%	47.9%

中華人民共和国労働資源と社会保障部、国家統計局資料

　労働争議の発生件数は毎年増えていることが分かるが、特に2008年の増加には目を見張るものがある。なお、2008年の増加要因は以下のものであることが想像される。
　① 2008年1月の「労働契約法」施行による労働者の権利意識の高まり
　② 2008年5月に施行された「労働争議調停仲裁法」による労働争議仲裁費用の無料化
　2009年はリーマンショックによる経済の低迷により、労働争議は沈静化したが、2010年は経済の回復に伴い、大規模なストライキなども含め労働争議は再び増加傾向となっている。

■中国の労働問題に関する法体系

　中国の労働問題に関する法律法規は、労働問題の全般を網羅した一般法である「労働法」と、特別法である「労働契約法」等により体系付けられている。また、国土の広い中国では、全国一律の規定を用いることが難しいため、地方政府部門へ法律の運用や具体的数値（金額や期間等）の制定権限を委任していることが多く見られる。そのため、上海等華東地域と華南地域の現地法人では異なる労務管理を行わざるを得ない状況が見受けられる。

労務法令体系

労働法条項	国家法規
第1章　総則	労働組合法
第2章　就業促進	就業促進法
第3章　労働契約と集団契約	労働契約法
第4章　勤務時間と休暇休息	全国祝日・記念日休暇弁法 従業員有給休暇条例
第5章　給与	最低給与規定
第6章　労働安全衛生	安全生産法
第7章　女性従業員と未成年の特別保護	女性従業員労働保護規定
第8章　職業訓練	職業教育法
第9章　社会保険と福利	社会保険納付暫定条例
第10章　労働争議	労働争議調停仲裁法
第11章　監督検査	－
第12章　法律責任	－
第13章　附則	－

第2節　労働契約法

第1項　労働契約の締結

1．労働契約締結の時期：いつ契約を締結するのか？
(1) 法律規定

　法律では「雇用関係が確立された際に、書面による労働契約を締結しなければならない（労働契約法第10条1項）」ことが規定されている。なお、労働契約法上の「雇用関係の確立日」とは、従業員の業務開始日を指しているため、従業員の勤務初日に書面による労働契約を締結することになる。

(2) 実務上での契約締結時期と法律規定

■　勤務開始前の労働契約締結

　勤務開始前の労働契約締結は可能である。なお、実際の勤務開始前に労働契約を締結する場合、契約締結日から勤務開始日までに発生する労働問題等については、労働契約法ではなく民法や契約法等が適用される。

■　勤務開始後の労働契約締結

　新入社員の勤務開始日に、人事や総務担当者が不在のため労働契約締結手続きを行うことができない場合はどうなるか。法律では、実際の勤務が開始された後も労働契約を締結しない場合、企業に対して以下のような罰則規定を設けている。

> ①　契約未締結の期間が、勤務開始日から1ヵ月以上1年未満
> 　　…労働契約を締結するまで、毎月二倍の給与を支払わなければならない
> ②　契約未締結の期間が、勤務開始日から1年以上
> 　　…実際の勤務開始から起算して満1年が経過した日を以て、無固定労働期間契約（労働契約終止期限を設定しない契約）を締結したと見做す。また、勤務開始日1ヵ月後から無固定労働期間契約締結見做し日までは、毎月二倍の給与を支払わなければならない

上述の内容から、勤務開始後1ヵ月以内に労働契約を締結すれば法的制裁を受けることはない。但し、その間に当該従業員と労働争議が起こった場合に、企業側に不利な判断が下されることが想像されるため、やはり勤務開始日かそれ以前に労働契約を締結することが望ましいと考える。

2．労働契約の内容：契約書に何を記載する必要があるか？

法律では、労働契約に記さなければならない事項として、以下内容を挙げている。

> ① 雇用企業の名称、住所、及び法定代表者か主たる責任者
> ② 従業員の氏名、住所、及び住民証番号かその他有効な身分証明書の番号
> ③ 労働契約の期限
> ④ 業務内容と勤務地
> ⑤ 業務時間と休憩や休暇
> ⑥ 賃金給与

従業員との労働契約では、上記の強制的な必要記載事項の他に、任意でその他の事項を加えることも可能である。一般的には、試用期間や秘密保持に関する内容、福利厚生等が想定される。

また、各地域の政府労働部門によっては、労働契約書のひな型を公布している場合が少なくない。企業によっては、契約書を一から作ることなく、ひな形を参考にした上で独自の内容を追加していくという方法も考えられる。

3．労働契約の期間による分類：中国版終身雇用制度？
(1) 法律規定

法律では、労働契約の期間によって、労働契約を三種類に分類している。

① 固定期間労働契約（有期労働契約）
② 無固定期間労働契約（無期労働契約）
③ 一定の業務完了を期限とする労働契約

締結する労働契約の種類は、企業と従業員による協議を以て決定されることが原則であるが、以下の条件に一つでも該当する場合、労働者が固定期間労働契約を希望する場合を除き、無固定期間労働契約として契約終止期限を定めない契約

を締結しなければならない。

> ① 従業員が当該企業において、連続して満10年勤務した場合
> ② 企業が初めて労働契約制度を執行した後、或いは国有企業の制度改革により新たに労働契約を締結した後、従業員が当該企業において連続して満10年勤務し、且つ法定退職年齢までの期間が10年未満である場合
> ※当該条項は、殆どの日本企業には関係しないかと思われる
> ③ 連続して2回の固定期間労働契約を締結し、且つ当該従業員に労働契約法が定める労働契約解除事由（労働契約法第39条、及び第40条1項2項）がなく、継続して労働契約を締結する場合

(2) 現在の一般的雇用形態

現在の中国では、殆どの従業員が期間に定めのある固定期間労働契約を締結している。当該契約では、毎回の労働契約満了日に、従業員は解雇の危険性に晒され、企業は何らの負担もなく従業員の整理を考えることができるため、企業側に有利な契約形態といえる。今回の労働契約法制定に当たっては、現状の労働者側に不利となっている環境を変えようという中国政府の方針が見える。

なお、労働契約法が施行される以前の労働法でも、同一企業に満10年以上連続して勤務した場合には無固定期間労働契約を締結する義務が存在したが、締結条件として「従業員からの提起」が必要であったため、事例は非常に少ないものと考えられる。

(3) 企業側の対策

労働契約法施行前の企業は、従業員との労働契約満了時に契約更新を行わないという選択を行うことで、経済環境や企業業績に合った従業員の増減を比較的行い易い環境にあった。したがって、企業は契約期間を一年程度と短くすることが有利であったと言える。但し、現在では、無固定期間労働契約の締結義務事由に「労働契約締結の回数」という条件が存在しているため、短い労働契約期間が一概に有利とは言えない状況が存在している。

また、仲介費用等は発生するが、派遣会社を通じた従業員の雇用を行うことにより労働契約期間の問題に対処することも可能である。

まとめ

★ 労働契約の締結は勤務初日、或いは事前に済ませておくことが望ましい
★ 労働契約は必ず書面を以て行い、契約満了日等の管理を徹底する
★ 労働契約書に最低限必要な内容を把握すること
★ 契約書は、政府部門が公布しているフォーマットを参考にすることができる
★ 企業としては固定期間労働契約を締結することが一般的には有利である

第2項　試用期間

(1) 試用期間の長さ

法律では、労働契約の期限に基づいて、試用期間の上限を以下のように設けている。

> ① 労働契約期間が3ヵ月以上1年未満であれば、試用期間は1ヶ月以内
> ② 労働契約期間が1年以上3年未満であれば、試用期間は2ヶ月以内
> ③ 労働契約期間が3年以上、或いは無固定期間契約であれば、試用期間は6ヵ月以内

労働契約期間が3ヵ月未満、或いは一定の業務完了を期限とする労働契約の場合は、試用期間を設けることはできない。また、一度設定した試用期間の変更や、試用期間の更新は、上記範囲内であっても認められない。

(2) 試用期間中の待遇
① 給与

試用期間の給与は、労働契約で締結する賃金給与額の80％を下回ってはならず、且つ企業所在地の最低賃金基準も守られていなければならない。また、企業内での不公平間を是正するため、当該企業の同一職種における最も低い賃金給与水準の80％を下回ることも認められない。

② 社会保険

　試用期間中の従業員も、すべての従業員が享受する休暇や福利厚生の権利を有する。社会保険も同様であり、勤務開始後はすべての社会保険の加入義務を負う。

(3) 試用期間中の労働契約解除

　試用期間中の労働契約解除であっても、当該従業員が業務遂行能力を有していないこと等の明確な理由がない場合には労働契約を解除することは認められない。また、試用期間中に労働契約を解除する場合には、当該従業員に対して解除の説明義務がある。企業としては、試用期間中の従業員審査に関する合理的な基準を設けて、就業内容や従業員の能力を客観的に判断する必要がある。

第3項　労働契約の終止

1．労働契約終止とは

　固定期間労働契約を締結した従業員とは、労働契約の満了を以て労働契約が終止する。また、一定の業務完了を期限とする労働契約を締結している場合には、契約内容にある業務が完了したことを以て労働契約の終止となる。その他、法定の退職年齢に達し、基本養老保険（年金）の受領権利を得た従業員の退職も労働契約の終止となる。

　なお、労働契約期間満了が近づく場合、一般的には従業員に対して契約継続か否かの意思表示を事前にするかと思われる。1997年の中国労働部門の通知では、労働契約の終止に当たって、労働契約期間満了日の1ヵ月前までに将来の契約意思に関して企業が意見を表明するよう求めているが、法律上では、労働契約終止後の契約継続に関する事前通知義務等は存在しない。労使双方が何らの意思表示も示さない場合には、労働契約満了日を以て当該労働契約は終止し、それ以後は労働契約で示される権利義務は存在しないと考えるのが合理的かと考えられる。なお、前述の労働部門通知においても、企業が意思表示を行わないことに対する罰則等規定は存在しない。

2. 労働契約終止の延長義務

労働契約期間が満了した労働契約は、原則として自動的に失効となるが、従業員が労働契約満了時点で以下の状況にある場合には、当該事由が消失するまでの間は、労働契約の終止を留保しなければならない。

---

① 業務上で危険な作業に従事している従業員で離職前の健康診断が未実施である、若しくは職業病の疑いがあり診断中、又は医学的観察期間中にある
② 企業において職業病を患う、又は業務中に負傷したことにより、当該従業員の全労働能力、或いは一部労働能力が喪失している場合
③ 病気や業務外での負傷による療養中であり、且つ規定の療養期間内である場合
④ 女性従業員が、妊娠期間や出産期間、あるいは授乳期間にある場合
　※授乳期間は、出産後1年間と認識されている
⑤ 当該企業での勤務期間が連続満15年以上であり、法定の退職年齢までの期間が5年に満たない場合

---

3. 企業の管理体制

労働契約の終止において、労働争議や法的問題に発展した事例はあまり聞かれない。想定される事例としては、企業に個別従業員との労働契約管理体制が整っていないため、労働契約期間が満了しているにも関わらず契約更新作業が行われないことにより、無契約雇用の状況が発生するといった状況は考えられる。なお、上記のような状況が発生した場合の企業に対する罰則規定等は存在しないが、労働仲裁などを通じて従業員側より契約不備を指摘された場合には、書面による労働契約を締結していない勤務実態として、二倍の給与支払い義務を要求される可能性がある。

労働契約終止に関わらず、労働契約状況の適切な管理は、現地法人運営においての重要な管理項目の一つであることは確かである。

まとめ ★★★

- ★ 労働契約の終了とは、固定期間労働契約の満了と考えて問題ない
- ★ 労働契約が終止した場合には、労働契約内容権利義務関係は自動的に消失する
- ★ 労働契約期間の満了を迎えた場合でも、病気療養中の従業員や妊娠、及び授乳期間中の女性従業員は、当該状況が消滅するまで労働契約が留保される

★★★

参考資料Ⅰ：疾病、及び業務外の負傷に関する療養期間

		現在の企業での勤務期間				
		5年未満	5年～10年	10年～15年	15年～20年	20年以上
就業期間（前職も含む社会経験）	10年未満	3ヵ月	6ヵ月	－	－	－
	10年以上	6ヵ月	9ヵ月	12ヵ月	18ヵ月	24ヵ月

≪企業従業員の疾病、及び業務外の負傷に関する療養期間規定≫第3条

第4項　労働契約の解除

1．従業員からの労働契約解除

(1) 法律規定

　従業員が労働契約の解除を望む場合、勤務終了希望日の30日前までに書面で企業へ通知をすることが義務付けられている。また、試用期間中の従業員が労働契約の解除を希望する場合には、勤務終了希望日の3日前までに企業へ通知することが規定されているが、通知方法に関しては書面に限られていない。

　ただし、以下の状況がある場合には、労働者から企業への事前の労働契約解除通知を行わなくとも、従業員は労働契約を解除することができる。

① 労働契約書で締結した労働条件や従業員保護、及び業務上での危険性からの防護が執行されていない
② 賃金給与に関して、支給日に適当な額が支払われない
③ 従業員に対する法定の社会保険費用を企業が納めない
④ 企業の規則や労働制度が法律や法規に違反し、従業員の権益を損なっている
⑤ 締結された労働契約が、詐欺や強迫、或いは従業員の弱者的地位を利用している、あるいは企業の法的責任免除や従業員の権利排除が存在している
⑥ 法律や法規の規定に違反した労働契約である

2. 企業からの労働契約解除
（1）法律規定

　企業からの労働契約解除は制限されており、労働契約法に提示されている事由以外での労働契約解除は原則として禁止されている。労働契約法に列挙されている契約解除事由は、従業員に対する事前通知が必要か否かで二種類に分類される。

■ 従業員への事前通知が必要ない労働契約解除

① 試用期間中に、企業の採用条件に符合しないことが証明される場合
　※試用期間中であっても、契約解除に対する明確な理由が必要である
② 従業員が、企業の規則や労働制度に対して重大な違反をした場合
③ 職務上の重大な怠慢や不正行為を行い、企業に重大な損害を与えた場合
④ 従業員が同時期に他の企業と雇用関係を確立して、企業の業務や任務遂行に重大な悪影響をもたらしている、或いは企業が指摘しても是正しない場合
⑤ 締結された労働契約が、詐欺や強迫、或いは企業の弱みを利用した無効なものである場合

■ 30日前の事前通知が必要な労働契約解除

　以下の状況が発生する場合には、30日前に当該従業員へ通知することにより労働契約を解除することが可能となるが、その他に1ヵ月分の賃金給与を支給す

ることにより、通知即日に労働契約の解除手続きを行うことも認められる。

> ① 病気や業務外での負傷による療養から業務に復帰したものの、従来の業務や企業が手配するその他の業務にも就くことができない
> ② 従業員が労働契約で締結した業務の遂行が難しく、企業研修や業務内容の変更を通じても、企業での職務遂行ができない
> ③ 労働契約を締結した際の客観的状況に重大な変化が発生したため労働契約の履行に支障が生じ、且つ企業と従業員の話し合いを通じても労働契約内容の変更に合意が見られない

※ 客観的状況の変化

　企業での事業売却等により、勤務内容として契約した業務が存在しなくなった場合等が該当する。その際にも、まず企業内他部署への異動等を従業員本人と協議した上で、最終的に合意に至らない場合のみ労働契約を解除することが可能となる。

> ① 試用期間中に、企業の採用条件に符合しないことが証明される場合
> 　※試用期間中であっても、契約解除に対する明確な理由が必要です
> ② 従業員が、企業の規則や労働制度に対して重大な違反をした場合
> ③ 職務上の重大な怠慢や不正行為を行い、企業に重大な損害を与えた場合
> ④ 従業員が同時期に他の企業と雇用関係を確立して、企業の業務や任務遂行に重大な悪影響をもたらしている、或いは企業が指摘しても是正しない場合
> ⑤ 締結された労働契約が、詐欺や強迫、或いは企業の弱みを利用した無効なものである場合

（2）労働契約の解除制限

　従業員の業務遂行に支障が存在する、あるいは企業経営環境に重大な変化が発生する状況下では、企業は事前通知を以て労働契約を解除することが認められる。ただし、従業員が一定の状況にある場合、その状況が消失するまでの間は、法的に認められた労働契約解除事由が存在する場合においても、企業からの労働契約解除をすることは認められない。当該従業員の状況に関する内容は、「労働契約終止の延長」に該当する状況と同様である。

(3) 企業の管理体制

　企業からの労働契約解除には、当該従業員に何らかの不正行為や職務怠慢が存在していることが条件となる。企業が、当該不良行為を明確に指摘するためにも、社内就業規則や労働制度を整えることが必要である。就業規則等は日本法人の内容を借用して利用する状況を多く見受けるが、中国の法律や法規に照らした確認を行っていない場合、当該規則自体が中国の労働法規に照らして無効と見做される可能性もあるため注意しなければならない。

　また、企業からの労働契約解除に当たり労働争議が発生する場合には、企業側に立証責任があるため、労働契約解除基準を認識し従業員の違反記録等を残す必要がある。

まとめ

- ★ 従業員からの労働契約解除は30日前の通知が原則
- ★ 企業からの労働契約解除に関しては、従業員側に何らかの非がない場合は困難
- ★ 労働契約解除事由である従業員の職務怠慢や不正行為を明確にするためにも、社内就業規則や労働制度の制定が重要である
- ★ 労働契約の終止と同様、病気療養中の従業員や妊娠、及び授乳期間中の女性従業員に対しては労働契約の解除を行うことができない

第5項　経済補償金

1. 経済補償金の支払義務

　日本の退職金に近い内容と考えてよいが、本質的には退職後の失職状態に対する生活保障金の意味が濃いものと考える。

　法律では、経済補償金の支給条件が列挙されているが、原則として、従業員の退職にあたっては支払義務があると考え、支払義務がないケースを例外と考えたほうが分かりやすい。以下の状況にある時、企業は経済補償金を支給する義務を負わない。

① 従業員から契約解除を申し出られた場合
② 法定の退職年齢に達し、基本養老保険（年金）の受領権利を得ている場合
③ 従業員の不正行為や職務怠慢等、企業が従業員に対して事前通知を必要としない労働契約解除に該当する場合
④ 労働契約期間満了後に、企業が労働契約内容の維持や契約条件の向上を以て、労働契約の継続を希望するにも関わらず、従業員が同意せず退職する場合

　試用期間中の従業員との労働契約解除における経済補償金支給義務については、法律で明確に規定されてはいないが、試用期間であっても雇用関係は確立されているため、半月分の給与支給義務（試用期間は最長6ヶ月のため）があるものと考える。ただし、労働契約法施行後二年が経過した現在でも、試用期間と経済補償金の関係に係る労働部門等の通知が公布されない現状からは統一の見解が採られていない可能性もあるため、企業所在地の労働部門へ個別に確認されることをお勧めする。

2. 労働契約法施行前の経済補償金

　労働契約法施行前にも、経済補償金規定は存在したが、支給基準等が異なっていた。当該相違に対して、法律では、2008年以降に労働契約を終止や解除する場合の経済補償金起算点を労働契約法施行日（2008年1月1日）と規定している。なお、労働契約法施行日前より勤務している従業員に対する2007年以前の経済補償金に関しては、当時の規定を以て対応するとされている。2007年以前の経済補償金規定と現在の規定の主要な相違点は以下である。

　● 労働契約の終止にあたっては、経済補償金を支払う必要がなかった
　● 企業からの労働契約解除申し入れに当たっては、当該企業での勤務期間満1年に対して、1ヵ月分の給与額に当たる経済補償金を支給するが、上限額は12ヵ月分の給与額とする
　※労働契約法では、高額給与受給者以外は、勤務期間に対する上限は存在しない

3. 経済補償金の計算

企業での勤務期間満1年に対して、1ヵ月分の給与が原則となる。

(1) 経済補償金計算の就業期間

企業での勤務期間が半年に満たない場合には、半月分の給与額を経済補償金として支給する。また、勤務期間が半年以上1年未満である場合、1ヵ月分の給与額を経済補償金として支給しなければならない。

(2) 経済補償金計算の給与額

法律では、経済補償金の計算に用いる1ヵ月分の給与額を、退職前1年間の平均支給給与額と規定している。また、当該給与額とは、基本給与のみを指すのではなく、残業手当や皆勤手当、及び賞与等の従業員へ実際に支給した金額を指す。

1ヵ月分の給与額が、企業所在地の前年度平均給与の3倍を上回る場合には、経済補償金計算時の給与額は当該3倍額を以て行い、且つ経済補償金計算時の就業期間は最大で12年とすることが定められている。この高額給与受給者に対する上限額の設定は、企業側への配慮と言える。

参考資料：華東各地域の月平均給与額

	上海市	蘇州市	杭州市
平均給与金額	3,896元（2010）	3,332元（2009）	2,540元（2009）

＊各市統計局、社会保障局公布資料参照

4. 具体的計算例

(1) 労働契約の終止（契約期限の満了）

① 2008年1月1日入社、2011年12月31日に労働契約期限の満了を迎えたため、従業員は契約の更新を希望したものの、企業側は当該従業員と契約を更新しない決定をする。毎月の給与額は4,000元、勤務地は上海市である。

```
経済補償金額＝4,000元×4ヵ月＝16,000元
```

→ 月の給与額は上記上海市の2010年度平均給与支給額3,896元の3倍に達して

いないため、実際の支給額を以て計算を行う。なお、2007年以前は労働契約終止時に経済補償金を支払う必要がないため、勤務期間は2008年1月1日から退職日2011年12月31日までの四年間として計算を実施した。

② 2003年10月1日入社、2011年9月30日に労働契約期限の満了を迎えたため、従業員は契約の更新を希望したものの、企業側は当該従業員と契約を更新しない決定をする。毎月の給与額は15,000元、勤務地は上海市である。

月給与額13,000元＞11,688元（上海市平均給与支給額の3倍）
経済補償金額＝11,688元×3ヵ月＝35,064元

→ 月の給与額が上記上海市の2010年度平均給与支給額3,896元の3倍（11,688元）以上であるため、上海市の平均給与支給額の3倍の数値を以て計算を行う。2007年以前は労働契約終止時に経済補償金を支払う必要がないため、勤務期間は2008年1月1日から退職日2011年9月30日までの3年9カ月（満3年）として計算を実施した。

③ 2008年5月1日入社、2011年4月30日に労働契約期限の満了を迎えたため、企業は給与の10％増額を提案して契約の更新を提案したが、従業員は契約の更新を希望せず労働契約期間は満了した。毎月の給与額は5,000元、勤務地は上海市である。

　企業が労働契約内容の契約条件向上を以て労働契約の継続を希望したにも関わらず、従業員が同意しない場合には、経済補償金の支払いは不要である。
　ただし、給与減額等の従業員側から見て労働契約内容が悪化した条件を企業が提示して、従業員が契約の更新に応じない場合には、規定の経済補償金支払いが必要である。
---

④ 2005年4月1日入社、企業の事業譲渡等により業務内容に変化が生じたもの

の、社内研修等を通じても新たな業務の遂行が難しかったため、従業員との話し合いを通じて2011年11月30日を以て労働契約を解除した。毎月の給与額は6,000元、勤務地は上海市である。

2007年以前の経済補償金額＝6,000元×2ヵ月＝12,000元
2008年以降の経済補償金額＝6,000元×3か月＝18,000元

　企業情勢の変化を要因とする労働契約の解除に関しては、労働法にも該当規定があり、勤務期間満1年に対して1ヵ月分の給与を支給することが規定されている。労働契約法も同様の規定となっており、2008年1月1日前後で分けて計算するため、上記のような結果となる。

　なお、当従業員の通算の勤務期間は2005年4月1日より2011年11月30日の6年8ヵ月である。労働契約法規定に従い2008年1月1日で分けて経済補償金計算期間を算出したが、地域の労働部門に依っては合算して満6年として計算を要求する可能性もあるため、事前に所在地労働部門等へ確認することをお勧めする。

まとめ

- ★ 従業員からの契約解除（退職）申出、或いは従業員の不良行為に対する企業からの契約解除（解雇）以外は、原則として経済補償金が発生する
- ★ 労働契約法施行（2008年1月）前後では、経済補償金の支払義務や計算を分けて考える必要がある
- ★ 高額な給与支給者に対しては上限額が設けられている

第3節　その他労務規定

第1項　給与

　給与は、当然に企業と労働者間で締結する労働契約において自由に決定することができる。労働法においても、企業の給与分配自主決定権が明記されているが、強制的な規定として最低給与額や残業手当の金額が法律で決められている。

1．最低給与

　最低給与を設けることは、国の法律である「労働法」に定められているが、金額等の具体的な基準設定に関しては、各省や自治区等の地方政府に権限が委任されている。

(1) 最低給与の定義

　最低給与とは、正常な勤務状況下で取得することができる給与額である。したがって、早朝や夜勤などの特別な時間帯に勤務することによる手当、高温下業務に対する補助、超過勤務時間に対する残業手当等は含めない。

　最低給与について、上海市においては社会保険の個人負担分を除いた金額が、上海市の最低給与を上回っていなければならないとされている。このため、支給額（社会保険の個人負担控除前）が最低給与を上回っていれば良い蘇州や杭州と最低賃金の単純比較をする事は意味を成さない。また社会保険は前年度の給与総額に対して決定されるため、上海市において転職者を採用する際には、社会保険の個人負担を考慮して賃金を決めなければ、支給額が大幅に最低給与を上回っていたとしても、社会保険の個人負担を控除した場合、最低給与を下回ってしまうという事態も起こりうる。

(2) 華東地域の最低給与金額

	上海市	蘇州市	杭州市
開始月	2011/4/1	2011/2/1	2011/4/1
最低給与金額	1,280元	1,140元	1,310元

2. 残業手当、休日出勤手当基準
(1) 手当の支給基準
　法律では、残業手当や休日出勤手当に関して以下のように規定されている。

---
① 従業員に残業を行わせる場合、(一時間当たり) 給与の150％を下回らない金額を報酬として支給しなければならない
② 休暇日 (通常は土曜日、日曜日) に従業員に業務を行わせ、且つ代休を手配しない場合、(一日当たり) 給与の200％を下回らない金額を報酬として支給しなければならない
③ 法定休日に従業員に業務を行わせる場合、(一日当たり) 給与の300％を下回らない金額を報酬として支給しなければならない

---

① 残業手当
　労働契約で締結した業務時間を超えた就業を従業員へ手配する場合に支払う手当となる。なお、法律では1日の労働時間を8時間以内、一週間の労働時間を40時間以内と規定しているため、労働契約で法律規定以上の労働時間内容を締結した場合でも、法律規定以上の労働時間勤務に対しては、原則としては残業手当が発生する。

② 休暇日出勤手当
　労働契約で休暇日と締結した日 (通常は土曜日、日曜日) に業務を依頼した場合の必要手当である。ただし、代休を手配すれば手当の支給義務はない。

③ 法定休日出勤手当
　代休の手配に関係なく、法定休日に業務を依頼した場合には、強制的に手当支払いが必要となる。なお、中国の法定休日には以下のようなものがある。

---
① 元旦 (1月1日)　② 春節 (旧暦の大晦日、1月1日、1月2日)
③ 清明節 (4月5日前後※旧暦の清明)　④ メーデー (5月1日)
⑤ 端午の日 (旧暦の5月5日)　⑥ 中秋節 (旧暦の8月15日)
⑦ 建国記念日 (10月1日～10月3日)

(2) 手当の計算

通常、従業員とは月給契約を締結している。そのため、まず月給金額から一日や一時間単位当たりの給与金額を算出する必要がある。なお、月給金額とは通常の勤務で支払われる給与額であり、固定の職能手当等が存在する場合には当該手当も合算して計算を行う必要がある。

一日当たり給与：月給金額÷21.75日（法定の給与計算日数）
一時間当たり給与：月給金額÷（21.75日×8時間）

例：某従業員の基本給は3,000元、毎月固定で支払う職能手当は500元である。某月は繁忙期であったたため、平日に合計10時間の残業、また通常は休日である土曜日にも1日出勤させ、代休は手配しないこととした。当該従業員の超過勤務手当は以下のようである。

① 残業手当
　一時間当たり給与：(3,000元＋500元) ÷（21.75日×8時間）＝ 20.11元
　一時間当たりの残業手当：20.11元×150％＝30.17元
　某月の残業手当：30.17元×10時間＝301.70元
② 休日出勤手当
　一日当たり給与：(3,000元＋500元) ÷21.75日＝160.92元
　一日当たりの休日出勤手当：160.92元×200％＝321.84元
　某月の休日出勤手当：321.84元×1日＝321.84元

3．長期療養と給与支払い

病気や怪我、或いは妊娠等のため、長期間に渡って出社ができない従業員に対しては、一定期間、労働契約の終止や解除が認められず雇用状態が継続する。この場合、給与の支払額に関して法律では以下のように定められている。

(1) 病気や業務外での負傷による療養

国が規定する療養期間中は、病傷休暇手当として就業規則や労働契約書に規定

する給与を支払う必要がある。なお、当該手当に関して、上海市では当該地最低給与の80％以上であること、且つ本人の月給の60％を下回らない手当を支給しなければならないと規定されている。また連続勤続年数によっても傷病休暇手当が変化するため、勤続年数の管理は不可欠である。

傷病休暇手当の計算表

連続病欠6ヶ月以下				支給
	連続勤務年数	＜	2年	60％
2年 ≦	連続勤務年数	＜	4年	70％
4年 ≦	連続勤務年数	＜	6年	80％
6年 ≦	連続勤務年数	＜	8年	90％
8年 ≦	連続勤務年数			100％

連続病欠6ヶ月以上				支給
	連続勤務年数	＜	1年	40％
1年 ≦	連続勤務年数	＜	3年	50％
3年 ≦	連続勤務年数			60％

※社会保険自己負担後、最低賃金の80％を下回ってはならない。

(2) 産休

女性従業員の産休期間中も、通常出勤時と同様の給与を支給する必要がある。なお、社会保険の一種である「生育保険」に加入していれば、上限額はあるが産休期間中の給与を社会保険機構が負担することとされている。

4. 給与実態

華東各地域の月平均給与額

	上海市	蘇州市	杭州市
平均給与金額	3,896元（2010）	3,332元（2009）	2,540元（2009）

*各市統計局、社会保障局公布資料参照

地域、及び国全体で給与金額が上昇しているため、現地法人の中国人従業員に対する昇給にも頭を悩ませる。給与コストを抑えたいのは当然であるが、日本人と比べて転職に抵抗のない中国人を長期間安定して雇用するためには、現地法人として必要と考える従業員への昇給についてはある程度の支出はやむを得ない場面も見受けられる。例年、各省市政府部門では、経済発展状況や物価水準等を考慮した「企業給与指導ガイドライン」という企業給与昇給幅の参考資料が公布される。日本では考えられない10％、15％という昇給率が発表されるが、あくまでガイドラインであること、2,000元の基本給と10,000元の基本給では昇給"率"が異なるのは当然であるため、冷静な対応と説明が必要となる。

まとめ
- ★ 残業手当は、労働争議が発生しやすい項目であるので計算には注意する
- ★ 産休や病気療養の従業員への給与支給を、就業規則等で規定することが必要である
- ★ 給与コストは年々上昇している

第2項　社会保険

法律では、労働者が以下の五つの状況に遭遇する場合、社会保険のサービスを享受できるものとしている。
① 退職（養老保険）
② 疾病、負傷（医療保険）
③ 労働災害や職業病（労災保険）
④ 失業（失業保険）
⑤ 出産（生育保険）

1．保険料の納付者：社会保険の対象

中国系企業だけでなく、外資企業も全ての社会保険と住宅積立金の納付が必要となる。従業員は、全職員が対象であるが、外国人に対して強制加入は実施されておらず、また養老保険等の制度が完全ではないため、外国人で加入している

人員はほとんどいないものと考える。但し今後、外国人就業者についても中国社会保険への強制適用を迫られる可能性があり、日本との二重払い問題や赴任者のコストアップ要因となる可能性がある。

　保険料の納付義務者は、原則として企業と従業員であるが、労災保険と生育保険の従業員負担はなく、企業のみが保険料を負担する。

2. 基数と各種社会保険・住宅積立金の確定

◆納付基数の決定

社員の区分	基数の計算
新規採用社員	初月の給与（総額）を基数とする
1年以上勤務	前年度の平均月額給与を基数とする

(例)

社員	入社年月	2011年度の納付基数
A	2009年4月入社	20010年1月～2010年12月の給与総額／12ヵ月
B	2010年3月入社	2010年3月～2010年12月の給与総額／10ヵ月

※平均月額給与には残業手当、報奨金、インセンティブ、賞与等、変動する給与も含まれる。

参考）国家統計局1990年第1号令　関于賃金総額組成的規定

◆納付基数の範囲（2011年度）

| 区分 | 基数の計算 || 上限金額 ||
	下限	上限	会社負担	個人負担
社会保険	3896×60％＝2337.6元	3896×300％＝11688元	4,324.56	1,285.68
住宅積立金	134	1498	134	1498
各負担合計			4,458.56	2,783.68
社会保険＋住宅積立金　納付額合計				7,242.24

※社会保険の基数は、上海市の平均賃金（2010年度は、3896元）に対して計算。
※平均賃金は毎年、3月末頃発表になり、社会保険については4月1日から、住宅積立金については7月1日からの新規適用となるので当該月の給与計算時には注意が必要。

3. 保険料率

中国においては、省・市によって社会保険・住宅積立金の料率が異なるため、注意が必要である。

保険種類	上海市 会社負担	上海市 個人負担	江蘇省/蘇州市 会社負担	江蘇省/蘇州市 個人負担	浙江省/杭州市 会社負担	浙江省/杭州市 個人負担
養老保険	22%	8%	20%	8%	14%	8%
医療保険	12%	2%	9%	2%+5	11.50%	2%+4
失業保険	2%	1%	2%	1%	2%	1%
工傷保険	0.50%	-	1%	-	0.2～0.5%	-
生育保険	0.50%	-	1%	-	0.80%	-
小計	37%	11%	33%	11%+5	28.5～28.8%	11%+4
住宅積立金	7%	7%	8～12%	8～12%	5～12%	5～12%
合計	44%	18%	41～45%	19～23%+5	33.5～40.8%	16～23%+4

※実際の保険料率は、従業員個人の戸籍地域等によって異なるケースあり。

4. 各種社会保険の紹介
① 退職（養老保険）

◆養老保険の種類

	種類	個人所得税	手続き
養老保険	基本養老保険	控除対象	①企業が上海市養老保険事業管理センターに登記 ②養老保険基本番号 ③　養老保険個人口座養老保険手帳
	補充養老保険	-	
	個人貯蓄型養老保険	-	

上海市都市従業員養老年金保険弁法（1994年4月27日　上海市人民政府第63号令、1998年9月3日上海市人民政府第59号令修正）

◆養老保険の支給条件

国家および上海市の規定する退職年齢に達したこと（男性満60歳、女性満50歳（幹部は満55歳）
企業および個人が規定に従い、養老保険料を納付したこと
弁法実施前・・・連続就業年数が満10年に達していること

| 弁法実施後・・・養老保険納付期間が満15年に達していること |

※年金支給条件を満たさない場合は、個人口座分も引き出し不可。

◆養老保険の支給額

弁法施行後に就労した社員の場合・・・養老保険個人口座積立額／120が毎月支払われる。

累計加入期間			原資	支給額	
満15年以上	基本養老金	基礎養老金	共済基金	全年平均月額給与の20%	合計額が毎月支給
		個人口座養老金	個人口座	退職時残高の1/120	
満15年未満			個人口座	退職時残高を一時金として支給	

② 疾病、負傷（医療保険）

日本の健康保険に近い制度であるが、保険料の一部分は個人の持分となり、将来の医療費を自身で強制的に積み立てている形となっている。

(例) 総支給額 5,000 の場合

個人負担	2%	5000*2%=100	100%	医療保険カード(個人口座)	100
会社負担	12%	5000*12%=600	30%		180
			70%	統括基金	420

※疾病により受診する場合、医療保険カード（個人口座）から医療保険金を支払い不足分は個人が負担する事となる（上限あり）。
※他行政区域への移籍、相続は可能ですが、現金引出し不可。
※労使双方の保険料負担期間が15年超の場合、退職後も基本医療保険適用が可能。

③ 労働災害や職業病（工傷保険）

日本の労災保険に近い制度である。企業の業態により、保険料率が異なる(0.5%~2.5%)。労働災害であると認定される場合、治療等で企業の業務に当たることができない際も、従前と変わらぬ給与や福利を提供しなければならない。

◆工傷保険の根拠法

2004年1月1日　国務院「業務上傷病保険条例」

2004年1月1日　労働者社会保障部「業務上傷病認定弁法」
1996年「上海市労働社会保障局の本市企業従業員業務上傷病保険待遇等の若干問題に関する規定の通知」

◆業務上傷病と認められるもの……11の認定基準
◆工傷認定の手続
　工傷事故発生
　├　区・鎮の労働社会保障局へ報告
　│　└20日以内に「報告書」を作成、区・鎮の労働社会保障局へ報告
　│　　※従業員の業務上の緊張による突発性疾病調査処理報告書
　│　└20日以内に区・鎮の労働社会保障局から上海市労働
　│　　　　社会保障局へ報告。20日以内に回答。
　└　上海市の労働社会保障局へ報告
　　　※　工傷により、処理手続が異なるので注意。

◆工傷休暇
　傷害の程度により1ヶ月～24ヶ月。重大な傷害でも36ヶ月を超えない。

◆工傷期間中の保険
　治療登録費、入院費、医療費、薬代等、費用全額を会社が従業員に返還。
　外地の治療は交通費、宿泊費等も。
　入院食費補助費、看護費の支給。
　業務上傷病手当の交付（負傷前12ヶ月の平均賃金）。
　企業は労働契約を解除できない。

④ 失業（失業保険）
　日本と同様に、失業申請を申請することにより、生活費としての手当が一定期間支払われる。

◆失業保険の根拠法
　1999年1月22日　国務院「失業保険条例」
　1999年4月1日「上海市失業保険弁法」
　2003年10月20日「上海市小都市・鎮社会保険暫定弁法」

◆失業保険受給の条件
1) 法定労働年齢の範囲内で本人の意思によらずに就業が中断した場合
2) 上海市の城鎮に常住戸籍を有する場合
3) 本人の在職期間中に規定に基づいて失業保険料を納付している場合
4) 労働関係もしくは労務関係が解除あるいは終結する以前に失業保険料を満1年以上納付している場合
5) 「上海市失業保険弁法」の規定に基づいて、失業の登録手続、失業保険料の受領手続を行い、併せて就業を求めている場合

◆受給期間

累計納付年数	失業保険受給期間
満1年～2年未満	2ヶ月
満2年～5年未満	12ヶ月
満5年～10年未満	18ヶ月
満10年以上	24ヶ月

◆受給額
生活保障水準＜失業保険金＜最低賃金

◆受給の流れ
1) 労働契約解除
2) 所在地の就業サービス機構で退職の手続
3) 企業からの通知を持って本人の戸籍所在地の就業サービス機構へ失業の登記、受領申請

⑤ 出産（生育保険）
女性従業員の妊娠に当たっての、検査費用や分娩費用、また産休期間に企業が支給する給与の一部を保険で補うことができる。

◆生育保険のしくみ
企業が生育保険基金（上海市医療保険事務管理センター）に生育保険を支払い個人が出産時に、生育保険を享受する。

◆享受できる生育保険

生育保険基金	生育医療費手当	検査費・助産費・手術費・入院費・医薬費 ※妊娠7ヶ月以上の出産又は7ヶ月未満の早産の場合は2500元
	生育生活手当	妊娠7ヶ月以上の出産又は7ヶ月未満の早産の場合、3ヶ月間の生育生活手当を受給。(他の条件規定もあり)

◆生育手当受給の条件
 1) 上海市の城鎮戸籍を有すること
 2) 上海市の城鎮社会保険に加入していること
 3) 計画内生育に属すること
 4) 規定に従い、産科、婦人科を設置する医療機構で出産または流産したこと

◆授乳保護 ⇒ 乳児が「満1歳」を迎えるまでの期間(授乳期)

1	授乳時間の付与	・1回30分を2回。(60分を1回でも可) ・双子以上の場合、30分加算/1人。 ・乳児が満1歳以降虚弱児の認定を受けた場合、6か月以内で延長が可能。 ・授乳期が夏の場合、1～2か月間延長可能。 ・授乳場所への移動は、労働時間として扱わなければならない。
2	授乳休暇の付与	・職場での授乳が困難、かつ業務に影響しない場合、本人からの申請により、6か月半の授乳休暇を与えることができる。(企業の自主権)
3	作業への段階的移行	・1～2週間かけて回復配慮。

⑥ 住宅積立金

　社会保険ではないが、それに近い概念としての住宅積立金が存在する。これは、住宅の取得や建築、修繕に用途を限定した従業員個人名義の積立金であり、法的に強制性を伴うものである。積み立ては、企業と従業員双方で行い、比率は一定比率の間で自由に選択することができるが、以下の条件が存在する。

> ・　企業は全従業員に対して、同一の比率を採用しなければならない
> ・　従業員の積立比率は、企業の積立比率以上でなければならない

※従業員への福利厚生と考えて、企業が高い比率を以て積み立てる場合、従業員はそれ以上を自身で積み立てなければならず、可処分所得が減ることになるので考慮が必要である。
※各地の住宅公積金管理センターが資金運用を行ない、企業別、所属する従業員別に残高を管理。

◆手続き

　企業が上海市住宅積立金管理センターに納付登記を行い、30日以内に受託銀行に社員の住宅積立金口座を開設
　1999年4月3日「住宅積立金管理条例」
　1996年4月12日「上海市住宅積立金条例」

◆住宅積立金の引出制限

　住宅積立金の引出ができるのは、以下の場合に限られる（他、例外的措置あり）

1	自家用住宅の購入、新築、改築、修繕
2	離職または退職
3	労働能力の完全消失かつ労働関係の終了
4	戸籍移転（上海から他都市または海外）

5. 社会保険・住宅積立金のポータビリティ

　2009年以前は、上海戸籍以外の所謂、外地人について上海市の社会保険に加入することができなかった。しかし、外地人だけでなく、在住外国人についても社会保険の加入を促す流れに制度変更が成されており、上海市を離れた場合の、既に納付した社会保険・住宅積立金の扱いに関心が集まる。外地人については、これまでのところ「戸籍所属地」へ動かせる事となっている。

移転できる社会保険・住宅積立金

養老保険	養老保険個人負担の8％＋会社負担の3％　を戸籍所属地へ移転することができる。移転せず、現金で精算する場合は個人負担の8％のみ受領可能である。
医療保険	保険金を計算して、現金での受領。 34歳未満　　　　　2009年度年間140元　＋　2％の個人負担分 35歳〜44歳　　　　2009年度年間280元　＋　2％の個人負担分 45歳〜定年　　　　2009年度年間420元　＋　2％の個人負担分

失業保険	金額を計算し戸籍所属地へ移転後戸籍所属地から失業保険を受取る。
工傷保険	移転することはできない。
生育保険	移転することはできない。
住宅積立金	会社負担分、個人負担分双方を現金として精算できる。

　中国在住外国人の帰国時に、社会保険及び住宅積立金の取り扱いがどのようになるのか詳細は詳細規定を待つ以外にはない。しかし恐らく、外地人への現金返還以上の取り扱いとなる可能性は低いと考えられるため、外地人に対する現金返還額を参考に、外国人が帰国する場合の、現金返還予想額を以下に試算する。現段階では、詳細規定などは発表されていないが、今後数年かけて整備されるものと思われ、この試算値を見込んで、給与設定を行う事はリスクを伴う事をご留意頂きたい。

基数上限（2010年上海市平均賃金　3896×300％＝11688元）を基に月単位の試算

保険種類	上海市 会社負担		個人負担		現金返還分（予想）	現金返還分（予想）
養老保険	22%	2,571	8%	935	935	なし
医療保険	12%	1,403	2%	234	269	なし
失業保険	2%	234	1%	117	なし	なし
工傷保険	0.50%	58	-		なし	なし
生育保険	0.50%	58	-		なし	なし
小計	37%	4,325	11%	1,286	1,204	0
住宅積立金	7%	818	7%	818	1,636	1,636
合計	44%	5,143	18%	2,104	2,840	1,636
個人負担分（2,104）と返還（予想）分の差額					+736 ～	-468

※毎年基数の上昇により変動あり。

まとめ **
　★　社会保険と住宅積立金納付は強制規定である
　★　地域や従業員の戸籍地によって社会保険料率が異なる
　★　社会保険の企業負担は給与額の44％程度と比較的大きな費用である
****

第3項　休暇

労働法では、休暇について以下の規定が存在する。

> - 一週間に一日は、従業員へ休息日を与えなければならない
> - 旧正月等の法定休日の紹介
> - 結婚休暇や忌引き、及び社会活動参加期間に対しては、通常の給与を支給する
> - 国家は有給休暇制度を実行し、従業員が1年以上連続して勤務した場合には、有給休暇を取得する

1．結婚休暇

結婚休暇に関する明確な国の規定は存在しないが、≪上海市計画出産奨励補助の若干規定≫において、晩婚化を奨励した上で、晩婚夫婦への優遇措置として結婚休暇を7日増やす旨が規定されている。また、実際の結婚休暇の日数に関しては、≪企業従業員の休暇待遇、弔慰見舞に関する暫定規定≫にて3日と規定されている。したがって、晩婚（男性25歳以上、女性23歳以上）を実行する夫婦に対しては10日となる。

> 婚姻年齢は、男性が22歳、女性が20歳以降とする。なお、晩婚、及び非若年出産を奨励する。
> ≪中華人民共和国婚姻法≫第6条

2．忌引き休暇

上記で紹介した≪企業従業員の休暇待遇、弔慰見舞に関する暫定規定≫に、直系親族の不幸に当たっては、上司の許可を得て3日以内の休暇を取得する旨が規定されている。

3．出産休暇

中国では、「労働契約法」や「女性職員労働保護規定」等により、妊娠期間や

授乳期間（出産後一年間）の女性職員に対する待遇に関して以下のように規定されている。

1	通常出産	出産休暇90日 （産前15日・産後75日）＋2ヶ月半（本人申請＋会社の承認） ※出産前休暇取得が15日以下の場合、出産後に振り替えることができる。 ※産後休暇後も身体的事由で業務に就けない場合は、「傷病休暇」を申請。
2	晩育 （満24歳以上の初産）	通常出産による出産休暇＋15日、男性社員に対して3日間の出産休暇。
3	難産	帝王切開等での出産。通常出産による出産休暇＋15日。
4	双子以上出産	2人目以上1人当たり、通常出産による出産休暇＋15日。
5	流産	妊娠3ヶ月以内の自然流産または子宮外妊娠に対し、産休30日。 妊娠3ヶ月以上7カ月以下の自然流産に対し、産休45日。

4．有給休暇

　法律では、企業は従業員の有給休暇の取得を保証しなければならないと規定されている。また、業務の都合上で有給休暇の手配が行えなかった、又は翌年に繰り越して有給休暇を手配する場合には、従業員の同意が必要となる。

　※　　原則として、有給休暇の翌年度への繰り越しはできないが、従業員との同意が得られれば一年に限り繰り越すことができる。

（1）有給休暇日数

・累計勤続年数1年以上10年…5日間
・累計勤続年数10年以上20年未満…10日間
・累計勤続年数20年以上…15日間

　有給休暇取得日数は従業員の累計勤続年数によって異なる。この累計勤続年数は、他の企業での勤続年数も含むものとされる。

　なお、前職の勤続年数も有給休暇の計算に考慮するため、新規採用の従業員に有給休暇が発生する可能性が存在する。その際の当該年度の有給休暇日数は、新たな勤務地での西暦残余日数を基に計算する。

> （新たな勤務地における西暦残余日数÷365日）×従業員が当年度に享受すべき有休休暇日数

（2）未消化有給休暇の買い取り

　企業が従業員の同意を得て有給休暇を手配しない、又は手配した休暇日数が手配すべき休暇日数を下回る場合には、当該年度内に従業員に対して未消化の休暇日数に対しその一日当りの賃金収入の300％を未消化年休の給与報酬として支給しなければならない。なお、その支給には企業が従業員に支給する正常勤務期間の給与収入も含まれる。

　企業が従業員に休暇を手配したが、従業員本人の原因により、且つ休暇を享受しないという旨の書面が提出される場合には、企業は正常勤務期間の給与収入のみを支給する。

（3）労働契約解除等による未消化年次有給休暇の換算

　企業が従業員と労働契約を解除する、又は終了させるに際して、従業員の同年度に享受すべき休暇が消化できていない場合には、従業員が同年度に勤務した期間によって未消化休暇日数を換算し、対応する未消化休暇の給与報酬を支給しなければならない。

> （当該年度に同企業に在職した西暦日数÷365日）×
> 従業員の享受すべき年次有給休暇日数―当該年度既に消化した年次有給休暇日数

　企業が当該年度において従業員にすでに手配した休暇が、換算後の年次休暇日数を超える場合、企業は賃金を控除しない。
　未消化の有給休暇に対する給与も、一日当たり賃金収入の3倍である。

> 例：A企業に3年間勤務した陳さんは、この度労働契約を解除することとなった。当年度の在職日数は200日、享受すべき年次有給休暇日数は5日であったが、陳さんは1日しか休暇を享受していない。一日当たりの賃金収入を100元とすると、未消化の有給休暇に対して企業はいくら支払うことになるか。
> 計算式：［(200÷365)×5日-1日］×100元×3＝300元
> 　　※［(200÷365)×5日-1日］≒1.74（一日未満切り捨て）

(4) 企業の対策

　有給休暇取得を、従業員からの申請に委ねるのではなく、業務の閑散期等を見計らい率先して取得させることが重要となる。これは、有給休暇の買い取りに係る問題だけでなく、従業員退職時の引き継ぎにも関係してくる。中国労働法では、従業員の退職希望時には30日前の報告が義務付けられているが、未消化有給休暇を多く残している場合、退職意思表明後、一週間程度で有給休暇の消化に入ってしまい、業務の引き継ぎに支障をきたすことが考えられる。

まとめ ••
　★　産休に関しては、企業の主要職員に関係する場合もあるので注意が必要
　★　有給休暇は買い取り義務があるため、企業からも率先して取得させる
　★　入社時点で有給休暇取得権利を持っている場合も多々ある
••

第4項　労働組合（工会）

1．中国の労働組合とは

　労働者の利益を代表して、労働者が自主的に組織する団体であることは日本と同様である。ただし、その存在目的に関しては、若干異なる内容となっている。

	参照法令	内容
日本	労働組合法 （第2条より）	労働者が主体となって自主的に労働条件の維持改善その他経済的地位の向上を図ることを主たる目的とする。
中国	工会法 （第6条、7条より）	労働組合は、平等な協議と集団契約制度を以て労使関係を調整して、企業従業員の労働権益を保護する。 労働組合は従業員を組織して、積極的に経済建設に参加し、生産任務や職務遂行の完遂に努力する。従業員の教育を通じて、道徳的思想や技術、科学的文化素養の向上を行い、理想・道徳・文化・規律のある従業員育成を行う。

　労働者の権益を保護することは同様ですが、中国の労働組合には生産性向上のための従業員教育等も掲げられており、その設立目的からは、必ずしも経営者側と対立する概念であるとは限らない。

　2010年5月に日系現地法人で起きたストライキにおいては、労働組合は従業員の要求を企業に伝える等、当初は従業員側に寄った行動を採っていたものの、次第にストライキの長期化を防ぐために従業員への説得を行ったことが報道されている。

2．労働組合の設立義務

　国レベルの法律では、従業員が有している労働組合結成の権利を制限してはならない旨が記載しているのみで、企業に労働組合結成を義務化する明確な条項は見られない。また、「上海市労働組合条例」では、企業に対して、法人設立から6ヵ月以内に労働組合の設立を支持、補助する義務を負わせているが、労働組合の設立を義務付けている訳ではない。

3．労働組合設立後の費用

　企業は労働組合の運営費用として、企業全従業員総給与の2％を労働組合へ支出することが義務付けられている。なお、当該資金の管理は、企業ではなく労働組合が独自に行うことが規定されており、資金用途に関しては従業員への福利厚生や労働組合活動経費に充てなければならない。

4. 各地での現状

　工場等で従業員が100人を超える規模の現地法人では、労働組合を結成して経営者側の意見を従業員へ伝える窓口として活用する等運用がされていますが、従業員の少ないサービス型企業で労働組合を有している企業はまだ少ない現状である。なお、上海市内の日系企業では、上海市や管轄区の政府労働組合部門から労働組合の設立を指示される等の事例が見受けられており注意が必要。

まとめ **

- ★ 日本の労働組合とは若干異なり、労働条件の維持や改善だけでなく、従業員の福利厚生といった面も労働組合の職務に含まれる
- ★ 設立義務に関しては明確にされてはいないものの、原則としては従業員が自主的に結成するものである
- ★ 労働組合の設立が、賃上げ交渉やストライキに結びつくものではない

****

第4節　社員の多様化と人事制度

第1項　社員の多様化

　日系企業の中国現地法人に求められる役割が多様化していること、中国内販市場攻略のため、またコスト削減を進めるために所謂現地化が進める企業が増加している事に伴い、採用の形態も多様化している。コスト削減のための現地化も企業における大きな課題の一つであり、日本本社の採用方針なども絡み、親会社と現地法人が一体となり採用を含めた長期的な人事戦略が必要な時代が到来している。

	採用地	中国	日本
日本人（中国居住者）	日本採用（社員）	給与	給与
	日本採用（取締役）	給与	役員報酬
	中国採用	給与	−
中国人	日本採用	給与	給与
	中国採用	給与	−

第2項 人事制度

　労働市場の需給関係により、ワーカーをはじめホワイトカラーの人件費も上昇しており、如何に教育訓練を実施して人事生産性を高め、能力が向上した社員に定着してもらうかが重要である。今後は人事制度が企業の成長性・競争力を高める為の大きな要因となるであろう。

　人事制度について相談をする企業の多くは中国で既に数年から10数年の中国での事業運営を経過しており、従業員の処遇の決定に合理性、客観性を欠いている、或いは給与のバラツキが生じているなど、処遇決定に内部矛盾が生じているケースが多く見受けられ、このような状態を放置しておくことで、従業員が自分の処遇に不満を抱いたり、闇雲な給与交渉を要求してきたり、あるいはコアの従業員が自分のキャリアに不安を感じ、流出していくなど、企業としては様々な労務リスクを負う結果を招きかねない。このようなリスクを回避するため、従業員の処遇を決定するのは「人ではなく、制度やしくみである」ということに立脚し、人事制度の整備に早急に着手するべきであり、また中国の法制上から見ても従業員の処遇決定のしくみは、企業に対して求められる大きな管理条件のひとつである。

1. 中国の状況に則した人事制度構築のポイント

　人事制度は、有機的、戦略的な組織を設計する「等級制度」、給与の決定を合理的に実施する「給与制度」、処遇にメリハリをつけ、結果的に昇給や賞与に差をつける「評価制度」の3つの柱から構成される。その3つの制度を使って、「昇給制度」「賞与またはインセンティブ」「昇格」等の運用を行っていく。多くの日系企業は中国への進出当初、本社の人事制度を持ってきて運用するが、3〜4年

経過した時点で中国での運用に限界を実感することになるため、中国ではどのような人事制度が向いているのかを十分に制度に反映させていかなければならない。

　日本と中国との人事制度の相違点は様々であるが、例えば従業員のキャリア志向は日本よりも明確であるため、社員の能力や特性に合わせたキャリアパスを「等級制度」として準備しておいたり、仕事に要求される経験、難易度、労働環境に合わせた給与の差を「崗位」（職務）として整理して、それぞれの仕事に合った給与水準（業界、世間相場）を維持する等、「給与制度」を工夫したりすることも必要である。また根拠に欠けた従業員の昇格は、中国では他の従業員の納得性を十分に得られない場合も多く、従業員のモチベーションや納得性に影響を与えてしまうため、昇格の手順、条件、厳格な運用を行うということも客観的な制度運営には必要な要素になってくる。

2．人事制度構築の手法、それは知恵であり、組み合わせに対する結果を読むこと

　人事制度の整備、構築は、過去からの矛盾を整理し、整合させていく作業のため、非常に多くのシミュレーションを実施し、手法の「引き出し」を多く持っておく必要がある。給与制度をとっても決してひとつだけではないし、それぞれの給与制度の特徴とそれによって得られる処遇の結果を熟知し、その中から自社に合った制度を選択し、組み合わせを行っていかなければならない。また当然、企業が求める人材マネジメントの方向性と人事制度からアウトプットされる結果が一致すべきであることは言うまでもない。このように人事制度の構築には、分析、知恵、経験等、多くの能力が要求されるものである。しかし企業としては従業員を適正に管理し、限られた資源を有効に活用していくため、人事制度の構築は避けて通れない課題であることには間違いない。

3．現地社員が現地社員を評価するしくみ作り

　現地社員が評価を実施すると評価が甘くなったり、好き嫌いで評価をする傾向にあるとよく日系企業の幹部から耳にする。正しく公正な評価を実現させるためには、①評価の基軸がわかりやすい評価基準書を作る　②評価にはエラーが生じることを教える　③考課者訓練を繰り返し行う、ことが大切である。評価基準書については評価する着眼点に加え、どのような行動が評価されるのか、その事

例行動を記載すると具体性が高まってくる。評価のエラーはどのような現象をともなったエラーが発生しやすいのか、また、考課者訓練は評価期間における被評価者の成果を挙げて、各自どのような視点から評価を実施するのか、ケーススタディでのトレーニングを行うとよい。できる限り早いうちから現地社員に現地社員を評価する機会を与え、自社、或いは日系企業での評価の基準を教えていくことが必要である。人によって、また、時間の経過とともに評価軸がぶれるので、会社の理念や行動方針に統一感があるような評価制度を作り運用することが、効率的で体系化された会社の人事管理を実現させる上では極めて重要である。

4. 目標管理を通じて、自分の仕事の達成意識を育てる

　日本では比較的高い割合で社員の目標管理制度を導入している企業が増えているが、中国の日系企業で目標管理制度を実施している企業は、まだ4割程度に過ぎない。さらにその目標管理制度が機能していると感じている企業になると、その割合はさらに減少する。

　日常的に行っている仕事について社員ひとりひとりに目標を持たせ、その達成度によって社員を評価していくことは、組織マネジメントや企業の事業計画を進めていく上で不可欠のものである。社員の多くは目標は書けてもその目標をどのようにして実現していくか、というプロセスになると、具体的な工程が表現できない、あるいは目標達成と懸け離れた計画を設定しがちなので、このような現実を管理者は認識しながら、行動計画、キャリアプランに関する指導を行い、社員のレベルを高めていく努力が必要である。

　「目標が立てにくい仕事だから」と目標管理を諦めてしまう管理者がいるが、社内のしくみを改善するという目標は必ず発見できるはずである。目標管理を社員の評価にだけ使うのではなく、問題発見と改善計画に関する社員の教育のツールとしても活用しよう。

5. 世間相場と評価による昇給のしくみを作る

　中国では年々高い昇給率により、人件費の高騰が企業のコストを圧迫している。低くて6％前後、平均では8％から10％、社員個別に見ると10数％の昇給も見られる。それでは社員の昇給はどのように決まるのであろうか？この根拠には、ふたつの要素がある。

ひとつは「世間相場」の上昇である。日本では過去、物価上昇に伴うベースアップの概念があったが、中国では物価上昇というよりも世間相場、つまり、人材の需給関係で上昇する傾向にある。当然、人材不足や希少性の高い職種、人気のある（汎用性の高い）職種は上昇することになる。

　昇給のもうひとつの要素は「評価」である。社員は評価期間における働きぶりによって評価され、それにより昇給率が決定される。したがって社員を評価する限り、この部分は社員個々によって上昇率が変動する。このような昇給のしくみを理解し、社員もむやみに8％昇給させるのではなく、8％を「世間相場の部分3％」「評価結果の部分5％」というように分解し、評価がよければ10％（世間相場3％＋評価7％）といった、根拠のある昇給制度を作り、運用していくとよい。

6. 社員の昇格と昇進の基準・プロセスを作る

　上位の等級グレードに上がる（グレードアップ）を「昇格」、役職が上がる（係長から課長など）を「昇進」と呼ぶ。社内の誰を昇格させるのか、あるいは昇進させるのかということは、組織を作り、権限を委譲していく上で非常に重要な人材マネジメント戦略となる。日系企業で行われる昇格・昇進の多くは、昇給の結果として自動昇格したり、社員の顔を見ながら「よく頑張っているから」とか、「そろそろ部下をつけなければ」という管理者の主観的な判断によるところが大きく、この方法では、管理者の価値観に依存し過ぎるため、管理者が変わると判断も違ったり、昇格・昇進の納得性が損なわれるという結果が起こりやすくなる。このような現象を防ぐため、社員の処遇プロセスを明文化した「昇格基準」「昇進基準」を作る必要がある。給与が上げると上位グレードの給与水準に達するが、グレード基準と照らしながらこの社員を昇格させるのかどうか、「昇格基準」によって判断し、ポストを埋めるため昇進させるかどうかを「昇進基準」を用いて決定する。「昇格基準」「昇進基準」にはグレードや役職が要求する能力や条件などを記載することになる。

7. 発揮した行動を評価する

　社員の能力には「潜在能力」と「発揮能力」がある。いくら仕事を遂行する優れた能力があっても、それを発揮して高い成果を上げなければ会社からは評価されない。つまり社員は、潜在能力を発揮能力に変えてこそ評価されるということ

になる。しかし社員から見たとき、いったいどのような行動をすれば評価されるのかがわからなければ、会社が求める人材レベルと社員の認識とが一致せず、正しい評価が行われなくなる。これを解決するために、会社が社員に対してどのような発揮能力を要求しているかを評価基準とともに、具体的行動事例をいくつか示すことが必要である。例えば「自分の仕事に対する意欲」という基準で評価を行う場合、これだけではどの程度を会社は要求しているのかが社員からはわからない。そこでこの基準を補う着眼点として「会議のとき、自らの意見を積極的に発言し、他人の意見を傾聴している」という行動事例を挙げ、評価されるレベルを明らかにする。このような「具体的な発揮能力」を列記し、会社と社員との評価要求レベルが一致し、発揮能力を正しく評価していくことが大切である。

8. 営業・販売職のインセンティブのしくみ

販売会社の場合、営業担当社員へ固定給与の他に売上や新規取引件数に応じたインセンティブを支払う企業が多く見られる。そのインセンティブの計算方法については各企業ともいろいろ工夫を凝らしたやり方をしているようであるが、もっとも分かり易く、またもっとも多く採用されている方法は、担当者別の売上目標高、或いは目標利益額に対し、その金額を上回った場合に上回った金額に対する定率で支払うケースである。さらに優れたしくみとして企業が黒字を維持しかつ利益を少しでも多く残すために、インセンティブ計算に「管理会計」の考え方を取り入れてみてはいかがであろうか。給与、社会保険の会社負担分、営業経費、オフィス家賃などから、営業担当者一人当たりにかかる費用総額を算出する。この場合、人件費がひとりずつ異なるので費用額も当然異なる。そのコストを上回る利益を目標とし、社員ひとり一人が自分のコストを上回る利益を上げたところから定率でインセンティブが発生する、という方法である。この方法を採用した場合、個々の社員が明確に目標金額を意識するばかりでなく、管理会計の理解を通じてコスト意識を醸成する、というメリットがある。

9. 個人業績に合わせた弾力的な賞与の配分を実現する

中国の企業では、「餅代」として春節前、社員に対し給与の1ヶ月分を支給することが慣例となっている。よく日本人との間で誤解が生じるのは、社員側はこの餅代を既得権として捉えているので、日本人の考える、いわゆる業績賞与とは

意味合いが異なる。

　日系企業の中にはこの一ヶ月分の餅代以外に、会社や個人の成果に応じた本来の「業績賞与」を支払うところが多いが、この「業績賞与」も同じように「全員〇ヶ月分」、となってしまっては弾力的な賞与の配分が実現できないこととなる。まず、賞与総額原資をどう決定するか（売上比、利益比、前年比、単月人件費総額など）、またそれをどのように社員個々の評価に応じて差をつけた配分をするか、そのロジック設計が報酬管理を進める上で非常に重要な考え方となる。

　社内に社員の評価基準があっても、賞与額や昇給額を決定するときになると結局"総経理が鉛筆を舐める"ということが、日系企業ではまだ非常に多いようである。評価結果から導かれるロジックにより賞与総額の増加を抑え、計画的に配分できるような賞与のしくみを準備する必要がある。

10．賞与原資の決定

　賞与は、社員の基本給に対応した支給月数を決める「基礎部分」、社員の評価に対応した「評価部分」、そして成果を上げた社員に支給する「インセンティブ」の3つで構成される。賞与原資の決定プロセスとして用いられるのは、「売上高」と「営業利益」の結果である。また、指標として使われるのが、「前年対比の伸び率」と「事業計画達成率」です。これらの指標から導かれる係数、例えば95％〜105％の間であれば、基本給の1ヶ月分というように、賞与の基礎部分が決定される。しかし、実際はまだこのような会社業績に連動させた賞与の決定を行っている企業は少ないようである。"賞与は会社の業績配分"という考え方を社員にも理解させるためにも、このような原資の決定ルールを決めてみてはどうであろうか。

11．仕事と報酬の関係

　社員に支払う報酬とは何か？「労働の対価」という言葉で表現されるが、言い換えれば、個々の仕事の「価値」に対するお金の大きさである。担当している仕事が、会社にとって、どのくらいの価値があるか、それを計るのが報酬である。つまり仕事の付加価値（あるいはミッション）＝報酬ということになる。

　このような視点で社内に存在する仕事を見回すと、仕事の難しさ、希少性、投資回収の大きさと報酬額とは大きな相関関係があるということがわかる。管理者

がひとつひとつの仕事の価値を理解すると同時に、社員に対し担当業務の価値や代替性を理解させることが大切である。

仕事の価値と報酬を決定するのに使われるのが、仕事と等級（グレード）を特定した「ジョブディスクリプション（職務記述書）」である。ジョブディスクリプションは等級と職務の数だけ整理する必要があり時間のかかる作業であるが、仕事の価値を判断するため少しずつでも整理したいものである。

12. 仕事の価値

中国の人事制度を作る際に留意しなければならない点は、会社内の仕事間に給与の格差があるということである。例えば総務課長と財務課長の給与を比較した場合、どうであろうか？製造業であれば、生産に携わる社員と技術を担当する社員との給与はどうであろうか？日本の企業の場合、給与は平均化し、またそのような現状に対して不満を表す社員も少ないのであるが、中国の人事制度では仕事の価値に応じて給与の差をつけておかなければ、良い人材が退職したり、良い人材が採用できないということが起こりやすくなってしまう。職務（中国では崗位）に応じ、世間相場も考慮しながら、給与水準に差を付けていくことが非常に重要となるのである。

13. 等級の設計

等級を設計し、社員を等級に格付けする場合、等級の作り方には2通りの方法がある。ひとつは、会社の中に存在する仕事（職務）に関係なく組織全体を共通の等級で区分し、複数の部門に属する社員を同じ等級で格付けする方法である。この場合例えば、総務マネージャーも財務マネージャーも同じ等級で格付けされることになる。もうひとつは会社の中に存在する職務や、役割、責任の大きさなどによって、それぞれを特有の等級で設計する方法で、これを職務等級と呼ぶ。職務等級の場合、例えば、総務マネージャーは4級、財務マネージャーは5級というように、組織における役割の価値が等級に反映される。中国での等級の設計は職務等級が相応しく、日本の職能資格はどうも馴染まないようである。

14. ベースアップ

日本では2000年以前から賃金所得の上昇が抑えられ、既にベースアップの概

念は無くなってしまったが、中国では年々消費者物価が上昇を続けている関係上、給与のベアを考慮せずにはいられない状況となっている。ベアは賃金水準全体の底上げである。つまり、社員の評価との関連性は無く、同じ比率、或いは同じ金額を現在の賃金に乗せ、賃金テーブル自体を書き換える作業である。比率でベアを行う場合は上位等級に対して厚く、金額でベアを行う場合は下位等級に対して厚く処遇するという特長がある。ベアを行わないと賃金テーブルに対し、新規採用する社員の給与が合わない現象が現れ、そういう意味でも中国では、まだベアの検討は欠かすことができないのである。

15. インフレと賃金水準

　政府が毎年発表するCPI（平均消費価格指数）と昇給には非常に密接な関係がある。中国のCPIは各地で若干異なるものの、ここ数年は極めてインフレ傾向の強い数値を示している。これが実体の消費経済に近い数値であるならば、6%〜8%程度のベアでは賃金に対する昇給感はあまり感じられなくなってしまうのである。経済と賃金ベアには2つの相関があると考えられるが、ひとつはこのCPI、もうひとつは人材市場（職種に対する市場の需給バランス）である。過去の賃金水準の上昇は、どちらかと言えばこの人材市場が牽引してきた感があるが、これにインフレ要素も加わるとすれば、人件費の上昇は今後どのように移り変わっていくのか、企業としては収益性の高い事業戦略を進める上での人件費管理を引き続き実施していく必要があるであろう。

16. 定性評価の目標管理

　一般的に目標管理は「定量評価」であり、数値で業績が評価できる職務の社員にしか馴染まないと言われている。しかし仕事は目標を持って遂行されるべきであり、目標も無い仕事は非常に殺伐としたものとなってしまう。定性で判定される業務を担当する社員が目標管理にそぐわないと思われているのは、目標の設定方法に問題があるからである。目標管理を定着させ、社員の能力向上を促すためには、重点的に伸ばしていく能力を特定し、次にその能力を用いてどのような仕事を遂行していくか具体的な仕事のゴールを決めるとよい。このように定性的な能力を目標成果と関連付けて運用すると、定性的業務の社員に対しても、効果的な目標管理を行うことができるようになる。

17. コンピテンシー

90年代に日本国内の企業を席巻した「コンピテンシー」。ようやく最近の中国HRでも耳にするようになってきたが、まだ企業の評価制度として根付くには時間がかかりそうである。従業員の能力をどのように評価するかについては、保有能力を発揮能力に変えて行う必要がある。コンピテンシーの場合、考課者が一方的に評価を行ってはあまり意味の無い評価になってしまう。コンピテンシー要素に基づいた能力を使い、従業員自らが何をしてきたのか、それを振り返らせると同時に、能力の意味を十分に理解させなければならない。従業員自身が自分の能力を過信してしまうことが、コンピテンシー評価をうまく機能させない最大の原因である。

18. 自社に合った教育訓練のしくみを作る

今までそれぞれの研修をバラバラに実施していたものを整理し、年間のスケジュールの中で、いつ、誰に対して、どのような研修を行うのかを、社内の人材育成システムとして体系化したい、という要望が多い。大手企業であれば日本本社にそのようなマニュアルがあるし、それを中国でも同じように作っていきたいという考えは、思いつきで研修を行うよりも間違いなく研修効果が向上する。また受講を条件として昇進や昇格の基準として活用することもできる。定期採用を行っている企業であれば新入社員に対し、ビジネスルールを教え、係長に昇進する社員にはリーダーシップ研修を受講させるというように、ヒューマンアセスメントを実施しながら不足している能力に対し、研修で補うようなしくみ作りが必要である。一般に日系企業は、欧米企業と比較し、人材育成の機会が少ないと言われている。即戦力の人材が益々採用しにくい環境になりつつ今、研修をうまく利用して、自社で人材を育成する方法を考える必要があるのではないだろうか。

19. 給与の地域格差をどのように考えるか

中国国内に複数の拠点がある企業を悩ませる原因のひとつに、「地域による給与相場の格差」が挙げられる。特に華南地区、広州や深圳、香港に現地法人を持っている企業はその格差が顕著となるが、企業は大きく次の2つの方法に分けて対処しているケースが多い。ひとつは基礎給与テーブルを作り、それに各地域拠点の係数を乗じて運用するケースである。この場合、仮に上海法人の基礎給与

を「1」とし、大連法人に「0.9」、深圳法人に「1.1」の係数を乗じます。上海法人の係長の最低給与が3000元からスタートするのであれば、大連法人の係長は2700元から、深圳法人の係長は3300元から始まるというように基礎テーブルを元に各拠点のテーブルを作成する。もうひとつは、各拠点で共通の給与テーブルが運用できるよう、それぞれの役割の給与幅（レンジ）を広くとっておく方法である。これであればテーブルはひとつに統一され、拠点間の社員の異動に対しても手続が煩雑になることを防ぐことが可能となる。複数の拠点を有している企業にとっては、各々の方法のメリットとデメリットを考慮し、自社に合った地域格差の調整を実施することが必要となる。

20. 人事制度改定プロジェクト

　人事制度を改定するということは、社員にとっては給与や処遇に影響、変化を与え、大きなインパクトをもたらすことになる。よい制度を作ったからと言って必ずしも順調に運用が行われるものではないのである。運用に影響を及ぼす要因はいくつか存在するが、そのひとつにプロジェクト段階からのメンバーの選抜が挙げられる。少なくとも日本人の管理者のみだけで制度のプロジェクトを進めていくことは避けなければならない。プロジェクトメンバーの中には管理部門や人事部の責任者、各部門の長、工会の責任者等、従業員に対して影響力のある社員、運用段階で直接関わっていく社員を加えていくことが、制度運用の成否を握るカギである。

第8章
文化・風俗・習慣・生活環境

第1節　文化・風俗・習慣

1．上海語

　上海語は中国語の方言の一つで、主として上海市で使用される言語である。上海語は蘇州語とともに呉語に属すが、その歴史は蘇州語に比べて浅く700年余りである。1843年の開港以前は松江語系方言の一つであったが、上海の経済発展とともに大量の国内・国外の言語を取り入れ呉語の代表的な言語となり、現在では普通語に次いで使用人口の多い言語となっている。

2．上海人の気質

　一般的に上海人は頭の回転が速く、計算が細かいため、他地域の中国人からケチだと言われる傾向が強い。注意深く細部まで計算し損得を考えるため、そう言われるのだろう。
　石橋を叩いて渡る性格のため、ビジネスに対しても安全第一で大きなリスクは好まない。貿易港として栄えてきたため、規範意識が高く理性的なため契約を重要視する。細かな部分までこだわるため契約を締結するまでに苦労するが、一度契約を締結すれば契約通りに実行するため、中国の他地域でのビジネスに比べてスムーズに進む。
　また上海人は男性に比べて女性が強く、上海人女性はマンションを持っていない男性とは結婚しないという話も有名な話である。男性が家事を切り盛りする家庭も少なくないため、上海人男性は「妻管厳」(妻の管理が厳しい・恐妻家という意味。気管支炎とほぼ同じ発音である)と揶揄されることもあるが、裏を返せば男性が優しいということである。

3. 上海料理

　中国料理の4大料理の一つで、長江流域の江南地方の料理の総称である。上海料理、揚州料理、杭州料理、蘇州料理、寧波料理、紹興料理、無錫料理が含まれる。古くから江南地方は「魚米之郷」と称され、長江や東シナ海で採れる魚介類や豊かな大地で育った農産物が豊富である。醤油の産地でもあることから、味付けは醤油、酒、黒酢の醸造物をふんだんに使った甘く濃い味付けが特徴で、代表的な料理は紅焼肉（豚の角煮）や糖醋排骨（甘酢骨付き肉）である。

　日本でも有名な上海蟹も上海料理の代表的な食材である。上海蟹とは長江流域に生息する沢ガニで、ハサミのまわりに藻のような絨毛があるのが特徴で、有名な産地は蘇州近郊の陽澄湖や無錫太湖である。現在は養殖物も多いため1年中食べることができるが、昔から「九円十尖」といわれ、旧暦の9月には腹が丸いメスがおいしく、10月には尖ったオスが一番おいしいとされる。新暦と旧暦ではほぼ1ヶ月ずれるため、10月はメスが卵をもち、11月はオスのミソが濃厚な味となるため旬とされる。

　上海蟹は「蒸蟹」という食べ方が一般的で、蒸し器で15分～20分蒸し上げた上海蟹をきざみ生姜をいれた黒醋に付けて食べる。中国医学では上海蟹は体を冷やす性質の食べ物と考えられ、体を温める作用のある生姜と酢で調和をとっている。また上海蟹の料理方法として紹興酒漬けも有名だが、中国医学では紹興酒も体を温める作用があると考えられている。

4. 上海エリア紹介

(1) 浦東

　上海を南北に流れる黄浦江を境にして、東側を「浦東」、西側を「浦西」と呼ぶ。浦東エリアはもともと湿地帯だったが1990年後半から、金融・商業を中心とする「陸家嘴金融貿易区」、自由貿易区の「外高橋保税区」、生産・加工とする「張江ハイテク区」が開発され、さまざまな機能をもつエリアへと変貌を遂げた。特に「陸家嘴金融貿易区」は証券取引所が開設されるなど商業エリアとして集中的に開発され、「環球金融中心（通称　森ビル）」「金茂大厦（グランドハイアット）」などの超高層ビルが林立する一大オフィス街となった。

①陸家嘴

　高層ビルが立ち並ぶオフィス街である一方、東方明珠塔や環球金融中心展望台、上海海洋水族館などの観光名所も多い。超大型ショッピングモールの正大広場ではユニクロや無印良品などの日系ショップをはじめ、衣料品、食品、化粧品などあらゆるものが揃っている。

②世紀大道

　第一八佰伴などがあるエリアで、比較的早期に開発された。日系マンションや日本人学校があることから、日本人も多く住んでおり、日系スーパーや和食レストランも多い。

(2) 浦西

最近開発された浦東に比べ、浦西は100年前から繁栄してきた。古きよき風景が残る外灘、豫園、虹口エリアや人民広場、徐家滙、淮海路、南京西路などの商業エリアがある。日本領事館がある虹橋・古北エリアには多くの日本人が住んでいる。

①徐家滙

上海の商業エリアとして圧倒的な地位を誇る。徐家滙のランドマークとなっているツインタワーの港滙広場や太平洋百貨などの大型デパートが集中し、電脳街「美羅城」の地下にはドンク、Francfranc、PEACH JOHNなどの日系ショップが並んでいる。駅周辺で洋服、食品、電化製品などあらゆるものが揃う便利なエリアである。

②静安寺・南京西路

日系デパートの久光百貨店や上海商城、PLAZA66などの高級デパートやショッピングビルがいくつも立ち並ぶ。欧米人にも人気エリアで各国料理店も多い。

③虹橋・古北

上海市内西部から虹橋空港までを含むエリア。日本食材が揃う大型デパート、日系スーパー、日本料理屋も多く、多くの日本人が住んでいることから日本語が通じる店も多い。2012年には高島屋が古北に中国第一号店を開業する予定である。

④中山公園

巴黎春天百貨や大型ショッピングモールの龍之夢、大型家電店の苏宁、国美などがあるエリア。緑豊かな中山公園にはボート漕ぎが楽しめる池やミニ遊園地もある。

第2節　生活環境

1. 賃貸住宅事情

　住宅（マンション）を賃借する場合、一般的には日系または地元の不動産会社を利用する。不動産会社を利用した場合、仲介手数料が家賃の半月から1ヶ月分かかる。物件の場所や面積、家具の有無によって、家賃は大きく異なる。また、物件の面積には、エレベータホールなど共有部分も含まれているので、実際には数値の7割程度になる。

2. 買い物

(1) 百貨店

　上海には中国系、香港系、日系と数多くの百貨店がある。多くの百貨店は22時まで営業し、また地下鉄の駅にも連結しているため買い物がしやすい。香港系や日系の百貨店は品揃えが豊富で、日本の人気ショップも多く入っている。日本の食材を取り扱っているところも多く、日本で購入するよりは高くなるが日本製食品を購入することができる。

久光百貨	南京西路1618号　営業時間：10：00～22：00
梅龍鎮伊勢丹	南京西路1038号　営業時間：10：00～21：00年中無休
第一八佰伴	浦東新区張楊路501号　営業時間：9：30～22：00

（2）スーパー・コンビニエンスストア

中国系の聯華超市、フランス系のカルフール（家楽福）、日系のしんせん館など数多くのスーパーが存在し、週末には多くの買い物客でにぎわう。

日系スーパーでは宅配サービスを行っているところも多く、インターネットを利用して注文をすることができる。

コンビニエンスストアも日系のファミリーマート、ローソン、セブンイレブンがある。ファミリーマートは、宅配サービスをおこなっている店舗もある。

（3）オーダーメイド

日本では高級なイメージがあるオーダーメイドも上海では気軽に作ることができる。洋服や靴のオーダーメイドはもちろんのこと、家具やシルク布団などもオーダーメイドが可能だ。洋服のオーダーメイドでは別名「布市場」と呼ばれる南外灘軽紡面料市場と上海十六舗軽紡面料城が有名である。作りたい雑誌の切り抜きなどを持参すれば、その場で採寸をしてくれ、3日から1週間程度で出来上がる。しかし、注文時に細かく確認をしないとイメージと違うものが出来上がることもあるため、最初は高価なものを注文しない方が無難である。ここでは値段交渉が可能。

南外灘軽紡面料市場	陸家浜路399号　営業時間：8：30～18：00
上海十六舗軽紡面料城	東門路168号　営業時間：8：30～18：30

3．余暇の過ごし方

（1）旅行

ある余暇の過ごし方に対する調査によると、回答した中国人の2人に1人がまず旅行を考えるという。旅行は都会に住む中国人にとって重要な位置を占めているといえる。

上海近郊の江南地区一帯は昔か

ら水利に恵まれたため今でも国内有数の水郷古鎮が多く点在し、伝統的な町並みや人々の生活風景などを楽しむことができる。「朱家角」、「周荘」、「西塘」、「烏鎮」は特に有名で、上海から車で1～2時間ほどの場所に位置するため日帰りすることが可能だ。

最近では都会では体験できない農作物の収穫などの農業体験や東灘国際湿地や東平国家森林公園などの自然体験ができるとして崇明島へ出かける人も多い。

①観光バスを利用する

上海近郊へ出かけるには、上海市内に6箇所にある上海旅遊集散中心（バスセンター）を利用するのがオススメ。上海旅遊集散中心から出発するバスは約40路線あり120箇所の観光地をほとんど網羅している。

バスと観光地の入場料がセットになった「套票」は、目的地で入場券を買う手間が省け、さらに入場料も割引されるのでお得である。同じ目的地に向かう場合でも、目的地で自由行動ができるフリーツアーや、ガイド付ツアー、バスと鉄道の両方を利用するツアー、日帰りや二泊三日の周遊など個人の目的に合わせた様々なコースが用意されている。

上体場站	天鑰橋路666号（上海体育場12号門5号階段下）
虹口分中心	東江湾路444号（虹口足球場2号門）
楊浦体育館	上海市隆昌路640号
上海南駅	石龍路666号
上海駅北広場	中興路1652号
宝山分站	化成路271号（上海港呉淞客運中心）

②鉄道を利用する

上海には上海駅・上海南駅・虹橋駅などの鉄道駅がある。近郊の杭州や蘇州はもちろんのこと中国各地へ向かう列車が発車している。

2010年7月には上海と南京を最高時速350キロ、最短73分で結ぶ滬寧高速鉄道開通し、同年10月には上海と杭州を結ぶ滬杭高速鉄道が開通した。2011年6月末には上海と北京間を5時間で結ぶ京滬高速鉄道が開通した。

高速鉄道は日本・ドイツ・フランス・カナダの技術が導入されており、「CRH2」タイプの車両は日本の新幹線『はやて』の技術を導入し製造されているため、外

観もそっくりである。高速鉄道を利用すれば杭州や蘇州へも短時間で移動可能であり、いままでは10時間かかっていた北京へも日帰りが可能となる。

2011年6月よりダフ屋対策のため、切符購入時にパスポートなどの身分証明書の提示が必要となった。一つの身分証明書で同日の同じ列車番号で同一区間は1枚のみしか購入できず、購入した切符には身分証明書の番号が記載される。駅には自動発券機も設置されているが、自動発券機で購入できるのは第二世代の身分証のみでパスポートに対応しておらず、外国人は窓口で購入しなければならない（2011年6月現在）。また乗車する際にも購入に使用した身分証明書の提示を求められる場合もあるため、注意が必要である。

③飛行機を利用する

上海市内には浦東空港と虹橋空港の2つの空港があり、飛行機を利用した旅行にも出かけやすい。日本と同様に格安航空券も普及しており、インターネットや旅行社などで購入することができる。

上海・茨城間を片道4000円で売り出し日本でも話題となった春秋航空は上海に本社を置く会社だ。春秋航空は、マイレージサービスの廃止、機内食や飲み物の有料化、座席の間隔を狭くして顧客数を増加させるなど、徹底的なコスト削減を行い、座席数限定で上海－青島片道99元、上海－香港片道199元（いずれも燃料サーチャージ等含まず）といった驚きの値段で売り出している。

しかしながらコスト削減の影響で遅延も多く、無料手荷物許容量（機内持込み手荷物との合計）は15kg、搭乗ゲートが遠いなどの不便な点もあるがバスツアー並の値段で飛行機が利用できるのは魅力的である。

春秋航空のみならず他の航空会社でも各種キャンペーンを行っているので、時期によっては春秋航空よりも安いこともある。

春秋航空 www.china-sss.com	日本語も選択可能。中国語のホームページでは航空券以外にもホテルやツアー旅行など様々な商品を取り扱っている。
去哪儿 www.qunar.com	航空券の値段を横断的に検索できるため便利だが、検索金額と実際金額が異なることもある。
携程旅行網 www.ctrip.com	中国旅行予約サイト最大手

(2) インターネット

　中国インターネット情報センターの報告書によれば、2010年12月末の時点で中国のインターネット人口は4億5700万人、インターネット普及率は同5．4ポイント増の34．3%となった。

　若い世代では既存のテレビ観賞に変わり、ネットサーフィンが余暇の過ごし方として重要な位置を占めている。QQなどのチャットや動画共有サイトでの映画やテレビ番組の視聴、微博（ミニブログ）、開心網（ソーシャルネットワーキングサービス）などが人気である。

　インターネットインフラはほぼ整っているが、中国-日本間の回線が細いため日本のサイトを閲覧するときはとても遅い。また、情報規制によりFacebookやTwitter、YouTubeなどにはアクセスできないなど、日本のインターネット環境に比べると劣る。

　最近では共同購入クーポン（団購）やオンラインショッピングを利用する人が急増している。中国最大のオンラインショッピングモールの淘宝網では売ってないものがないと言われるほど、ありとあらゆる商品を取り扱っている。淘宝網では「支付宝（アリペイ）」という決済方法を採用しており、支付宝を利用した取引は次のようになっている。

① 買い手は商品の代金を一度仮想口座に預ける。しかしこの段階では売り手側には金銭の移動はなく、買い手が代金を仮想口座に預けたという情報が届く。

② 買い手は商品が到着して商品に問題がないかを確認した後、仮想口座に預けた代金の支払いの指示をすると、売り手の口座に代金が支払われる。

　もし商品に問題があった場合には、買い手は商品代金を支払う前に売り手と交渉をすることができるようになっている。

4. 日本語による情報入手

　日本人駐在員向けのサービスとして、日本のテレビ番組を提供するサービス会社が存在する。また、日本料理店などには、日本語のフリーペーパーが置いてあり、現地のイベント情報や転職情報などが入手できる。

第3節　日本との関係

　上海に在住する日本人は33,472人（2008年末）と、上海在住の外国人の中でも最多となっている。日系企業数（駐在出張所を含む）も17,000社以上ある。駐在員の子女向けに日本人学校が2校あり、合わせて2,000名以上が通学している。また、対日輸出額は、2008年に200.39億ドルに達したが、2009年は世界的な景気減速の影響で、160.87億ドルまで減少した。

		備考
日系企業数	18,075社	2009年10月 （上海総領事館管轄内）
在留邦人数 （外務省）	63,138人	2009年10月 （上海総領事館管轄内）
常駐日本人 （公安局）	33,472人	2008年末
日本人学校生徒数	浦東校 1,337名（11.5） 　　小学部 669名 　　中学部 612名 　　高等部　56名 虹橋校 1,451名（11.5）	年間授業料等 約30万円 （入学金・施設金別途）
対日輸出額	60.81億ドル（2000） 133.56億ドル（2005） 170.53億ドル（2007） 200.39億ドル（2008） 160.87億ドル（2009）	

出所：上海統計年鑑（2009）、海外在留邦人数統計（平成22年速報版、外務省）及び各HPの情報による

第4節　主な医療機関、日本人学校

1. 日本人が受診しやすい病院

上海市第一人民医院国際医療保険中心		武進路85号		6324-0090（代）
診療時間	8：00－11：00, 13：30－17：00		急診24h可、往診も可	
華山医院		烏魯木斉中路12号		6437-8700
診療時間	8：00－11：30, 14：00－17：00		急診24h可	
上海華東医院		延安西路221号		6248-3180
診療時間	8：00－11：30, 13：30－17：00		急診24h可	
上海医科大学児科医院		楓林路183号		6404-7129
診療時間	8：30－11：30, 14：40－17：00		急診24h可	
上海中医国際康復中心		宣化路299弄C楼3階／D座		6240-7050
診療時間	9：00－12：00, 13：00－17：00		夜間診療可、割増料金	

参考資料：『日中貿易必携』（日中国際貿易促進協会）

2. 日本人学校

上海日本人学校　浦東校	小学部、中学部、高等部	TEL: 5059-5333
浦東新区錦康路277号		FAX: 6845-3807
上海日本人学校　虹橋校	小学部のみ	TEL: 6406-8027
閔行区虹梅路3185号		FAX: 6401-2747

3. インターネット銀行口座開設

　インターネット銀行はオンラインショッピングや公共料金の支払、携帯電話料金のチャージなどに利用することができる。中国国外でも利用できるため外国人にとっても利用価値が高い。

　ここでは中国工商銀行でのインターネット銀行口座の開設の仕方を紹介する。

（1）銀行での手続き

　口座開設に必要なものはパスポートのみ。銀行口座を開設する本人が銀行の店

舗に行く必要があるが、中国語に自信がない人でも簡単に開設することができる。

「我想开通网上银行（インターネット銀行口座を開設したい）」と書いたメモを受付で見せると担当窓口まで案内をしてもらえる。

支店によっては自動受付発券機が設置されていることもあるので、その場合は「私人業務」を選択し、整理券を受け取る。整理券の番号がアナウンスとともに担当窓口の上部に表示されるので、整理券の番号が呼ばれたら窓口に向かう。

パスポートと記載した口座開設申請用紙を提出すると、しばらくしてATMや窓口で利用する場合のパスワード（6桁の数字）の入力を求められる。パスワードを設定する場合は確認のため同じパスワードを2回入力必要がある。その後、手数料の15元を支払うと口座開設終了である。

次は開設した口座をインターネット銀行として開設する手続きで、まず先ほど設定した口座のパスワードの入力が求められる。

その後、インターネット銀行のログイン時に使用するパスワード（同じく6桁の数字）の入力を求められるので2回入力する。USBキー代の60元程度を支払い、USBキーを受け取るとともにUSBキー受領書にサインをすれば、銀行で行う手続きはすべて終了となる。

(2) パソコンでの設定

(a) インターネット銀行ソフトのインストール

パソコンにUSBキーを差し込むと自動でインターネット銀行ソフト（日本語選択可能）が立ち上がるので、メッセージに従いインストールする（インストールが上手くいかない場合は、ウィルス対策ソフトもしくはファイヤーウォールを一時的に停止させる必要あり）。

(b) インターネット銀行認証書のインストール

（イ）インターネット銀行のログイン

インストールが終了すると自動的に中国工商銀行のホームページが開くので、「个人网上银行登录（個人ネット銀行ログイン）」をクリックする。

1	卡（帐）号/用户名	キャッシュカード（口座）番号を入力 ユーザ名によるログイン方法に変えることも可能
2	登录密码	銀行で設定した6桁のログインパスワードを入力
3	验证吗	画面認証番号を入力

（ロ）ログインパスワードの再設定

1	登录密码	6桁のログインパスワード
2	新登录密码	パスワードは数字とアルファベットからなる6文字以上でなければならない
3	新登录密码确认	新たに設定したパスワードを再度入力する
4	验证吗	画面認証番号を入力
5	证件类型 （护照/パスポート）	銀行で口座開設時に提出した証明書の種類を選択
6	证件号码	パスポート番号を入力
7	上述内容已阅知「上述の内容確認済み」にチェックをする	

（ハ）確認メッセージの設定

　　確認メッセージはフィッシングを防ぐため、インターネット銀行口座から決済する前にそのサイトが工商銀行のものであることを確認するため、あらかじめ契約者が決めたメッセージをインターネット銀行側が表示するものである。

1	预留验证信息	好きなメッセージを入力
2	验证吗	画面認証番号を入力

（ニ）USBキーのパスワード設定

　　上記の設定が終わると、「U盾证书　下载」というUSBキー認証書のダウンロードをメッセージがでるので「下载（ダウンロード）」をクリックする。

　　その後、数字若しくはアルファベットで6から30字以内のパスワードを設定し、再度USBキーのパスワードを入力するとU盾证书がダウンロードされ設定がすべて完了する。

第8章 文化・風俗・習慣・生活環境

＜口座開設申請用紙記入事項＞
　①姓名（氏名）
　　パスポートと同じローマで記載する
　②证件类型（身分証明書の種類）
　　「Passport」と記載
　③证件号码（身分証明書番号）
　　パスポート番号を記載
　④通讯地址（住所）
　⑤手机号码（携帯電話番号）
　⑥网上银行（インターネット銀行）
　　チェックマークを打つ
　⑦署名（申請人签名）

口座開設申請用紙

著者紹介

【NAC国際会計グループ・NAC名南（中国）コンサルティング】

NAC国際会計グループは、「日系中堅中小企業のグローバル化支援」を目的として、1999年香港で創業、その後、中国各地、シンガポール、ベトナム（ホーチミン、ハノイ）、バンコク、ジャカルタと拠点を広げ、現在では、日系最大級のアジア主要都市をカバーする国際会計事務所・コンサルティングファームである。

2010年4月には、日本の大手会計事務所である名南コンサルティングネットワークとの合弁で、NAC Meinan (China) Holdings Ltd. を設立してNAC名南（中国）コンサルティングとして中国拠点を経営統合し、より総合力・専門性を高めた体制を構築した。2011年8月現在、中国大陸の拠点は、上海、北京、大連、深セン、広州、東莞の6拠点で、2011年10月開設へ向け江蘇省常州市でも準備中。

中国・アジア各地への現地進出支援や会社設立から、現地での会計・税務・監査、国際税務・内部統制・IFRS対応まで、高品質な会計総合サービスを提供中である。

情報サイト「NACグローバルNET」(www.nacglobal.net) では、現地の法令やビジネス情報をわかりやすくタイムリーに配信して好評を得ている。

グループ本部：NAC Global Co.,Ltd.
住所：Suite 2408, Tower 2, Lippo Centre, 89 Queensway, Hong Kong

【中小田　聖一】

NAC国際会計グループ代表、NAC Global Co.,Ltd. 及びNAC名南（中国）ホールディングス代表取締役社長。株式会社三和銀行（現　三菱東京UFJ銀行）、監査法人トーマツを経て、1999年に香港法人Nakaoda Accounting Consultancy Ltd.（現 NAC Global Co.,Ltd.）を設立し、現在に至る。日本国公認会計士、九州大学経済学部卒。

【小島　成樹】

株式会社名南経営常務取締役、NAC名南（中国）ホールディングス取締役。株式会社名南経営入社後、04年より上海法人総経理に就任、現在に至る。上海進出日系企業のコンサルティングに従事する一方で、中国企業を顧問先に持つ。会計事務所向けのセミナー、日本企業の中国進出に関する講演多数。名古屋大学卒。

【浜田　かおり】

NAC名南（中国）法人設立部門長兼東莞事務所所長。大手流通企業中国開発室、総合商社系中国コンサル部長を経て現職。中国の組織再編、加工貿易等についての執筆・講演多数。北九州大学中国学科卒、大連外語学院留学、HKU SPACE Bachelor of Management 修了。

【近藤　充】

NAC名南上海副総経理。佐藤澄男会計事務所（現名南税理士法人）入社後、07年より上海法人に異動、現職に至る。中国会計税務の実務に対する現場の運用状況を体感し、机上でない理解を深め、顧客に対する提案に活用している。日本国税理士、南山大学卒。

【増田　昌弘】

NAC名南（中国）取締役兼広州事務所所長。大手メーカー中国法人財務責任者等を経て現職。中国語堪能な日・中の会計税務専門家として、移転価格、国際税務などの専門サービスを提供。日本国税理士有資格、明治学院大学経済学部卒、曁南大学留学。

【横井　克典】

NAC名南上海シニアマネージャー。
監査法人トーマツにて監査業務、株式公開支援、J-SOX作成支援等の業務経験と大手コンサル会社での企業再生支援業務経験を経て現職。中国子会社のIFRS組換業務等の専門サービスを提供。日本国公認会計士補、慶応大学商学部卒。

【清原　学】

株式会社名南経営　人事労務コンサルティング事業部　海外人事労務チーム　シニアコンサルタント。共同通信社、アメリカAT＆Tにて勤務後、財団法人社会経済生産性本部にて組織人事コンサルティングに従事。2004年　上海にてプレシード（上海基望斯企業管理有限公司）設立。中国での人事労務制度構築経験豊富。日本、中国にて講演多数。学習院大学経営学科卒。

【根本　康彦】（第4章第4節　最新IFRS事情　執筆担当）

上海ＪＢＡ董事長兼総経理、公認会計士。1993年より日本人公認会計士第一号として上海赴任し、現在に至るまで上海常駐。これまで日系企業1000社超の中国進出をサポートを手がける。2008年より現職、上海JBAでは、監査　税務関連サービスのほか、行政手続支援、財務報告関連、内部統制関連サービスを提供中。1953年生まれ、1976年早稲田大学法学部卒。

【工藤　敏彦】（第5章　最新移転価格税制　執筆担当）

株式会社工藤上海コンサルティング代表取締役社長。㈱東芝、同社香港駐在を経て、90年KPMGセンチュリー監査法人(現新日本監査法人)に入社。1995年-98年KPMG上海事務所の初代日本人駐在員として日系企業向けサービスを行う。99年よりKPMG税理士法人の国際税務部門において、中国税務、移転価格税制を担当。2004-10年マイグループにて、移転価格関連サービス、財務DD等の業務を立ち上げる。2011年2月、㈱工藤上海コンサルティングを設立、アクタス税理士法のアドバイザーとして活動している。2001年に(社)日本租税研究協会中国税制調査団の代表として中国国家税務総局と移転価格税制に関する意見交換会に参加。以後中国各地における税務調査対応、移転価格プランニング、同時文書作成業務に従事。著書「中国投資・ビジネスガイドブック」（共著）など。1983年一橋大学経済学部卒。

【加納　尚】（第6章　最新内部統制構築実務　執筆担当）

レイズビジネスコンサルティング（上海）有限公司　董事長・総経理。1996年11月会計士補登録。2000年4月公認会計士登録。朝日監査法人（現あずさ監査法人）、日本国内外資系コンサルティング会社を経て、2005年8月より上海日系コンサルティング会社に勤務。2010年3月に独立、レイズ　ビジネス　コンサルティング（上海）有限公司を設立。主に日系中国現地法人の内部統制構築コンサルティングに従事。1971年生まれ、1994年同志社大学商学部卒。

上海・華東進出 完全ガイド
中国最新IFRS・移転価格・内部統制とサービス業種進出

2011年9月20日〔初版第1刷発行〕

編　著	NAC国際会計グループ
	NAC名南（中国）コンサルティング
発行人	佐々木紀行
発行所	株式会社カナリア書房
	〒141-0031　東京都品川区西五反田6-2-7 ウエストサイド五反田ビル3F
	TEL 03-5436-9701　FAX 03-3491-9699
	http://www.canaria-book.com
印刷所	モリモト印刷株式会社
装丁・DTP	ユニカイエ

©NAC KOKUSAI KAIKEI GROUP, NAC NANAN CONSULTING 2011. Printed in Japan
ISBN978-4-7782-0199-9　C2034

定価はカバーに表示してあります。乱丁・落丁本がございましたらお取り替えいたします。
カナリア書房あてにお送りください。
本書の内容の一部あるいは全部を無断で複製複写（コピー）することは、著作権法上の例外を除き禁じられています。

カナリア書房の書籍ご案内

中国・華南進出 完全ガイド

大好評の進出ガイドシリーズ第4弾。今度は中国・華南地域に眠る可能性を探れ！ 進出形態、現地概況など欲しい情報がこの1冊に。

まだあなたが知らない中国がここにある。深セン、広州、広東省…広大な大地には可能性を秘めた都市が多数。おなじみの投資環境、会計・税務、組織編成などの情報が、進出を完全サポートする心強い味方になってくれるだろう。

NAC国際会計グループ 編著
2010年8月30日発刊
2000円（税別）
ISBN 978-4-7782-0157-9

香港・マカオ進出 完全ガイド

進出ガイドシリーズ第3弾。
今度は香港、マカオがアツい！
進出に必要な情報をギュッと
まとめた1冊。

ベトナム、インドネシアに続く大好評の進出ガイドシリーズ第3弾。意外と知らない香港、マカオの実情から、会社設立に関する設立法規、現地の「今」までを丁寧に解説。

NAC国際会計グループ 編著
2010年2月5日発刊
2000円（税別）
ISBN 978-4-7782-0130-2